한국생산성본부 공식 인증 교재

SW코딩자격
엔트리 2급

저자 이민경, 최경희

YoungJin.com Y.
영진닷컴

Welcome to Entry World! ·········

저자의 말

인공지능과 사물인터넷 등의 눈부신 발전이 가져올 4차 산업혁명 시대에 부응하는 핵심 역량을 지닌 미래 인재 양성은 이미 국가 경쟁력의 중요한 사안으로 주목받고 있습니다.

그렇다면 어떻게 하면 비판적 사고력, 창의력, 소통 능력, 협업 능력 등으로 거론되는 미래 인재의 핵심 역량을 키울 수 있을까요? 소프트웨어 코딩 교육 과정 중에 얻게 되는 교육적 효과들을 통해 그 상당 부분의 역량들을 키울 수 있습니다. 실생활의 여러 문제를 컴퓨팅 사고력(CT : Computational Thinking)을 통해 창의적으로 해결함으로써 우리는 그 역량을 키워갈 수 있는 것입니다. 이러한 변화의 중요성을 인식한 세계 각국에서도 코딩 교육을 공교육 과정으로 앞다투어 도입하여 가르치고 있으며, 이에 우리나라 역시 2018년을 기점으로 공교육에서 코딩 교육을 의무과정으로 시작하게 되었습니다.

한국생산성본부(KPC : Korea Productivity Center)는 디지털 시대의 미래인재 핵심 역량인 컴퓨팅 사고력 배양의 저변을 확대할 수 있도록 자격 시험을 마련하였습니다. SW코딩자격 시험은 교육부의 SW 교육 운영 기조에 부합하는 과정으로 구성되어 있습니다. 또한, 국제 IT 자격기관인 ECDL Foundation과 공동 개발한 국제 평가 표준을 반영하여 완성한 공신력 있는 자격 시험입니다. SW코딩자격 2급 시험은 4과목으로 구분되어 있습니다. 1과목은 컴퓨팅 사고력과 문제 해결, 2과목은 순서도를 통한 알고리즘 이해, 3과목은 프로그래밍, 4과목은 피지컬 컴퓨팅으로 구성되어 있습니다. 그리고 SW코딩자격의 프로그래밍 시험에 사용되는 엔트리는 우리나라에서 개발한 교육용 프로그래밍 언어(EPL : Educational Programming Language)로서, 코딩 교육을 처음 접하기 시작하는 학생들도 쉽게 프로그래밍을 할 수 있도록 제작되었습니다.

이 책은 SW코딩자격 시험을 대비하여 충분히 연습할 수 있도록 출제 기준과 공개 문제를 자세히 분석하여 실전과 비슷하게 구성되어 있습니다. 그러므로 시험을 준비하시는 분들에게 본 수험서는 SW코딩자격 시험 마련의 본래 목적에 부합하는 미래인재 핵심 역량에 필요한 컴퓨팅 사고력을 통한 문제 해결력 신장의 학습 효과를 얻게 할 것이며, 합격을 향한 가장 정확하고 효과적인 길잡이가 될 것입니다.

저자 일동

15일 학습 플랜

일자	날짜	단계	학습내용
1일차	월 일	PART 01	SW코딩자격 이렇게 준비하세요. 꼼꼼히 읽기
2일차	월 일	PART 02	문제 해결과 알고리즘 설계
3일차	월 일	PART 03	피지컬 컴퓨팅
4일차	월 일	PART 04	CHAPTER 1~3 엔트리 핵심 기능 익히기 1
5일차	월 일		CHAPTER 4~6 엔트리 핵심 기능 익히기 2
6일차	월 일	PART 05	CHAPTER 1~2 순차 구조, 반복 구조, 조건별 실행
7일차	월 일		CHAPTER 3~4 변수, 리스트, 함수, 복제, 연산자
8일차	월 일	PART 06	최신 기출 유형 따라 하기 1회
9일차	월 일		최신 기출 유형 따라 하기 2회
10일차	월 일	PART 07, 08	최신 기출 유형 문제 1회
11일차	월 일		최신 기출 유형 문제 2회
12일차	월 일		최신 기출 유형 문제 3회
13일차	월 일		최신 기출 유형 문제 4회
14일차	월 일		최신 기출 유형 문제 5회
15일차	월 일		최신 기출 유형 문제 6회

학습 방법

- **SW코딩자격 시작하기** : 'PART 01 SW코딩자격 이렇게 준비하세요'를 자세히 읽어보고 어떻게 시험을 준비할지 계획하세요.
- **PART 02~03** : SW코딩자격 2급 시험의 1, 2, 4과목에 해당하는 주관식 문제를 풀 수 있는 이론적 지식을 정리했습니다. 가장 중요한 핵심만 정리했으니 꼭 학습하시기 바랍니다.
- **엔트리 핵심 기능 익히기** : 아직 엔트리 프로그램에 익숙하지 않은 독자들을 위해 프로그램의 전체 기능을 살펴볼 수 있도록 하였습니다.
- **주요 출제 기능 익히기** : 시험 출제 기준을 철저히 분석하여 시험에서 요구하는 엔트리 핵심 기능들만 학습할 수 있도록 했습니다. 이 부분만 학습하면 시험에서 요구하는 대부분의 기능들을 익힐 수 있습니다.
- **최신 기출 유형 따라 하기** : 시험에 출제된 기출 문제와 동일한 유형의 문제를 자세하게 따라 하기 식으로 구성하였습니다. 블록 조립을 따라하면서 왜 이렇게 블록을 조립하였는지 생각해보시기 바랍니다.
- **최신 기출 유형 문제** : 다양한 문제를 풀어볼 수 있도록 총 6회의 최신 기출 유형 문제를 수록하였습니다. 꼭 정답대로만 조립하지 말고 자신의 방식으로도 조립해보시기 바랍니다.

이 책의 차례

- 학습 자료(예제 파일, 문제 파일, 완성 파일 등)는 이기적 수험서 사이트(license.youngjin.com)의 [자료실]-[기타]에서 다운 받을 수 있습니다.
- 무료 동영상은 이기적 수험서 사이트(license.youngjin.com)의 [무료 동영상]-[코딩자격증]에서 볼 수 있습니다.(무료 동영상 제공 범위는 차례에 표시되어 있습니다.)

이 책의 구성

❶ SW코딩자격 이렇게 준비하세요

SW코딩자격 시험에 관한 시험 안내, 응시 자격 및 응시 절차, 출제 기준, 답안 작성 요령 등 SW코딩자격 시험을 준비하기 전에 꼭 확인해야 할 사항들을 담았습니다. 본 도서로 공부하기 전 꼭 자세히 읽어보고 시험을 준비하시기 바랍니다.

❷ 문제 해결과 알고리즘 설계, 그리고 피지컬 컴퓨팅

SW코딩자격 2급 시험의 1, 2, 4과목의 이론적 지식을 제공합니다. 컴퓨팅적 사고력과 문제 해결, 그리고 알고리즘 설계와 피지컬 컴퓨팅이 무엇인지 쉽게 이해할 수 있을 것입니다.

❸ 엔트리 핵심 기능 익히기

엔트리 프로그램을 처음 접하는 독자를 위해 엔트리 기본 기능을 미리 학습할 수 있도록 자세하고 친절하게 설명하였습니다.

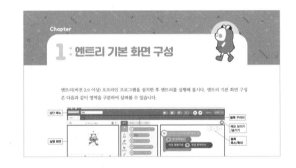

❹ 주요 출제 기능 익히기

SW코딩자격 2급의 출제 기준을 자세히 분석하여 시험에서 요구하는 주요 기능을 선별하였습니다. 순차와 반복 구조, 조건별 실행, 변수 · 리스트 · 함수, 복제, 연산자 등의 기능들을 실습 파일과 함께 쉽고 자세하게 따라하며 학습할 수 있습니다.

❺ 최신 기출 유형 따라 하기

실제 시험에서 출제되고 있는 문제와 동일한 유형의 문제를 자세하게 따라하기 식으로 구성하였습니다. 한 단계 한 단계 따라하다 보면 엔트리 프로그램을 자유자재로 다룰 수 있게 될 것입니다.

❻ 최신 기출 유형 문제

다양한 유형의 문제를 풀어볼 수 있도록 총 6회의 최신 기출 유형 문제를 수록하였습니다. 시험에서 출제되고 있는 유형과 동일한 다양한 문제를 통해 SW코딩자격 2급 시험을 완벽하게 준비할 수 있을 것입니다.

❼ 무료 동영상 강의 제공

아직 엔트리 프로그램에 익숙하지 않고, 혼자 공부하여 프로그램 코딩을 따라하기 어려운 독자들을 위해 PART 06~08 3과목 프로그래밍 언어 이해와 프로그래밍 파트의 무료 동영상 강의를 제공합니다. 해당 영상은 이기적 수험서 사이트(license.youngjin.com)에 접속한 뒤 [무료 동영상]-[코딩자격증] 메뉴에서 이용할 수 있습니다.

❽ 학습 자료 안내

도서를 학습하는 데 필요한 다양한 자료(예제 파일, 문제 파일, 완성 파일 등)는 이기적 수험서 사이트(license.youngjin. com)의 [자료실]-[기타]에서 다운받아 사용할 수 있습니다.

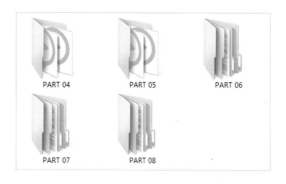

자주 질문하는 Q&A

* SW코딩자격 시험에 대한 일반사항은 언제든지 변경될 수 있으니 KPC 자격 홈페이지(https://license.kpc.or.kr)에서 최종 확인하시기 바랍니다.

Q SW코딩자격 2급은 어떤 시험인가요?

SW코딩자격은 컴퓨팅 사고력 기반 문제해결능력을 평가하기 위한 자격으로 상황 기반의 창의적 문제 해결력을 평가합니다. 시험 구성은 주관식 이론 5문제, 프로그래밍 실습 5문제로 구성되었습니다.

Q 1년에 몇 회 정도 시험이 시행되나요?

1년에 총 4회 시행하며, 지역센터에서 시험을 응시할 수 있습니다.

Q 엔트리 버전 시험과 스크래치 버전 시험에는 어떤 차이점이 있나요?

SW코딩자격에 접수할 때 시험 소프트웨어를 엔트리나 스크래치로 선택할 수 있으며, 주관식 1과목은 동일한 문제가 출제되고, 2과목 프로그래밍 코딩에서 선택한 소프트웨어에 따라 엔트리용 또는 스크래치용 문제가 출제됩니다.

Q 시험 당일 2, 3급 시험을 각각 응시할 수 있나요?

시험은 하루 3타임으로 진행되며, 급수가 다른 경우 하루에 두 번 응시할 수 있습니다. 마찬가지로 같은 급수로 엔트리 버전과 스크래치 버전 시험을 응시하려는 경우에도 하루에 시험 시간을 달리하여 응시할 수 있습니다.

Q 답안 파일은 어떻게 작성해야 하나요?

시험에 응시하시면 시험지와 답안 파일이 들어있는 폴더를 받게 됩니다. 시험지는 시험 문제를 푸는데 이용하고 정답은 답안 파일에 작성합니다. 답안 파일은 1과목 주관식의 정답을 적을 수 있는 한글 파일과 2과목 프로그램 코딩을 작성하는 엔트리 파일(스크래치 버전 응시 시 스크래치 파일) 5개를 제공 받습니다. 시험이 종료되면 시험지를 제출해야 하고 답안 파일은 감독관이 직접 수거해갑니다.

Q 답안 파일 저장 시 파일명은 어떻게 입력해야 하나요?

시험 때 사용하는 자신의 컴퓨터의 바탕화면에 '수험번호–성명'이란 폴더가 있고 그 안에 답안 파일이 들어있습니다. 답안 파일의 이름은 수정하지 않아야 하며, '수험번호–성명' 폴더는 자신의 수험번호와 성명으로 바르게 수정해야 합니다(**예** 1234567–홍길동) · 수험번호, 성명을 잘못 기재하였거나, 답안 파일을 잘못 저장하여 발생한 문제나 불이익에 대한 일체의 책임은 수험자에게 있으니 주의하시기 바랍니다.

학습 파일 다운로드

이 책에 사용된 실습 예제 파일 및 문제 파일과 완성 파일은 이기적 홈페이지(license.youngjin.com/)에서 다운받을 수 있습니다.

01 이기적 홈페이지(license.youngjin.com/)에 접속한 후 로그인하세요.

02 [자료실]-[기타] 게시판을 클릭하세요.

03 '[6352] SW코딩자격 2급(엔트리) 학습 파일' 게시글을 클릭하여 다운로드합니다.

PART 1

SW코딩자격
이렇게
준비하세요

Chapter

1 : 시험 안내

01 응시 자격 조건

02 2급 시험 원서 접수하기

- license.kpc.or.kr에서 접수
- 프로그램 선택 : 엔트리와 스크래치 중 선택
- 검정 수수료 : 2급 25,000원, 3급 20,000원

03 2급 시험 응시

- 1과목 : 컴퓨팅적 사고력과 문제해결 2문제
- 2과목 : 알고리즘 설계 1문제
- 3과목 : 프로그래밍 언어 이해와 프로그래밍 5문제
- 4과목 : 피지컬 컴퓨팅 이해 2문제
- 1~4과목 총 45분 시행

04 합격자 발표

license.kpc.or.kr에서 확인 후 자격증 발급 신청

① 자격 검정 응시 안내

❶ 자격 소개
디지털 시대의 미래 인재 핵심 역량인 컴퓨팅 사고력을 평가하기 위한 자격입니다.
 – 교육부 SW교육 운영 기조에 부합하는 과정 구성
 – 국제 IT 자격기관인 ECDL Foundation과 공동 개발하여 국제 평가 표준 반영

❷ 자격 목표
– 시대를 선도하는 핵심 역량인 "컴퓨팅 사고력" 신장을 통해, 글로벌 시장환경에서 경쟁력을 갖춘 인재
 양성
– 컴퓨팅 사고력 및 코딩을 통한 직무 능력 향상
– 문제해결 과정으로서 컴퓨팅 사고의 생활화

❸ 발급기관명 : 한국생산성본무

❹ 자격 특징
① 전문 자격기관인 한국생산성본부에서 시행하는 자격입니다.
 – 산업발전법에 의거하여 설립된 한국생산성본부에서 시행합니다.
 – 공정성, 객관성, 신뢰성을 갖춘 공신력있는 자격 시험입니다.
② 컴퓨팅 사고력 기반 문제해결능력을 평가하기 위한 자격입니다.
 – 코딩을 통하여 컴퓨팅 사고력을 신장시킬 수 있도록 과정을 구성하였습니다.
 – 단순 · 반복식 코딩 기술(skill) 평가를 지양하며, 상황 기반(context-based)의 창의적 문제 해결력
 을 평가합니다.
③ 취득을 위한 자격이 아닌, '활용을 위한 자격'입니다.
 – 자격 취득 자체를 위한 것이 아니라, 학습과정을 통해 학습자가 4차 산업혁명기의 시대 선도적 역
 량을 키울 수 있도록 하기 위한 자격입니다.
 – 이를 위하여 다양한 학습용 교재 및 컨텐츠가 개발되어 있습니다.

❺ 응시료 : 2급 25,000원, 3급 20,000원

⑥ 시험 과목

등급	시험 과목	S/W Version
2급	1. 컴퓨팅적 사고력과 문제 해결 2. 알고리즘 설계 3. 프로그래밍 언어 이해와 프로그래밍 4. 피지컬 컴퓨팅 이해	① Entry Offline v2.0 ② Scratch 3.0 Offline Editor ①, ② 중 택1
3급	1. 문제 해결과 알고리즘 설계 2. 기본 프로그래밍	

*응시하는 시험의 소프트웨어 버전은 꼭 시험 전에 시행처 홈페이지에서 재확인하시기 바랍니다.

② SW코딩자격 응시 절차

❶ 원서 접수

- 온라인 접수(license.kpc.or.kr)
- 시험 방문접수는 'KPC자격지역센터'에서 가능함. 지역센터로 사전 연락 후 내방
- 개인 회원 접수 : 회원으로 가입(무료)하면 시험 시마다 개인 정보를 별도 입력할 필요가 없으며, 시험 내역을 관리할 수 있는 "My Page"가 제공됨
- 단체 회원 접수 : 2인 이상 접수 시 단체 회원으로 가입 후 KPC자격지역센터로부터 인증을 받은 후에 접수 가능함(*단체접수는 2인 이상 가능)

❷ 수험표 출력

❸ 시험 응시

❹ 합격자 발표

- license.kpc.or.kr 〉 합격확인/자격증신청 〉 합격자발표

❺ 자격증 발급

- license.kpc.or.kr 〉 합격확인/자격증신청 〉 자격증 신청
- 자격증은 연중상시 신청 가능함
- 자격증 배송은 신청 후 2주 정도 소요

③ SW코딩자격 2급 출제 기준

과목 ❶ 컴퓨팅적 사고력과 문제 해결

세부 항목	성취 기준 및 주요 출제 요소	배점
1.1. 컴퓨팅 사고력의 이해와 적용	[성취 기준] 1.1.1. 자료와 정보의 개념을 이해하고 표현할 수 있다. 1.1.2. 정보의 유형을 구분하고 활용할 수 있다. 1.1.3. 다양한 유형의 정보를 디지털로 표현할 수 있다. 1.1.4. 컴퓨팅 사고력의 구성 요소를 이해하고 활용할 수 있다.	20점
1.2. 문제 분석과 구조화	[성취 기준] 1.2.1. 주어진 문제를 이해하고 분석할 수 있다. 1.2.2. 다양한 방법으로 자료를 정리하여 표현할 수 있다. 1.2.3. 선형 구조, 비선형 구조의 개념을 이해하고 구조화 할 수 있다.	
1.3. 컴퓨팅 사고력을 통한 생활 속 문제해결	[성취 기준] 1.3.1 주어진 문제를 단순화 시킬 수 있다. 1.3.2. 추상화를 이해하고 적용할 수 있다. 1.3.3. 반복되는 일정한 경향 및 규칙을 탐색하여 패턴을 찾아 공식화 할 수 있다. 1.3.4. 문제를 해결하기 위한 방법을 순서에 따라 설명할 수 있다. 1.3.5. 다양한 문제해결 방법을 찾아 적합한 방법을 선택할 수 있다. 1.3.6. 문제해결 방법의 문제점과 개선방법에 대해 설명할 수 있다.	

과목 ❷ 알고리즘 설계

세부 항목	성취 기준 및 주요 출제 요소	배점
2.1. 문제 해결을 위한 알고리즘 작성	[성취 기준] 2.1.1. 알고리즘을 이해할 수 있다. 2.1.2. 알고리즘을 설계할 수 있다. 2.1.3. 알고리즘을 표현할 수 있다. 2.1.4. 알고리즘의 오류를 찾아 수정 할 수 있다.	10점
2.2. 복합적 구조의 알고리즘 설계	[성취 기준] 2.2.1. 알고리즘을 분석할 수 있다. 2.2.2. 알고리즘의 제어 구조를 이해할 수 있다. 2.2.3. 알고리즘의 제어 구조를 복합적으로 표현할 수 있다.	

과목 ❸ 프로그래밍 언어 이해와 프로그래밍

세부 항목	성취 기준 및 주요 출제 요소	배점
3.1. 프로그래밍 언어 이해	[성취 기준] 3.1.1. 프로그램의 시작과 끝을 알 수 있다. 3.1.2. 프로그래밍 언어의 실행절차를 설명할 수 있다. 3.1.3. 조건문과 반복문을 이해하고 사용할 수 있다. 3.1.4. 변수와 연산자를 이해하고 사용할 수 있다.	50점
3.2. 프로그래밍 설계	[성취 기준] 3.2.1. 문제 조건과 요구를 이해할 수 있다. 3.2.2. 효율적인 프로그램 설계를 할 수 있다. 3.2.3. 프로그램 오류를 확인하여 수정할 수 있다. 3.2.4. 복합구조를 이해하고 프로그래밍할 수 있다.	
3.3. 블록 프로그래밍	[성취 기준] 3.3.1. 화면 구성과 주요 용어를 알 수 있다. 3.3.2. 순차, 반복구조를 주어진 상황에 맞게 사용할 수 있다. 3.3.3. 다중 선택, 다중 반복구조를 사용하여 프로그램을 작성할 수 있다. 3.3.4. 다양한 조건을 고려하여 다른 동작을 하는 프로그램을 만들 수 있다. 3.3.5. 변수와 상수를 이해하고, 이를 이용하여 입출력 프로그램을 작성할 수 있다. 3.3.6. 좌표를 이해하고, 활용하여 프로그램을 작성할 수 있다. 3.3.7. 신호와 복제의 차이를 알고 프로그램을 작성할 수 있다. 3.3.8. 장면연결을 통해 두개 이상의 장면을 구성할 수 있는다. 3.3.9. 함수를 사용하여 프로그램을 작성할 수 있다. 3.3.10. 리스트를 사용하여 프로그램을 작성할 수 있다.	

과목 ❹ 피지컬 컴퓨팅 이해

세부 항목	성취 기준 및 주요 출제 요소	배점
4.1. 융합 활동과 피지컬 컴퓨팅	[성취 기준] 4.1.1. 피지컬 컴퓨팅을 이해할 수 있다. 4.1.2. 실생활의 문제를 논리적 모델링을 할 수 있다. 4.1.3. 센서와 로봇을 이용하여 물리적 모델링을 할 수 있다. 4.1.4. 모델링을 기반으로 시뮬레이션할 수 있다.	20점
4.2. SW를 이용한 HW 작동원리 이해	[성취 기준] 4.2.1. 컴퓨터의 구성 요소와 동작 원리를 설명할 수 있다. 4.2.2. 각 센서별 특징을 이해할 수 있다. 4.2.3. 센서별 블록을 이해할 수 있다. 4.2.4. 센서를 기반으로 HW의 상황을 인지할 수 있다. 4.2.5. 블록 결합 결과로 HW의 동작 결과를 예측할 수 있다. 4.2.6. 센싱된 데이터를 기반으로 HW의 움직임을 제어할 수 있다.	

2 : 시험 소개

1 SW코딩자격(2급)(엔트리 버전)

1 소프트웨어 및 버전

Entry 2.0 이상(소프트웨어 버전은 바뀔 수 있으니 꼭 시행처 홈페이지에서 재확인 바랍니다.)

2 시험 시간

과목1~4 총 45분

2 SW코딩자격(2급) 사전 안내 사항

1 수험자 유의 사항

– 수험자는 감독관의 안내에 따라 시험지와 시험용 SW 등의 이상 여부를 확인해야 하며 문제지는 1매라도 분리하거나 훼손하여서는 안 됩니다. (1인 1부)

– 시험지는 시험이 끝난 후 답안지와 함께 제출해야 하며, 미제출 시 실격 처리 됩니다.

– 제한된 시간 내에 시험을 완료하여야 합니다.

– 시험 시작 후에는 화장실 출입이 불가하며, 시험 시간 중에는 퇴실할 수 없습니다.

– 시험 시간 중 고사실 내에서 휴대 전화기, 디지털카메라, MP3 등 전자 기기를 소지한 경우, 해당자의 시험을 무효로 처리하오니 절대 휴대하지 않도록 합니다.

– 부정 응시 및 문제 유출에 해당하는 행위 즉, 답안을 타인에게 전달 및 외부로 반출하는 경우, 자격기본법 제 32조에 의거 부정 행위로 간주되어 해당자의 시험을 무효 처리하며 민/형사상의 책임을 물을 수 있습니다.

2 부정 행위 처리 규정

다음 행위를 하는 경우에는 부정 행위로 간주하여 퇴실 조치 및 시험 무효 처리하며, 향후 2년간 한국생산성본부 주관 시험에 응시할 수 없습니다.

– 시험 중 다른 수험자와 시험에 관한 대화를 하는 행위

– 시험 문제와 관련된 다른 물건을 휴대하여 사용하거나 이를 주고받는 행위

– 시험 중 소란행위, 각종 타인에게 피해 또는 방해를 주는 행위

– 시험 중 다른 수험자의 답안을 보고 베껴 쓰는 행위

– 다른 수험자를 위하여 답안을 알려주거나 자신의 답안을 보여주는 행위

– 그 밖의 부정 또는 불공정한 방법으로 시험을 치르는 행위

③ 답안 작성 요령

❶ 답안 작성 절차

– 과목1, 2, 4(1~3, 9~10번 문항) : 답안 작성 파일(한글 문서)에 답안을 작성 후 저장

– 과목3(4~8번 문항)

  • 바탕화면(Desktop) / SW2-시험 / 수험번호-성명 / 파일에 답안을 작성 또는 작업 후 저장

  • 시험을 완료한 수험자는 감독관의 안내에 따라 ① 시험지를 제출하고 ② 답안 파일을 저장한 후 퇴실합니다.

❷ SW코딩자격(2급) 답안 작성 파일

수험 번호		성 명	

문항	작성형 답안	문항	작성형 답안
1	①	9	①
	②		②
2	①	10	①
	②		②
3	①		
	②		
	③		
	④		
	⑤		

*과목 1, 2, 4는 답안 작성 파일(한글 문서)에 답안을 작성합니다.

Chapter

3 : 엔트리 프로그램 설치하기

① 엔트리란?

엔트리는 누구나 무료로 소프트웨어 교육을 받을 수 있게 개발된 소프트웨어 교육 플랫폼입니다. 학생들은 소프트웨어를 쉽고 재미있게 배울 수 있고, 선생님은 효과적으로 학생들을 가르치고 관리할 수 있습니다.

❶ For Free, Forever
엔트리는 공공재와 같이 비영리로 운영됩니다.

❷ 오픈소스를 통한 생태계 조성
엔트리의 소스코드 뿐 아니라 모든 교육 자료는 CC 라이센스를 적용하여 공개합니다.

❸ 국내 교육 현장에 맞는 교육 플랫폼
국내 교육 현장에 적합한 교육 도구가 될 수 있도록 학교 선생님들과 함께 개발하고 있습니다.

❹ 다양한 연구를 통한 전문성 강화
대학/학회 등과 함께 다양한 연구를 진행하여 전문성을 강화해나가고 있습니다.

② 엔트리 오프라인 버전 설치하기

SW코딩자격_엔트리 버전은 엔트리 2.0 데스크탑 버전을 사용하고 있습니다. 시험장과 동일한 환경에서 문제를 풀어보기 위해 엔트리 2.0 데스크탑 버전을 설치하도록 하겠습니다.

❶ 엔트리를 설치하기 위해 엔트리 홈페이지 (https://playentry.org/)에 접속합니다.

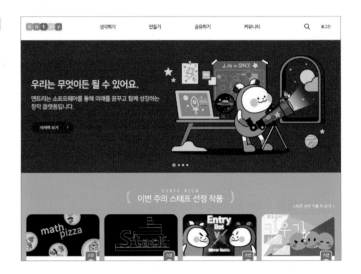

❷ 엔트리 메인 로고에 마우스 포인터를 위치시키고 [다운로드]를 선택합니다.

❸ 엔트리 오프라인 프로그램에서 사용하고 있는 운영체제를 선택하여 설치 파일을 다운로드합니다.

❹ 다운로드한 설치 파일을 실행하여 엔트리 설치 창을 엽니다.

❺ 설치하려는 구성 요소를 선택하고 [다음]을 클릭 합니다.

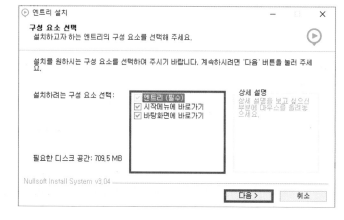

❻ 엔트리를 설치할 폴더를 선택합니다. 다른 폴더에 설치하고 싶다면 [찾아보기]를 클릭하여 원하는 폴더를 지정합니다.

❼ 설치할 폴더를 선택하였으면 [설치]를 클릭합니다. 엔트리 설치가 시작됩니다.

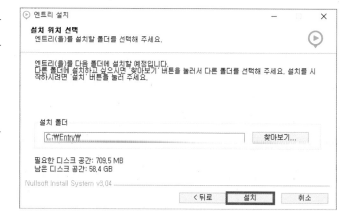

❽ 엔트리 설치가 완료되었으면 '엔트리 실행하기'를 체크하고 [마침]을 클릭합니다.

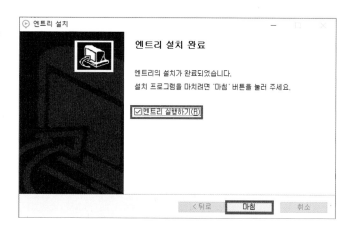

❾ 엔트리 오프라인 버전이 실행되었습니다.

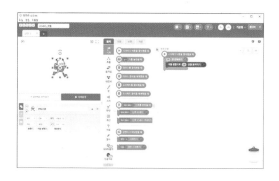

PART ②

문제 해결과
알고리즘
설계

Chapter

1 : 컴퓨팅 사고력과 문제해결

1 자료와 정보의 표현

❶ 자료와 정보의 개념

● 자료는 단순한 관찰이나 측정을 통해 얻은 사실 그대로의 값입니다.

● 정보는 자료의 목적에 맞게 활용할 수 있도록 의미가 부여된 것입니다.

우리는 수많은 정보 중에서 어떤 정보가 나에게 필요한 유용한 정보인지를 선별할 수 있어야 합니다. 일반적으로 [자료]란 단순한 관찰이나 측정을 통해 얻은 사실 그대로의 값을 말하며, [정보]란 자료의 목적에 맞게 활용할 수 있도록 의미가 부여된 것입니다.

자료와 정보가 무엇이 다른지를 쉬운 예를 들어 살펴보면, 학교 신체검사에서 학생들의 키와 몸무게를 쟀다면 키와 몸무게는 자료가 되고, 이 자료를 이용하여 비만도를 계산하여 나타냈다면 이는 정보가 됩니다.

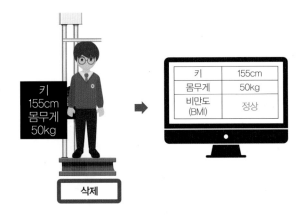

❷ 아날로그와 디지털

우리 생활에서 표현하는 다양한 자료와 정보는 연속인지 아닌지에 따라 아날로그(Analog)와 디지털(Digital)로 구분됩니다.

[아날로그 체온계]   [디지털 체온계]

예를 들어 온도계를 살펴봅시다. 아날로그 온도계는 눈금을 읽어 온도를 재는데 보는 각도에 따라 읽는 온도가 달라질 수 있으므로 정확하게 읽었다고 말하기 힘듭니다. 반면 디지털 온도계는 정확한 수치가 온도계에 표시됩니다.

우리가 흔히 사용하는 컴퓨터, 스마트폰, 디지털카메라 등은 아날로그 자료를 이진 신호의 디지털 자료로 변환하여 사용하는 정보기기입니다.

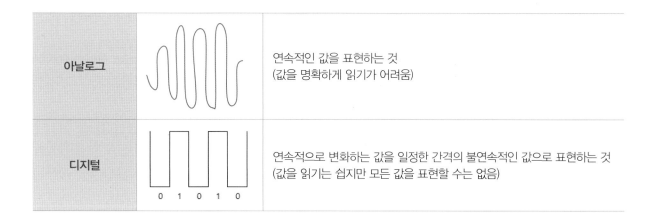

아날로그		연속적인 값을 표현하는 것 (값을 명확하게 읽기가 어려움)
디지털	0 1 0 1 0	연속적으로 변화하는 값을 일정한 간격의 불연속적인 값으로 표현하는 것 (값을 읽기는 쉽지만 모든 값을 표현할 수는 없음)

❸ 컴퓨터에서의 디지털 표현

● 문자의 디지털 표현은 아스키코드(ASCII)나 유니코드(Unicode)와 같은 이진코드로 변환하는 것입니다.
● 그림의 디지털 표현은 화면을 구성하는 최소 단위인 화소(=픽셀)로 표현합니다.

우리는 일상생활 속에서 사용하는 숫자, 문자, 그림, 동영상 등 다양한 형태의 아날로그 정보는 컴퓨터와 같은 전자기기에서 사용하기 위해서 디지털 형태로 변환해야 합니다. 컴퓨터와 같은 디지털 장치는 전기 신호의 높고(전기가 흐름, on) 낮음(전기가 흐르지 않음, off)으로만 값을 구분하기 때문에 0과 1, 두 가지의 전기 신호만을 인식합니다. 따라서 디지털 정보를 처리하기 위해 우리가 사용하는 다양한 형태의 정보를 컴퓨터 내부에서 0과 1로 표현하는 이진수로 표현해야 합니다.

1) 문자의 디지털 표현

한국 친구가 미국 친구와 대화를 한다면 세계 공용 언어인 영어를 사용해야 의사소통이 됩니다. 컴퓨터도 마찬가지입니다. 우리가 컴퓨터와 대화하기 위해 키보드로 어떤 문자를 입력하면 컴퓨터가 이해할 수 있는 형태로 바꿔주어야 합니다. 따라서 컴퓨터가 문자를 표현하기 위해서는 0과 1의 이진수를 조합한 문자 코드인 아스키코드(ASCII)나 유니코드(Unicode)와 같은 이진 코드로 변환해야 합니다.

컴퓨터에 문자를 입력할 때 키보드에 'S'라고 입력하면 컴퓨터는 아스키코드로 사용하여 문자 'S'를 이진수로 표현합니다. 그리고 다시 이진수로 표현된 문자를 아스키코드로 사용하여 문자 'S'로 변환하여 모니터 화면에 보여줍니다.

키보드 's'입력	문자코드를 이진 코드로 변환	모니터에 's' 출력

아스키코드	영문 대소문자, 숫자 0~9, 특수 문자, 제어 문자를 7비트로 표현	아스키코드의 예 문자 'S' : 1010011
유니코드	아스키코드보다 긴 비트를 표현하여 한국어, 중국어, 힌두어 등 전 세계의 언어와 특수 문자를 표현	유니코드의 예 문자 '유' : 1100011100100000

2) 그림의 디지털 표현

모니터 화면을 확대해보면 매우 작은 점들로 이루어진 것을 확인할 수 있습니다. 이 점은 화면을 구성하는 최소 단위인 화소(픽셀, Pixcel)라고 하며, 각 화소에 색상 정보를 기록하여 그림이나 문자를 표현할 수 있습니다.

비트맵 (bitmap) 방식	• 그림을 픽셀(Pixcel)로 표현 • 다양한 색조와 질감, 선명한 화질로 표현할 수 있음 • 확장자 : GIF, JPG, BMP, PNG	
벡터 (vector) 방식	• 그림을 수학적 수식(x좌표, y좌표 등)을 이용하여 선과 모양으로 표현 • 그림을 확대하거나 축소해도 자료의 변형이 거의 없음 • 확장자 : AI, EPS, WMF	

3) 그 외의 디지털 표현

그 외의 디지털 표현으로는 소리, 동영상 등이 있습니다.

소리는 물체의 진동으로 생긴 파형이 공기를 통해 전달되는 정보입니다. 아날로그 소리는 컴퓨터가 인식할 수 있도록 0과 1로 표현되는 변환 과정을 거쳐 디지털 소리로 표현되며, 방송이나 음악, 강의 등과 같이 귀를 통해 들을 수 있는 형태로 표현된 정보입니다. 동영상은 변화하는 그림들이 화면에 연속적으로 이어진 것처럼 표현하는 것으로 영화나 애니메이션과 같이 소리와 그림을 함께 저장합니다.

2 자료와 정보의 분석 및 구조화

❶ 자료와 정보의 수집과 관리

우리는 일상생활에서 다양한 문제에 부딪힙니다. 이러한 문제를 효율적으로 해결하기 위해서는 문제 해결에 필요한 자료를 수집하고 분석해야 합니다.

자료 수집	방학을 맞이하여 서율이는 3박 4일 일정으로 친구들과 제주도로 여행을 떠나기로 정하였습니다. 여행을 위해 어떤 자료를 수집해야 할까요? 기대에 부푼 서율이와 친구들은 여행 일정의 계획을 세우기 위해 만나서 의논하기로 하였습니다. 제주도에서 방문하려는 명소, 교통 수단, 날씨, 여행 경비 등에 대해 이미 다녀온 친구들에게 물어보기도 하고, 인터넷 검색 사이트를 이용하여 검색하고, 도서관에서 여행 관련 책자를 찾아보기도 하였습니다.
정보 분석	제주도에서 방문할 곳의 후보지를 친구들과 상의하여 문서에 작성하고, 일자별로 방문할 곳의 위치를 확인하였습니다. 일정이 촉박하지 않도록 이동 경로와 여행 경비를 고려하여 하루 두 군데씩 가까이 있는 두 장소를 선택하였으며 마지막 날은 공항으로 이동하는 시간을 생각하여 한 군데에만 들르기로 정하였습니다.

❷ 정보의 구조화

정보의 내용 요소들을 특성에 맞게 체계적으로 정리하는 것을 [정보의 구조화]라고 합니다. 일상생활에서 복잡한 내용을 효율적으로 처리하기 위해 정보의 구조화 과정이 필요합니다.

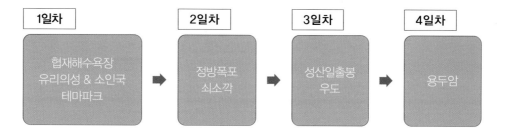

정보의 구조화	서율이와 친구들의 여행을 위한 자료를 수집하고 정보를 분석하였습니다. 이번에는 이 정보를 구조화해볼까요? 문제를 해결하는 목적에 따라 수집하고 분석하는 자료의 종류는 다양하며, 자료마다 효율적으로 구조화하는 방법이 다릅니다. 제주도 3박 4일 여행 계획 일정표를 다이어그램으로 표현해볼까요?

❸ 다양한 형태의 구조화

일상생활에서 이용하는 정보에는 그림, 소리, 동영상, 문자, 수치 등의 다양한 형태로 표현할 수 있습니다. 정보를 표현할 때에는 그 목적에 맞는 유형을 선택하여 자료를 정리하고 재배치하여 구조화해야 효과적으로 정보를 전달할 수 있습니다. 정보를 구조화하는 방법에는 표, 그래프, 다이어그램 등의 방법이 있습니다.

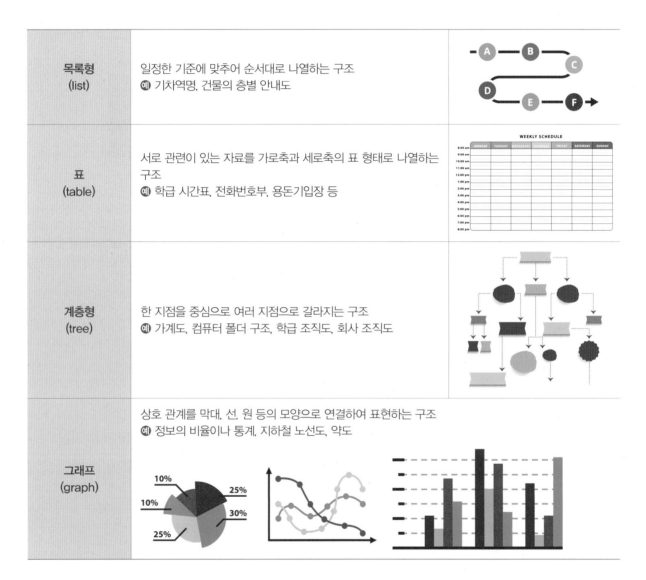

목록형 (list)	일정한 기준에 맞추어 순서대로 나열하는 구조 **예** 기차역명, 건물의 층별 안내도	
표 (table)	서로 관련이 있는 자료를 가로축과 세로축의 표 형태로 나열하는 구조 **예** 학급 시간표, 전화번호부, 용돈기입장 등	
계층형 (tree)	한 지점을 중심으로 여러 지점으로 갈라지는 구조 **예** 가계도, 컴퓨터 폴더 구조, 학급 조직도, 회사 조직도	
그래프 (graph)	상호 관계를 막대, 선, 원 등의 모양으로 연결하여 표현하는 구조 **예** 정보의 비율이나 통계, 지하철 노선도, 약도	

자료 구조는 자료를 효율적으로 이용할 수 있도록 처리하고 관리하는 방법으로 자료의 특성에 따라 구조화하여 컴퓨터에 저장하는 방법입니다. 자료 구조는 형태에 따라 선형 구조와 비선형 구조로 나뉩니다.

선형 구조	– 관련 자료가 일정한 순서에 따라 한 줄로 연결되어 있는 구조 – 스택, 큐, 리스트 등	
비선형 구조	– 일정한 순서 없이 자료들이 연결되어 있는 구조 – 트리, 그래프 등	

❸ 컴퓨팅 사고력의 이해와 적용

우리가 살아가는 데 수많은 문제에 부딪힙니다. 이 때 다양한 방법을 시도해보면서 효율적으로 문제를 해결하는 방법을 찾기 위해 노력을 합니다. 우리는 우리가 할 수 있는 일을 컴퓨터가 하도록 시키기 위해서는 컴퓨터에게 어떤 일을 시킬 것인지 명령을 잘 내려야 합니다. 처음에는 어렵지만 시간이 지남에 따라 컴퓨터처럼 생각하여 컴퓨터가 잘 알아들을 수 있도록 명령을 내려 문제를 해결할 수 있도록 합니다. 이처럼 컴퓨터가 일을 처리하는 방식으로 생각하는 것을 [컴퓨팅 사고력(Computational Thinking)]이라고 부릅니다. 우리가 컴퓨팅 사고력을 향상한다면 우리가 똑똑한 컴퓨터를 잘 활용할 수 있을 것입니다.

❶ 컴퓨팅 사고력의 구성 요소

컴퓨팅 사고력은 컴퓨터 과학의 기본적인 개념과 원리를 기반으로 하여, 일상생활에 관련된 문제를 효율적으로 해결하는 절차와 방법을 찾아낼 수 있는 사고능력을 말합니다.

컴퓨팅 사고력의 구성 요소는 나라마다 다르게 정의하여 사용하고 있으나 큰 맥락은 문제 해결을 위한 것입니다. 컴퓨팅적 사고력의 창시자인 지넷 윙은 모든 사람이 3R(읽기, 쓰기, 셈하기)과 더불어 모든 학습자가 컴퓨팅 사고력을 배우고 학습해야 한다고 주장하였으며, 컴퓨팅 사고력을 추상화와 자동화를 통한 문제 해결 능력이라고 하였습니다. CSTA와 ISTE는 컴퓨팅 사고력의 구성 요소를 자료 수집, 자료 분석, 자료 표현, 문제 분해, 추상화, 알고리즘 및 절차, 자동화, 시뮬레이션, 병렬화의 9가지 개념으로 구분하고 있습니다.

구성요소	정의
자료 수집	문제의 이해와 분석을 토대로 문제를 해결하기 위해 자료 모으기
자료 분석	수집된 자료와 문제에 주어진 자료를 세심히 분류하고 분석하기
자료 표현	문제의 내용을 적절한 그래프, 차트, 글, 그림 등으로 표현하기

문제 분해	문제를 해결 가능한 수준의 작은 문제로 나누기
추상화	문제 해결을 위해 반드시 필요한 핵심 요소를 파악하고 복잡함을 단순화하기
알고리즘과 절차화	문제를 해결하거나 어떤 목표를 달성하기 위해 수행되는 과정을 순서적 단계로 표현하기
자동화	컴퓨팅 시스템이 수행할 수 있는 형태로 해결책 나타내기
시뮬레이션	복잡하고 어려운 해결책이나 현실적으로 실행이 불가능한 문제를 해결하기 위하여 모의 실험하기
병렬화	목표를 달성하기 위한 작업을 동시에 수행하도록 자원을 구성하기

〈컴퓨팅 사고력의 9가지 구성 요소〉, 출처: www.acm.org (Computational Thinking)

❷ 컴퓨팅 사고력을 통한 생활 속 문제해결

수많은 동물 중에서 고양이만을 찾아보도록 하겠습니다. 먼저 고양이의 이미지 자료를 모으고 이 자료들을 눈과 꼬리 등의 고양이의 특징을 뽑아서 분류하고 분해하여 분석합니다.→(**반복 규칙의 탐색**)
고양이 이미지의 형태를 불필요한 요소를 제거하고 나타냅니다.→(**추상화**)
고양이의 특성을 잘 나타내는 이미지를 패턴으로 기억합니다.→(**패턴 인식**)

좀 더 깊게 이야기해볼까요?
인공지능에 대해 들어본 적이 있나요? 인공지능을 개념적으로 이해하기 쉽게 말한다면 '인간과 같은 지능적인 능력을 갖춘 컴퓨터' 또는 '인간처럼 생각할 수 있는 컴퓨터'라고 할 수 있습니다. 따라서 인공지능 컴퓨터는 인간처럼 지식을 표현하고, 이해하고, 학습하고, 추론하고, 문제를 해결하는 능력을 갖춰야 합니다.
인공지능의 주요 연구 분야 중 하나로 패턴 인식(Pattern Recognition)이 있습니다. 패턴 인식은 쉽게 말하면 컴퓨터가 시각, 청각 등의 감각 기관을 통해서 인지한 형태를 의미합니다. 대표적인 예로 사람의 얼굴이나 지문, 도로 표지판이나 유전자, 일기 예보 등 우리가 일상생활에서 접하는 모든 형태를 패턴이라고 할 수 있습니다. 이러한 패턴의 의미를 인식하여 처리하는 것을 패턴 인식이라고 합니다.

1) 추상화

추상화는 문제를 해결 가능한 형태로 표현하기 위해 필요한 핵심 요소를 파악하고 불필요한 요소를 제거하여 단순화하는 것을 말합니다.

횡단보도와 사람의 이미지에서 불필요한 요소를 제거하여 추상화시키면 우리 일상생활에서 많이 사용하는 교통표지판이 되어 함축적으로 의미를 전달해줍니다.

2) 반복 규칙의 탐색과 패턴 공식화

일상생활의 다양한 문제를 해결하기 위해서는 문제를 정확하게 분석하여 작은 단위의 문제로 나누고 핵심 요소를 파악하여 추출한 후 프로그래밍하는 과정이 필요합니다.
구글에서 제시하는 컴퓨팅 사고력은 분해, 패턴 인식, 추상화, 알고리즘 설계와 같이 4가지 요소로 나뉩니다.

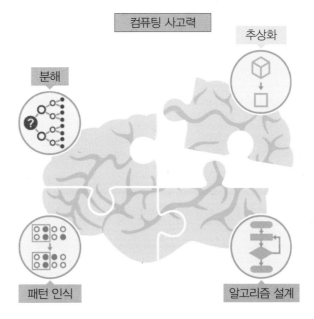

출처 : https://www.bbc.com/education/guides/zttrcdm/revision

분해(Decomposition)	문제 또는 과업의 단계나 부분을 잘게 분해하기
패턴 인식(Pattern recognition)	테스트하기 위해 분해된 자료에서 반복되거나 일정하게 눈에 띄는 패턴을 찾아 모델화하거나 숨어있는 것을 예측하기
패턴 추상화(Pattern abstraction)	찾은 패턴에서 원리와 법칙을 단순하게 기호화, 상징화하기
알고리즘 설계(Algorithms)	유사한 문제를 해결하기 위해 의사 코드로 절차화시키고 구현하기

Chapter

2 : 알고리즘 설계, 순서도

1 문제 해결을 위한 알고리즘 작성

급변하는 과학기술의 발달은 미래사회의 모습을 바꾸어 놓을 것입니다. 인류가 지금까지 이룩한 기술시스템은 지금 우리가 사는 이 사회의 모습을 구축했습니다. 이를 이해하고 능동적으로 대처하여 더욱 나은 기술 시스템을 설계할 수 있는 능력을 갖추는 것은 미래사회를 살아갈 우리의 후손들에게 키워줘야 할 중요한 역량이라는 것에 의심의 여지가 없을 것입니다. 기술 시스템을 이해하고 설계한다는 것은 무엇일까요? 그것은 각 기술 시스템이 지닌 알고리즘을 파악하여 설계하고 개선하는 것이라고 할 수 있습니다. 기술 시스템의 알고리즘을 이해하는 것은 컴퓨터 등의 시스템을 파악하는 것을 넘어 우리 일상에서 일어나는 모든 상황과 문제해결 과정에서 작동하는 원리에 대해 능동적이고 비판적으로 이해하여, 더 편리하고 나은 방향으로 개선할 수 있는 사고력을 키우는 것이기도 합니다. 이제 그 알고리즘이 무엇이고 어떻게 설계할 수 있는지에 대해 알아봅시다.

❶ 알고리즘이란?

알고리즘이란 문제를 해결하기 위한 일의 순서를 정리해 놓은 것을 말합니다. 특히 컴퓨터 프로그램에서는 '처리해야 할 작업의 순서를 정리해 놓은 일련의 단계'를 알고리즘이라고 합니다.

1) 알고리즘의 요건

컴퓨터 프로그램에서 말하는 알고리즘이란 다음과 같은 사항들을 만족해야 합니다. 먼저, 알고리즘은 외부에서 입력받는 자료가 0개 이상이어야 합니다(**입력**). 이 뜻은 입력이 있을 수도 있고 없어도 가능하다는 뜻입니다. 숫자나 데이터 등의 값을 입력받아 계산하는 경우에는 입력받는 자료가 있지만, 알고리즘 자체에 필요한 자료를 가지고 있는 경우에는 입력 없이도 알고리즘이 실행될 수 있습니다. 입력과 달리 처리되어 나오는 결과는 1가지 이상의 결과가 있어야 합니다(**출력**). 입력은 있어도 없어도 되지만, 출력은 1개 이상 꼭 있어야 한다는 뜻입니다. 다시 말해, 알고리즘이란 어떤 상황이나 문제를 해결하기 위한 일련의 과정이므로 해결된 결과가 나와야 하는 것입니다. 또한 알고리즘에 나오는 각 단계의 처리 명령들은 명확하고 모호하지 않아야 합니다(**명확성**). 그리고 알고리즘은 유한 번의 명령을 실행한 후에는 종료되어야 합니다(**유한성**). 이 말은 알고리즘이 끝나지 않고 무한히 반복된다면 결과 값을 확인할 수 없게 되므로, 알고리즘은 무한히 반복되어선 안 된다는 뜻입니다. 끝으로, 알고리즘에 사용되는 명령들은 실행 가능한 것이어야 합니다(**효율성**). 실행 가능하지 못한 것을 명령한다면 처리되지 않을 수도 있고 원하는 결과 값을 얻지 못할 것입니다.

입력	외부에서 제공되는 자료가 0개 이상 존재함
출력	적어도 1개 이상의 서로 다른 결과를 내어야 함(즉, 모든 입력에 하나의 출력이 나오면 안 됨)
명확성	수행 과정은 명확하고 모호하지 않은 명령어로 구성되어야 함
유한성(종결성)	유한 번의 명령어를 수행 후(유한 시간 내)에 종료해야 함
효율성	모든 과정은 명백하게 실행 가능(검증 가능)한 것이어야 함

[알고리즘의 요건], 출처: wikipedia.org

2) 알고리즘 순서도 및 순서도 기호

순서도란 프로그램이 처리해야 할 각 단계별 과정을 약속된 기호를 사용해 그림으로 나타낸 것을 말합니다. 즉, 문제해결에 필요한 논리적 단계들을 그림으로 표현한 것으로, 프로그램으로 만들어 실행될 논리적인 흐름을 나타낸 것입니다.

국제표준화기구 (ISO: International Standard Organization)는 1962년에 세계가 함께 공통으로 사용할 순서도 기호를 제정하였습니다. 순서도 기호를 공통의 약속으로 정해 사용하는 이유는 직접 프로그램을 하는 자신은 물론 개발에 참여하는 사람들 및 그 이외의 사람들도 함께 내용을 파악할 수 있도록 하기 위함입니다. 코딩하여 직접 프로그램을 만들기 전에 순서도를 미리 작성하면, 프로그램의 전체적인 흐름을 한눈에 살펴보기도 좋습니다.

기본적인 순서도 기호 및 작성 방법을 익혀 알고리즘들을 연습해 보고 새로운 알고리즘도 설계해 보도록 합시다.

순서도 기호	이름	사용 용도
(타원형)	시작/끝	시작과 끝을 나타내는 단말 기호
(평행사변형)	입력	데이터 입력과 출력을 나타내는 입출력 기호
(육각형)	준비	초기값 입력 및 변수 선언 등에 사용되는 준비 기호
(마름모)	판단	참/거짓 질문, 조건 선택에 사용되는 판단 기호

	처리	연산, 데이터 이동 처리 등의 처리 기호
	출력	프린터 등의 출력 기호
	반복	동일한 작업을 반복해 실행하는 반복 기호

[주요 순서도 기호들]

② 알고리즘 순서도 설계

알고리즘은 아주 간단한 일에 대한 순차적 알고리즘부터, 조건 선택 알고리즘 및 반복 알고리즘 등이 있으며, 더 나아가 여러 자료 중에 필요한 것들만 찾아내기 위한 효율적 방법을 구현하는 탐색알고리즘이나 검색알고리즘 등도 있습니다.

❶ 순차구조 알고리즘

'두 수(숫자1과 숫자2)를 입력받아 입력받은 두 수를 상호 교환하여 출력하시오.'라는 문제를 순차 알고리즘을 사용하여 나타낸다면 아래와 같이 만들 수 있을 것입니다. 아래 순서도를 보면 몇 개의 명령 또는 처리를 위에서부터 순서대로 실행하도록 설계된 것을 확인하실 수 있습니다.

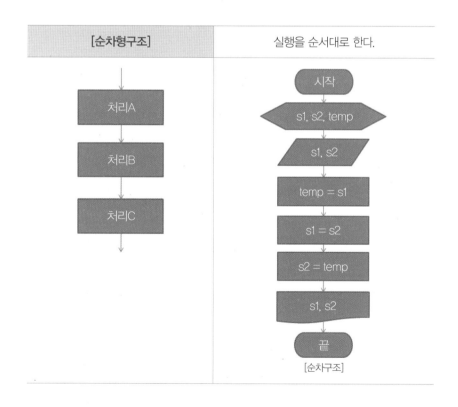

[순차구조]

❷ 조건선택 알고리즘

날씨에 따라서 여행지 코스가 달라지는 프로그램을 작성한다면, '비가 오는가'라는 판단 조건에 따라 실행 내용이 바뀌도록 하는 조건선택 알고리즘을 사용하면 될 것입니다. 조건선택 알고리즘에서는 판단 내용의 값이 '참'인 경우와 '거짓'인 경우로 나뉘어 작업을 처리하게 됩니다. '참'을 '예'로, '거짓'을 '아니오'로 나타내기도 합니다.

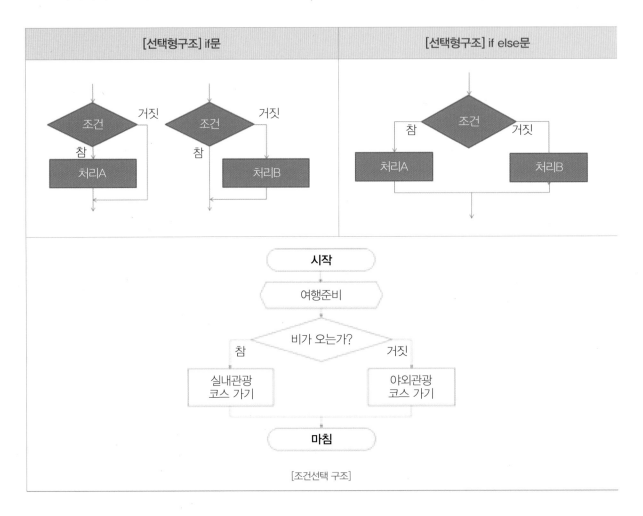

[조건선택 구조]

❸ 반복 알고리즘

1) 횟수만큼 반복하는 구조

'1부터 10까지 숫자를 더한 값을 출력하시오'라는 문제를 반복 알고리즘을 사용하여 나타낸다면, 아래와 같이 만들 수 있을 것입니다. 아래 순서도를 보면 반복되는 상황 동안 똑같은 처리 명령을 계속 반복해서 실행하도록 설계된 것을 확인할 수 있습니다.

반복을 나타내는 순서도 기호 중 위의 작은 네모 안의 내용은 첫 번째는 시작되는 숫자, 두 번째는 숫자의 최종 값, 세 번째는 증가 값을 나타냅니다. 즉 아래의 순서도가 의미하는 것은 숫자의 초기 값을 1, 합의 초기 값을 0으로 정해서 준비한 후, 합에 숫자를 1씩 커지게 하면서 숫자가 10이 될 때까지 계속 더하라는 뜻입니다. '1+2+3+....+10' 까지 계산이 되면 숫자의 값이 10이므로 더 이상 반복하지 않고, 합을 출력하게 됩니다.

2) 조건을 만족할 때까지 반복하는 구조

주어진 조건을 만족할 때까지 명령을 계속해서 처리하는 구조인 반복 구조도 있습니다. 믹서기에 과일을 넣고 갈아서 과일주스를 만드는 과정을 반복알고리즘으로 간단히 나타내면 아래와 같이 작성할 수 있습니다. 즉 반복기호 내 작은 위 네모 안에는 반복이 언제까지 계속될지에 대하여 넣고, 네모 아랫부분에는 반복 돼 똑같이 처리되어야 할 내용을 작성해 넣으면 됩니다.

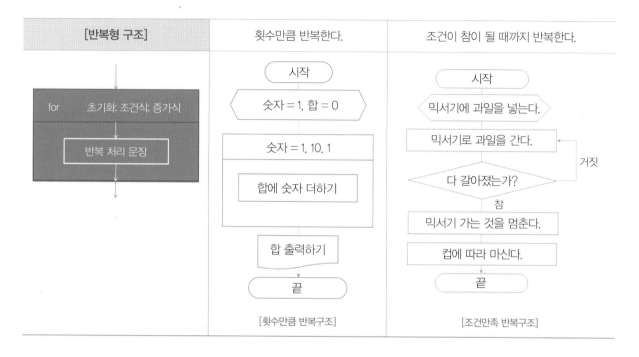

❹ 복합 구조의 순서도 및 그 외 알고리즘

생활 속에서 일어나는 많은 일에 대해 우리는 그 순서와 관계를 정리하여 일련의 과정으로 묶으면 알고리즘으로 만들 수 있습니다. 위에서 정리한 것은 순서도의 기본적인 설계 구조를 나누어 설명하였지만, 실제 순서도가 사용되는 상황에서는 복합적인 구조로 사용되는 경우가 많습니다.

횟수 반복 구조 안에 조건 선택 구조가 함께 있는 알고리즘이 있을 수도 있고, 조건을 만족하는 반복 구조 안에 횟수를 반복하는 구조가 더 들어 있는 알고리즘이 있기도 합니다.

다음은 엔트리나 스크래치로 코딩을 하는 경우 볼 수 있는 복합적인 제어 구조의 예입니다.

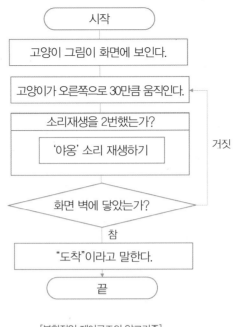

[복합적인 제어구조의 알고리즘]

위의 기본적인 순서도 및 복합적인 구조의 순서도 설계 방법을 익혀서 실제 생활 속에 필요한 알고리즘 및 수학 공식이나 과학 실험의 단계들도 설계해 보도록 합시다.

누군가 해내기
전까지는
모든 것이
'불가능한 것' 이다.

- 브루스 웨인, 영화 〈배트맨〉 中 -

PART 3

피지컬
컴퓨팅

Chapter

1 : 융합과 피지컬 컴퓨팅

1 미래사회와 융합형 인재

교육부의 2015 개정 교육과정의 취지를 요약하자면, 모든 학생들이 인문학적 상상력과 과학기술 창조력을 갖춘 창의 융합형 인재로 성장할 수 있도록 미래사회가 요구하는 핵심 역량을 기를 수 있게 하자는 것이 그 기본 방향입니다. 이에 실생활 및 다양한 학문 분야의 문제를 창의적이고 효율적으로 해결하는 능력을 기르기 위해 컴퓨터 과학의 기본 개념, 원리 및 기술을 익혀 다양한 분야와 융합할 수 있는지에 대한 역량을 키우는 것이 매우 중요한 항목으로 여겨지게 되었습니다.

특히 중등 정보 교육 과정의 내용 체계에서는 컴퓨팅 시스템의 원리 이해에서 더 나아가 피지컬 컴퓨팅이라는 것을 핵심 개념 중 하나로 다루고 있습니다. 다음 표는 교육부 자료에 정리되어 있는 내용의 일부입니다.

영역	핵심 개념	일반화된 지식	내용 요소	기능
컴퓨팅 시스템	컴퓨팅 시스템의 동작 원리	다양한 하드웨어와 소프트웨어가 유기적으로 결합된 컴퓨팅 시스템은 외부로부터 자료를 입력받아 효율적으로 처리하여 출력한다.	컴퓨팅 기기의 구성과 동작 원리	분석하기 설계하기 프로그래밍하기 구현하기 협력하기
	피지컬 컴퓨팅	마이크로컨트롤러와 다양한 입·출력 장치로 피지컬 컴퓨팅 시스템을 구성하고 프로그래밍을 통해 제어한다.	센서 기반 프로그램 구현	

[중학교 정보 교육과정의 내용 체계 중 컴퓨팅 시스템 영역], 참조 : ⟨교육부 고시 제2015-74호, 별책10_실과(기술가정)_정보과 교육과정⟩

② 피지컬 컴퓨팅 시스템

피지컬 컴퓨팅이란 센서 기반으로 컴퓨팅 시스템을 구성하고 프로그래밍을 통해 제어할 수 있는 기기 및 그 시스템을 말합니다. 센서는 우리가 실제 생활하는 세상에서 일어나는 현상들의 정보를 감지합니다. 이 센서들은 제어장치에 연결되며, 제어장치는 센서로부터 감지되어 전달되는 정보들을 입력받아 소프트웨어 프로그램으로 정보를 처리합니다. 그리고 제어장치에 연결된 액추에이터 장치에 명령을 실행시켜 그 동작을 제어 합니다.

[센서와 액추에이터가 작동되는 모습]

2 : 소프트웨어를 이용한 하드웨어 작동 원리 이해

1 제어장치의 입출력 제어

센서는 감지된 값을 제어장치에 전달하므로 입력장치라고 분류할 수 있습니다. 또한 제어장치에서 전달 받은 신호에 따라 불이 켜지거나 움직이게 되는 등 역할을 하는 기기들은 출력장치라고 부릅니다. 이러한 장치들은 크게 아날로그 형과 디지털 형으로 나눌 수 있는데, 아날로그 형은 신호를 연속적인 값으로 표현하고, 디지털 형은 0과 1 두 가지로만 나타냅니다. 이 값에 따라 제어장치는 아날로그 핀과 디지털 핀 등을 구분하여 각 센서와 액추에이터 사이에서 필요한 정보를 받고 내보내며, 소프트웨어로 명령을 제어합니다. 제어장치로는 아두이노, 라즈베리파이 및 각종 교육용 센서보드 등이 사용되고 있습니다. 본 챕터에서는 교육 및 실습용으로 활용되는 주요 장치들 위주로 그 특징과 원리에 대해 살펴보겠습니다.

[제어장치 예시 : 아두이노]

구분	기능	종류
제어장치	소프트웨어로 명령 제어	아두이노, 라즈베리파이, 마이크로비트 등
센서 장치	온도, 빛, 압력 등의 변화 감지	빛 센서, 온도 센서, 거리 센서, 소리 센서, 슬라이드, 버튼 등
액추에이터 장치	전기 신호로 동작하는 장치들	LED, RGB LED, 부저, 회전 모터, 서보 모터

❷ 센서(Sensor)

- 센서란 실제 세상에서 일어나는 물리적 변화를 감지하는 장치입니다.
- 온도, 빛, 압력 등의 양을 측정 가능한 값으로 변환시켜 그것을 신호로 전달해 줍니다.
- 사람이 감각기관인 눈, 코, 귀, 촉각 등을 통해 변화되는 상황이나 중요한 정보를 얻는 것처럼, 기계나 로봇 등은 센서로 주변의 변화를 감지해 정보를 얻습니다.

❶ 빛 센서

빛 센서는 빛의 양을 감지해 그 변화에 따라 바뀌는 저항 값으로 밝기의 정도를 알 수 있는 아날로그 센서입니다. 조도 센서라고도 부르며, 빛 센서를 손으로 가리거나 불빛을 비추면 밝기에 따라 값이 바뀌는 것을 관찰 할 수 있습니다.

- 빛 밝기에 따라 켜지는 가로등
- 해가 떠서 밝아지면 자동으로 열리는 커튼
- 어두운 곳에서는 화면의 밝기가 자동 조정되어 눈의 피로를 덜어주는 태블릿

[빛 센서를 활용한 태블릿]   [활용의 예]

❷ 온도 센서

온도 센서는 주변의 온도를 감지합니다. 주변의 온도를 감지하여 그 값을 전기신호로 바꾸어 제어장치에 전달합니다. 온도 값을 우리가 익숙한 섭씨 단위로 읽기 위해서는 소프트웨어 프로그램으로 계산식을 주어 익숙한 수치로 바꾸어 표현하게 해줄 수 있습니다.

- 실내 온도를 감지해 적정 온도를 유지하는 에어컨
- 온도에 따라 농장 식물들에게 자동으로 물을 주는 스마트 팜 시스템

[온도 센서를 활용한 에어컨]   [활용의 예]

❸ 거리 센서

거리 센서는 물체와 거리가 얼마나 떨어져 있는지 거리 값을 측정하는 데 사용하는 장치입니다. 거리 센서로 주로 사용되는 초음파 센서의 원리는 초음파를 쏘아서 물건에 반사되어 되돌아오는 초음파를 검출합니다. 이렇게 되돌아온 시간 지연 차이를 파악하여 물체까지의 거리를 측정하고 우리에게 익숙한 단위로 변환하여 수치를 읽을 수 있게 프로그램하여 표현합니다. 거리를 재는 용도로 초음파 외에 비슷한 원리를 이용한 적외선을 사용하기도 합니다.

– 거리 센서로 감지해 열리는 자동문
– 로봇청소기의 장애물 인식 장치
– 주차 보조 시스템
– 자동차 자동 주행 시스템

[거리 센서를 활용한 자동 주행 시스템]　　　　　　　　[활용의 예]

❹ 소리 센서

소리 센서는 소리를 낼 때 변화되는 공기 압력의 변화를 감지해 그 값을 전기신호로 변환해 줍니다. 소리 센서에 소리가 닿으면 그 때의 공기 압력을 전기신호로 변환해 제어장치인 센서보드에 보내게 되고, 제어장치에서는 프로그램을 통해 그 신호를 계산하여 파악할 수 있게 됩니다. 소리 센서로 소리 크기를 테스트 할 경우 목소리를 크게 내기 힘들면, 센서 가까이 대고 입으로 "후~" 하고 세게 불어주어 소리센서 값이 변화되는 것을 확인할 수도 있습니다.

– 마이크
– 인공지능 스피커의 소리 감지
– 음성 인식

[소리 센서를 활용한 인공지능 스피커]　　　　　　　　[활용의 예]

❺ 슬라이드

슬라이드는 손잡이를 좌우로 이동하면서 값을 조절하여, 그 값을 제어장치에 전달하는 센서로 슬라이드 손잡이 위치에 따라 실행이 정도를 다르게 할 수 있습니다. 슬라이드는 가변 저항을 활용한 것으로, 손잡이를 움직였을 때 왼쪽 끝의 값은 0, 오른쪽 끝의 값은 1023입니다.

– 스튜디오 음향 제어 컨트롤 장치
– 게임 화면 안에서 주인공 이동 범위를 슬라이드로 조종하기
– 오디오의 소리 크기 조절 장치

[슬라이드 활용한 음향제어]   [활용의 예]

❻ 버튼

버튼은 전류가 흐르거나 흐르지 않도록 사용하는 디지털 장치입니다. 눌렀는가 아닌가에 따라 전류가 흐르면 1, 전류가 흐르지 않으면 0으로 센서보드가 정보를 처리하므로 그에 따라 불을 켜거나 끄는 등의 작동을 할 수 있습니다. 만일 버튼 하나로 한 번 눌렀을 때는 켜고 그다음 눌렀을 때는 끄도록 만들고 싶다면, 소프트웨어적으로 프로그래밍 하는 것만으로도 버튼의 사용 방법을 바꿀 수 있습니다. 즉, 상태 변수를 사용하여 누를 때 마다 변수 상태를 달리하여 그 값에 따라 끄거나 켜게 만들 수도 있습니다.

– 거실 전등 스위치
– 리모컨 등 전자 제품의 전원 버튼
– 노트북 전원 버튼

[전자제품에 많이 사용되는 버튼]   [활용의 예]

③ 액추에이터 (Actuator)

- 전기신호에 반응해 동작하는 대개의 장치들을 액추에이터라고 부릅니다.
- 출력장치로 연결될 수 있는 LED, 부저, 모터 등이 액추에이터로 사용됩니다.

❶ LED

LED는 발광 다이오드라는 뜻으로, 다이오드라는 반도체 소자가 들어있습니다. LED는 디지털 장치이므로 소프트웨어 상으로 빛의 밝기 등을 제어하거나, 특정 조건일 때에 끄거나 켜도록 프로그램하여 사용하기가 매우 편리합니다.

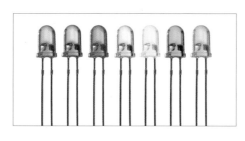

- 초록색, 빨간색의 신호등
- LED 거실 전등

[LED: 발광 다이오드]   [활용의 예]

❷ RGB LED

RGB란 빛의 3원색을 뜻하는 것으로 빨강(Red), 녹색(Green), 파랑(Blue) 이 세 가지만 있으면 빛으로 모든 칼라를 표현할 수가 있습니다. RGB LED는 3원색을 섞어 RGB LED 하나에 원하는 모든 칼라를 표현해 낼 수 있는 편리한 장치입니다. RGB LED는 다리가 4개인데 이중 하나만 전압(5V 혹은 Gnd, 제품에 따라 다름)에 연결하고 나머지 다리 3개는 아두이노 등의 센서보드에 연결할 때 PWM 핀에 제각기 연결하여 각각 3가지 색깔에 대한 역할을 하도록 합니다.

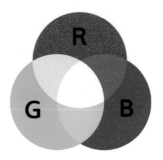

[빛의 삼원색 RGB]

즉, 세 가지 색의 수치를 조정하여 원하는 색상을 만들 수 있습니다. 만일 프로그램을 만들 때 빨간색 핀에 0, 초록색 핀에 0, 파란색 핀에 255로 값을 정하라고 명령을 작성한다면, 어떻게 될까요? RGB LED의 색상은 파란색이 될 것입니다. 인터넷이나 자료 등에서 RGB 색상표를 참조하여, 원하는 색상의 R, G, B 각 값을 정하여 프로그램하면 해당 조합에 맞는 색이 켜지게 됩니다.

- LED 광고판
- LED를 활용한 설치예술
- 광선검 장난감

[4개의 다리를 지닌 RGB LED]　　　　　　　　[활용의 예]

❸ 부저

부저는 음 높이에 해당하는 주파수를 맞추어 전기를 주게 되면, "삐이~" 하는 해당 높이의 소리를 내줍니다. 그러나 스피커 보다는 소리가 작고 단순하여 알람 소리 정도로 사용하곤 합니다. 프로그램으로 제어하여 소리의 높낮이도 바꾸어 낼 수 있으며, 간단한 멜로디도 연주할 수 있습니다.

- TV 퀴즈쇼 프로그램의 부저 알람
- 크리스마스 카드의 멜로디 연주
- 경고음을 위한 부저 알람

[알람으로 부저를 사용]　　　　　　　　[활용의 예]

❹ 회전 모터

모터는 가전제품이나 생활용품에 어디에서든 쉽게 발견할 수 있을 정도로 많이 사용되고 있습니다. 회전 모터는 360도 계속 회전하는 모터로 DC 모터가 회전 모터로 많이 사용되고 있습니다. 회전 모터는 회전 속도와 방향 두 가지를 제어할 수 있습니다.

- 선풍기 날개의 회전
- 바퀴의 회전
- 세탁기 모터

[회전 모터로 날개를 돌리는 선풍기] [활용의 예]

❺ 서보 모터(각도 모터)

서보 모터는 각도를 바꿀 수 있는 모터여서 각도 모터라고도 불립니다. 회전각에 맞는 신호를 주도록 프로그램을 작성하여 서보 모터를 원하는 각도로 움직일 수 있습니다.

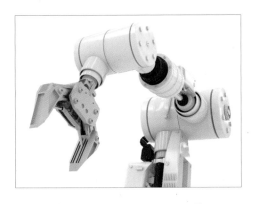

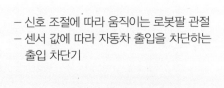

- 신호 조절에 따라 움직이는 로봇팔 관절
- 센서 값에 따라 자동차 출입을 차단하는 출입 차단기

[서보 모터로 각도를 제어하는 로봇팔] [활용의 예]

위에서 살펴본 바와 같이, 우리 생활 주변에는 센서와 액추에이터를 사용하지 않는 곳이 없다 할 정도로 여러 기기와 장비들에 소프트웨어로 제어하는 다양한 피지컬 시스템이 활용되고 있다는 것을 알 수 있었습니다. 현재도 이렇게 많은 곳에 사용되고 있지만, 앞으로 다가올 미래사회에는 어느 곳에나 인터넷으로 연결되고 편리한 여러 첨단의 제품들에 스마트한 기능들이 더해질 것이므로, 피지컬 컴퓨팅의 활용 범위 및 이해의 필요성은 더욱 커질 것입니다.

피지컬 컴퓨팅 모델링을 위한 가이드

센서를 사용해 제어장치로 명령을 내리려면 어떻게 구현할 수 있을까요? 간단하게 살펴봅시다.

> 1. 피지컬 컴퓨팅으로 만들고 싶은 아이디어를 생각한다.

> 2. 어떤 센서와 출력장치가 필요한지 고른다.

> 3. 사용할 센서 및 출력장치의 작동 원리를 파악한다.

> 4. 제어장치에 센서와 출력장치를 연결하여 회로를 구성한다.

> 5. 소프트웨어로 코딩하여, 센서의 특정 값 범위 내에서 출력장치가 필요한 동작을 하도록 명령을 만든다. 제어장치(예 아두이노)에 업로드하여 실행한다.

> 6. 디버깅하여 수정 보완하여 완성한다.

예 화재 위험을 알리는 경보기를 만들고 싶을 때!

온도 센서의 평상시 온도를 체크하고, 화재 위험이 있을 때의 온도인 경계 온도를 몇 도로 할지 정합니다. 소프트웨어로 코딩하여 경계 온도 값 이상이면 부저에 신호를 보내게 합니다. 부저는 신호를 받아서 소리를 내어 위험을 알립니다.

PART 4

엔트리
핵심 기능
익히기

1 : 엔트리 기본 화면 구성

엔트리(버전 2.0 이상) 오프라인 프로그램을 설치한 후 엔트리를 실행해 봅시다. 엔트리 기본 화면 구성은 다음과 같이 영역을 구분하여 살펴볼 수 있습니다.

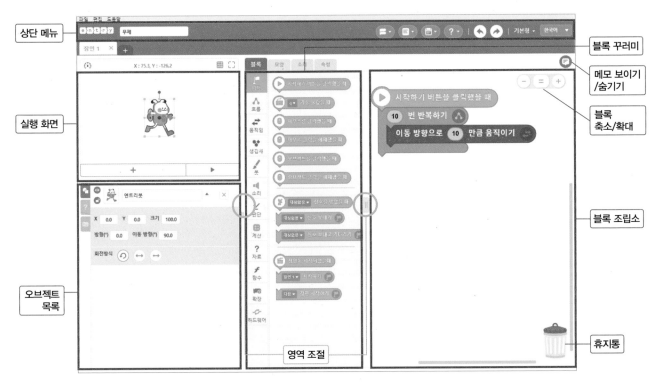

[엔트리 화면구성 안내]

1 상단 메뉴

엔트리 기본화면 구성 중 상단 메뉴의 각 기능을 살펴봅시다.

[엔트리 상단메뉴]

❶**엔트리 로고** : 엔트리 로고가 표시됩니다.

❷**작품 이름** : 작품의 이름을 다른 이름으로 변경 가능합니다.

❸**언어 선택** : [블록 코딩]과 [엔트리 파이선] 두 가지 중 선택 가능합니다.

❹**파일** : 작품을 새로 만들거나 저장해 두었던 오프라인 작품을 불러올 수 있습니다.

❺**저장하기** : 작품을 저장하거나 복사본으로 저장합니다.

❻**도움말** : [블록 도움말] 선택 후 각 블록을 선택하면 해당 블록 설명합니다. [하드웨어 연결안내]를 선택하면 pdf 파일로 다운로드 받기가 가능합니다. 또한, [엔트리 파이선 이용 안내] 선택하면 가이드와 예제 문서를 다운로드할 수 있습니다.

❼**입력 취소** : 작업을 바로 이전으로 되돌립니다.

❽**다시 실행** : 이전으로 되돌렸던 작업을 다시 원래대로 되돌립니다.

❾**기본형/교과형** : [기본형]과 [교과형(실과)] 두 가지 중 선택 가능합니다.

❿**언어** : 엔트리 프로그램의 사용 언어를 한국어, 영어, 일본어, 베트남어 중에서 선택할 수 있습니다.

② 실행 화면

실행 화면은 오브젝트의 실행 모습을 보여주는 곳입니다. 구성 내용을 알아봅시다.

[엔트리 실행화면 구성]

❶**장면 추가** : 엔트리 작품은 한 개 이상의 장면으로 구성할 수 있습니다. [장면] 탭 옆의 [장면 추가 (+)] 버튼을 누르면 새로운 장면을 만들 수 있습니다. [장면] 탭 위에 마우스포인터를 두고 마우스

오른쪽 버튼을 누르면 복제하기가 가능합니다. 또한, 각 [장면] 댑의 장면 이름 위에 커서를 놓고 클릭하면 장면 이름을 수정할 수 있으며, 각 장면마다 오브젝트 목록을 다르게 추가해 넣을 수 있습니다. 이렇게 한 작품 안에 있는 여러 장면은 작품에 만들어 놓은 속성(신호, 변수, 리스트, 함수)을 함께 사용할 수 있습니다.

❷속도 조절 : 속도 조절을 누르면 모양이 아래와 같이 바뀝니다. 왼쪽 연한 색부터 오른쪽 진한 색까지 총 다섯 단계로 구분되어 있으며 원하는 속도를 지정하면, [시작하기(⬛⬛⬛▶⬛⬛)] 버튼을 눌렀을 때 작품의 실행 속도를 원하는 빠르기로 볼 수 있습니다.

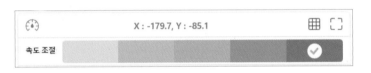

[속도 조절하기]

❸마우스포인터의 좌표 : 마우스포인터가 놓인 위치에 따라 좌표 값을 보여줍니다. 엔트리 화면의 좌표 값은 실행 화면의 정 가운데를 중심으로 하여 x=0, y=0으로 합니다. 화면의 가로는 x축 방향으로 −240∼240을 화면의 세로 방향인 y축은 −135∼135의 좌표 값을 지닙니다.

❹모눈종이 : 실행 화면 안에서 오브젝트의 위치 좌표를 한눈에 파악하고자 할 때 [모눈종이(⊞)] 버튼을 누르면 편리합니다. 모눈종이를 실행하면 실행 화면이 아래와 같이 나타납니다. [모눈종이(⊞)] 버튼을 한 번 더 누르면 모눈종이가 사라진 화면으로 되돌아갑니다.

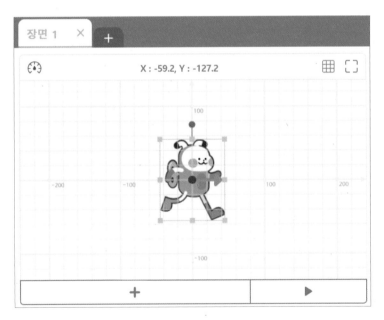

[엔트리 실행화면 좌표: 모눈종이]

❺화면 확대 : [화면확대(⟦⟧)] 버튼을 누르면 실행 화면이 전체 화면으로 커집니다. 전체 화면으로 커진 상태에서 다시 [화면 축소(⊹)] 버튼을 누르면 원래 크기로 돌아옵니다.

❻실행 화면 : 실행 화면은 오브젝트들이 블록을 조립하여 명령 코드를 작성한 대로 실행되어 나타나는 것을 확인하는 영역입니다. 엔트리의 실행 화면은 가로 480, 세로 270의 크기입니다.

❼오브젝트 추가하기 : 오브젝트란 실행 화면에 사용되는 그림과 글씨들을 말합니다. [오브젝트 추가하기(+)] 버튼을 눌러 그림이나 글상자를 추가할 수 있습니다. 오브젝트에 대한 자세한 내용은 'CHAPTER 02 오브젝트 살펴보기'에서 더 자세히 알아봅시다.

❽시작하기 : [시작하기(▶)] 버튼을 누르면 명령한 대로 오브젝트들이 실행 화면에서 움직입니다. 실행 중일 때 [정지하기(■)] 버튼을 누르면 다시 원래 창으로 돌아가고 실행을 멈춥니다. 코드를 수정하는 것이 실행 중일 때는 불가능하므로, 실행을 정지한 후 수정하도록 합니다.

❸ 블록 꾸러미

엔트리 기본 화면의 가운데 부분에 블록 꾸러미가 있습니다. 블록 꾸러미에는 4개의 탭이 있습니다. 오브젝트 목록 중 현재 선택되어 있는 것이 그림 오브젝트인 경우에는 블록, 모양, 소리, 속성 4개의 탭을 사용할 수 있습니다. 또한, 글상자 오브젝트인 경우에는 블록, 글상자, 소리, 속성으로 탭의 구성이 바뀝니다.

[그림 오브젝트의 블록 꾸러미 탭]

[글상자 오브젝트의 블록 꾸러미 탭]

❶블록 탭 : 총 14개의 카테고리에 140여 개 이상의 블록들이 카테고리 별로 분류되어 들어 있습니다. 색깔 별로 구분되므로, 조금만 사용해 보면 해당 블록이 어느 카테고리에 들어있는지는 쉽게 찾을 수 있습니다. [확장]과 [하드웨어] 카테고리에서 더 많은 블록을 불러와 사용할 수도 있습니다.

❷모양 탭/글상자 탭 : 오브젝트가 그림인 경우 모양 탭으로 나타나고, 오브젝트가 글상자인 경우 글상자 탭으로 바뀝니다. 모양 탭의 경우 모양을 추가하거나 이름을 변경할 수 있고, 글상자 탭인 경우 글의 색이나 서체 내용 등을 변경할 수 있습니다.

❸소리 탭 : 엔트리가 제공하는 소리 파일을 가져올 수도 있고, 컴퓨터에 있는 소리 파일을 업로드 하여 사용할 수도 있습니다.

❹속성 탭 : 신호, 변수, 리스트, 함수 등을 추가할 수 있습니다.

4 블록 조립소

엔트리를 활용하면, 코드를 작성하기 위해 어렵게 문법이나 규칙 등을 배우지 않아도 장난감을 조립하듯 블록들을 조립하여 쉽게 프로그램을 만들 수 있습니다. 블록 꾸러미에 있는 블록들을 블록 조립소로 가져와 코드를 작성하는 방법을 간단히 살펴봅시다.

① 조립하기

원하는 블록을 블록 꾸러미에서 마우스로 끌고 와서, 블록 조립소의 다른 블록 아래에 붙여 조립합니다.

[블록 조립하기]

[흐름(∧)] 카테고리에 있는 육각형 모양 안에는 [판단(✓)] 카테고리에 있는 육각형 모양의 블록들을 넣을 수 있습니다. 주로 참인지 거짓인지를 판단하는 블록을 결합합니다. 또한 원모양 안에는 변수 등의 자료 값을 넣어 결합합니다.

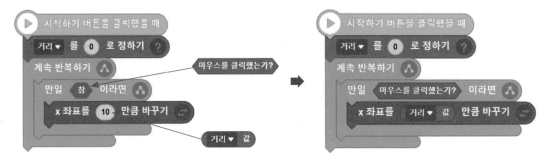

[블록 조합과 블록의 모양]

② 삭제하기

조립한 블록 중 삭제해야 할 블록이 있는 경우 다음 중 편리한 방법대로 삭제할 수 있습니다.

❶ 휴지통에 끌어다 넣어 삭제하기

❷ 마우스 오른쪽 버튼 클릭 후 [코드 삭제]를 선택하여
삭제하기

❸ 블록 꾸러미 쪽으로 끌어다 놓아 삭제하기

❸ 복사하기

❶ 복사할 블록에 마우스 오른쪽 버튼을 눌러 [코드복사]를 선택합니다.

❷ 블록 조립소 바탕화면에 마우스포인터를 놓고 마우스 오른쪽 버튼을 누르면 선택창이 나타납니다. 선택창 메뉴 중에서 [붙여넣기]를 선택합니다. 같은 오브젝트 안의 블록 조립소 뿐만 아니라 다른 오브젝트의 블록 조립소에도 붙여 넣기 할 수 있습니다.

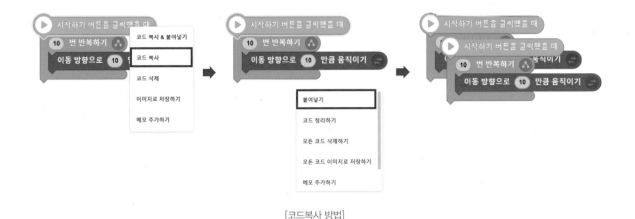

[코드복사 방법]

④ 블록 조립소의 기타 편리한 기능들

블록 조립소의 아무 곳에나 마우스포인터를 놓고 마우스 오른쪽 버튼을 누르면, 아래와 같은 창이 나타 납니다.

[블록 조립소 기타 기능]

❶코드 정리하기 : 여기저기 흩어져 있는 블록 코드들을 보기 좋게 줄맞추어 정리합니다.

❷모든 코드 삭제하기 : 코드를 전부 삭제합니다.

❸모든 코드 이미지로 저장하기 : 오브젝트의 블록 조립소 안에 있는 블록을 모두 이미지로 저장합니 다.

❹메모 추가하기 : 블록 조립소 안에 간단하게 메모를 할 수 있는 기능으로 작품에 대한 설명이나, 코드 에 대한 설명 등을 기록해 두기 좋습니다.

⑤ 메모 기능

메모 기능은 블록 조립소 위쪽의 [모든 메모 보이기(⊙)] 버튼으로 보이도록 할 수 있습니다. 한 번 더 누르면 모든 메모가 숨겨집니다.

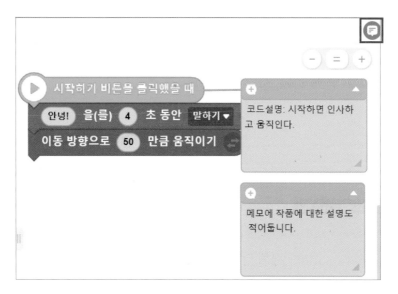

코드설명: 시작하면 인사하고 움직인다.

메모에 작품에 대한 설명도 적어둡니다.

[모든 메모 보이기]

2 : 오브젝트 살펴보기

1 오브젝트 추가하기

오브젝트를 가져오는 방법에 대해 알아봅시다.

[오브젝트 추가하기([+   ])] 버튼을 누르면 아래와 같은 창이 나타나며, 탭으로 구성된 [오브젝트 선택], [파일 업로드], [새로 그리기], [글상자]를 눌러 각 기능에 맞게 오브젝트를 가져올 수 있습니다.

[오브젝트 추가하기 화면]

❶ [오브젝트 선택]으로 추가하기

엔트리에서 기본으로 제공하는 그림들을 오브젝트로 사용하는 방법입니다. 예를 들어, 동물 중에서 꽃게를 사용하고 싶을 경우에는 왼쪽에 있는 카테고리 중 [동물] 목록을 선택합니다. 그러면 하위 카테고리인 [전체], [하늘], [땅], [물] 목록이 보입니다. 이 중에서 [물]을 선택하면 물에 사는 동물 그림이 제시됩니다. 그 중에서 꽃게 그림을 선택하면 하단에 선택된 꽃게 그림이 나타납니다. [추가하기]를 누르면 오브젝트 목록에 꽃게가 등록되고, 실행 화면에 꽃게 그림이 보이게 됩니다.

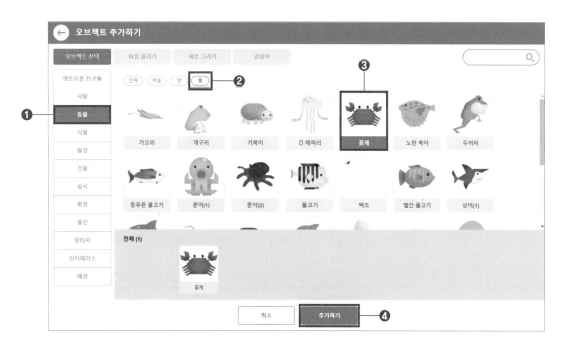

[오브젝트 선택하여 추가하기]

또한 검색하여 오브젝트를 추가하는 방법도 있습니다. 오른쪽 상단 검색란에서 검색하여 엔트리에서 기본으로 제공하는 그림들을 가져올 수도 있습니다.

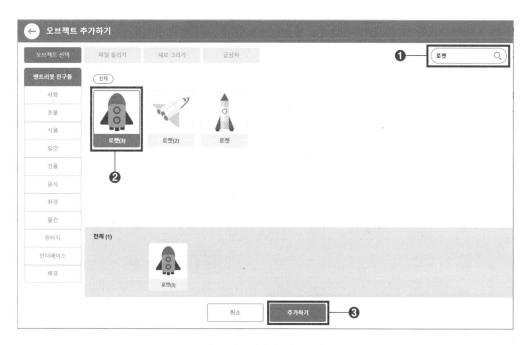

[오브젝트 검색하여 추가하기]

❷ [파일 올리기]로 추가하기

[파일 업로드]는 내 컴퓨터 안에 저장된 그림을 가져와 그림 오브젝트로 사용하는 것입니다. 파일 추가를 눌러 내 컴퓨터 안에 있는 그림을 선택하여 가져온 후 추가합니다.

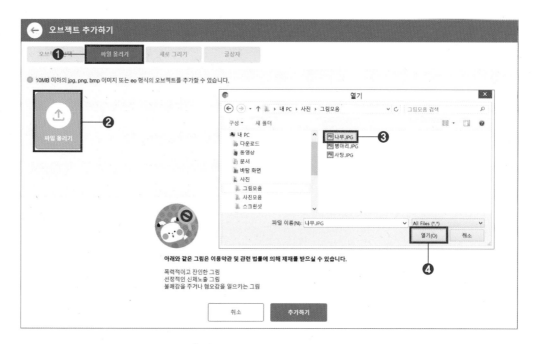

[오브젝트 파일업로드하여 추가하기-1]

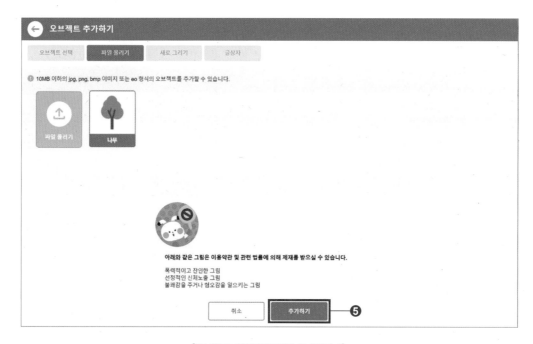

[오브젝트 파일 업로드하여 추가하기-2]

③ [새로 그리기]로 추가하기

[새로 그리기] 탭을 누르면 아래와 같은 선택화면이 나타납니다. [이동하기]를 눌러 그림을 그릴 수 있는 페이지로 이동하며, 여기서 직접 그림을 그려 그려 오브젝트를 추가할 수 있습니다.

그리기에 대한 방법은 'CHAPTER 03 모양과 소리 사용하기'에서 자세히 살펴봅시다.

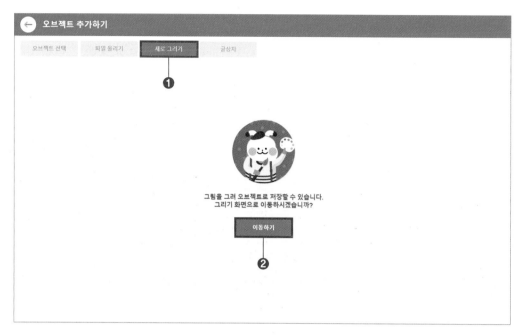

[오브젝트 새로 그리기 하여 추가하기]

❹ [글상자] 추가하기

[글상자] 탭은 그림이 아니라 글상자를 오브젝트로 가져옵니다. 글상자도 하나의 오브젝트이므로, 블록 코드들을 가질 수 있으며 블록 조합으로 코딩하여 움직이기 등 여러 기능을 실행하게 할 수 있습니다.

[글상자] 탭을 눌러 서체와 글자색 등을 정하고 내용을 직접 입력해 넣습니다. 그리고 글상자에 작성한 글이 한 줄로만 나오게 할지 줄을 바꾸어 여러 줄이 보이게 할지를 정합니다. 이제 적용하기 버튼을 클릭하면, 실행 화면에 글상자 오브젝트가 나타납니다.

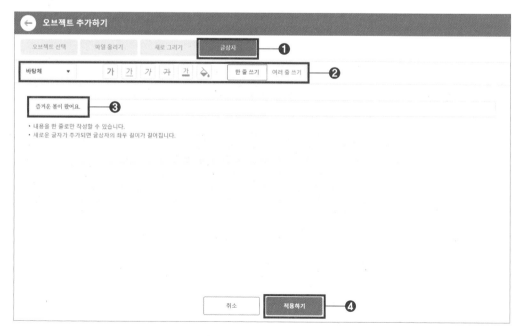

[오브젝트 글상자로 추가하기]

❺ 배경 추가하기

배경을 추가하는 방법은 오브젝트를 추가하는 방법과 비슷합니다. [오브젝트 선택] 목록 중에서 [배경]을 클릭한 후 [전체], [실외], [실내], [자연], [기타] 메뉴 중 찾고 싶은 분류를 클릭합니다. 분류된 배경 그림들 중 원하는 배경 그림을 선택하여 추가합니다.

[배경 추가하기]

선택한 배경도 오브젝트 목록에 다른 오브젝트들과 함께 보입니다. 단, 오브젝트 목록은 아래에 있을수록 그림이 뒤로 물러나 보이게 되므로, 배경을 추가하면 자동으로 오브젝트 목록의 순서 중 맨 아래쪽에 나타나게 됩니다.

[배경 그림의 오브젝트 목록 순서]

② 오브젝트 수정하기

① 오브젝트 핸들러를 이용하여 수정하기

실행 화면에서 오브젝트를 선택하면 오브젝트를 수정할 수 있는 오브젝트 핸들러가 나타납니다.

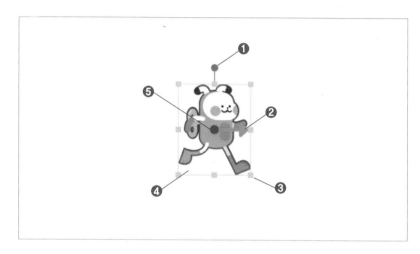

[오브젝트와 오브젝트 핸들러]

❶방향점 : 방향점을 클릭하면 중심점을 기준으로 하여 오브젝트를 회전시킬 수 있습니다.

❷이동 방향 화살표 : 오브젝트가 움직이는 방향을 뜻합니다.

❸크기 조절점 : 핸들러 사각형 각 모서리 점을 드래그하여 크기를 크게 하거나 줄일 수 있습니다.

❹위치 조절 영역 : 오브젝트 핸들러 안에 마우스 포인터를 놓고 클릭하여 드래그하면 오브젝트의 위치
를 바꿀 수 있습니다.

❺중심점 : 오브젝트 핸들러 중앙에 갈색 점은 오브젝트의 중심점입니다. 오브젝트의 좌표 위치를 나타
낼 때 바로 이 중심점 위치가 기준이 됩니다.

② 오브젝트 기본 정보를 수정하기

오브젝트 목록 창에서 오브젝트의 기본적인 정보들을 수정할 수 있습니다.

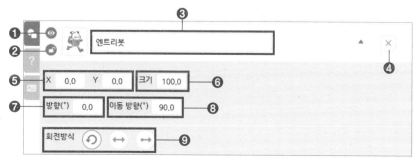

❶ **보이기** : 👁를 눌러 오브젝트가 보이지 않도록 설정할 수 있습니다.

❷ **잠금** : 만일 오브젝트 값들을 수정할 수 없게 하고 싶다면 🔒을 눌러 잠금 설정을 할 수 있습니다.

❸ **이름 입력** : 오브젝트의 이름을 입력합니다.

❹ **삭제** : 오브젝트를 삭제합니다.

❺ **위치(좌표)** : 오브젝트의 좌표 위치를 직접 입력합니다.

❻ **크기** : 오브젝트의 크기를 정합니다.

❼ **방향** : 실행 화면에 보여지는 그림이 회전되어 보이는 각도를 조절합니다.

❽ **이동 방향** : 오브젝트가 [이동 방향으로 10 만큼 움직이기] 블록대로 실행될 때 오브젝트가 움직이는 방향을 의미합니다.

❾ **회전 방식** : 회전 방식은 3가지 방식 중 한 가지를 선택할 수 있으니 그림의 회전방식 특징을 알고 필요한 경우에 맞게 사용합시다.

 - **전방향 회전(⟳)** : 오브젝트가 360°로 빙글빙글 회전합니다.
 - **좌우 회전(↔)** : 오브젝트가 벽에 닿아 튕길 때 위아래가 뒤집어지지 않고 좌우 대칭으로만 바뀌게 됩니다.
 - **회전 없음(→)** : 오브젝트가 처음 모습 그대로 회전하지 않고 좌우 대칭도 하지 않게 됩니다.

❸ 오브젝트 목록 수정

오브젝트 목록에는 추가한 목록들이 순서대로 나타납니다. 위에서부터 맨 아래까지가 보이는 순서이므로 배경은 주로 맨 아래쪽으로 추가됩니다. 위에 다른 오브젝트에 가려져서 안 보이는 그림이 있으면 오브젝트 목록에서 드래그하여 가리고 있는 오브젝트보다 위쪽으로 옮겨 놓으면 보이게 됩니다.

Chapter

3 : 모양과 소리 사용하기

1 모양

오브젝트는 적어도 하나 이상의 모양을 가지고 있습니다. 즉, 여러 개의 모양을 가질 수 있다는 뜻입니다. 선택한 오브젝트에서 [모양] 탭을 누르면 그 오브젝트가 가지고 있는 모양의 개수들이 보입니다.

❶ 모양 추가하기

❶[모양] 탭에서 바로 아래에 있는 [모양 추가하기(모양 추가하기)] 버튼을 누릅니다.

❷그림을 하나 선택하고 [추가하기]를 누르면, 모양 목록에 모양이 하나 더 추가된 것을 확일할 수 있습니다.

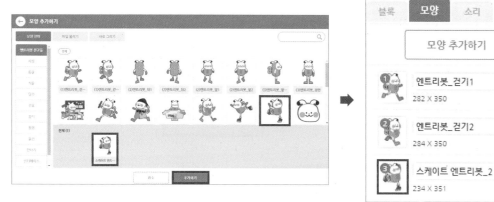

[모양 추가하기 화면]

❷ 모양 그리기

[모양] 탭-[모양 추가하기(모양 추가하기)] 버튼을 선택한 후 [새로 그리기] 탭-[이동하기]를 클릭하면 그리기 화면으로 이동합니다.

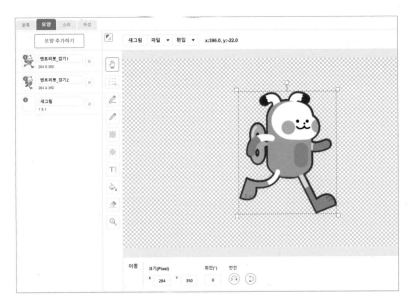

[그리기 화면]

tip

모양 그리기는 위와 같은 방법 외에도 [오브젝트 추가하기(＋)] 버튼을 누른 뒤 [새로 그리기] 메뉴를 선택해 접근할 수도 있습니다. 또한, 블록꾸러미의 [모양] 탭에서 [새그림(새그림)]을 선택해도 모양 그리기를 할 수 있는 화면이 나타납니다.

1) 그리기 도구

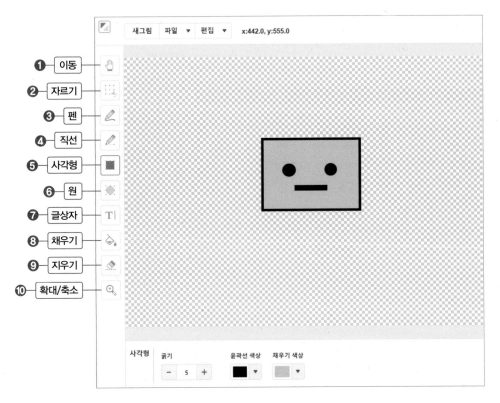

❶ 이동
❷ 자르기
❸ 펜
❹ 직선
❺ 사각형
❻ 원
❼ 글상자
❽ 채우기
❾ 지우기
❿ 확대/축소

[그리기 도구들]

❶이동 도구 : 위치를 이동할 때 사용합니다.

❷자르기 도구 : 드래그하여 오브젝트의 일부분만 선택하고, 그대로 드래그하면 그림을 잘라낼 수 있습니다.

❸펜 도구 : 펜으로 그림을 그리듯 마우스포인터를 움직이는 대로 자유롭게 그림을 그릴 때 사용합니다.

❹직선 도구 : 직선을 그릴 때 사용합니다.

❺사각형 도구 : 사각형을 그릴 때 사용합니다(선의 굵기, 면과 테두리의 색 지정 가능).

❻원 도구 : 원을 그릴 때 사용합니다(선의 굵기, 면과 테두리의 색 지정 가능).

❼글상자 도구 : 글자를 입력할 때 사용합니다(글꼴, 글꼴 크기, 글꼴 스타일, 글꼴 색상, 채우기 색상 지정 가능).

❽채우기 도구 : 일정 부분의 색을 원하는 색으로 선택하여 채울 때 사용합니다.

❾지우기 도구 : 그림의 일부를 지울 때 사용합니다(지우개 굵기를 1부터 70까지 선택 가능).

❿확대/축소 도구 : 그림 그리는 작업 중 화면을 크게 확대하거나 축소시켜 볼 때 사용합니다.

2) 로봇 얼굴 그리기

각 도구에 대해 살펴보았으니, 간단하게 연습으로 로봇 얼굴을 그려 봅시다(프로그램 버전에 따라 모양이나 기능이 다를 수 있음).

❶[사각형 도구]를 선택합니다.

❷윤곽선의 굵기와 윤곽선 색상, 채우기 색상을 선택합니다. 굵기는 1~70까지 선택할 수 있고, 윤곽선의 색과 채우기 색은 각각 원하는 대로 선택할 수 있습니다.

❸그리기 화면에 드래그하여 사각형을 그립니다.

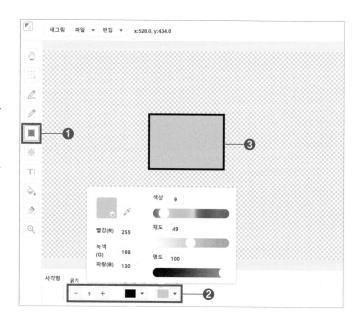

❹ [사각형 도구]를 선택합니다.

❺ 윤곽선 색상과 채우기 색상을 검정색으로 지정합니다.

❻ 로봇의 입을 그립니다. [원 도구]를 이용하여 동일한 방법으로 로봇의 눈을 그립니다.

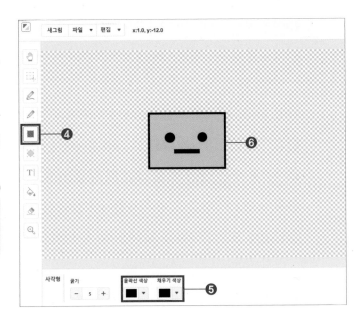

══════════════════════════════ tip

[파일(파일 ▾)]–[저장하기]를 선택하면, 실행화면에 직접 그린 로봇얼굴이 나타납니다.

❼ [사각형 도구]를 선택합니다.

❽ 채우기 색상을 파란색으로 바꿉니다.

❾ 드래그하여 로봇의 오른쪽 귀를 그리고 동일한 방법으로 왼쪽 귀도 그립니다.

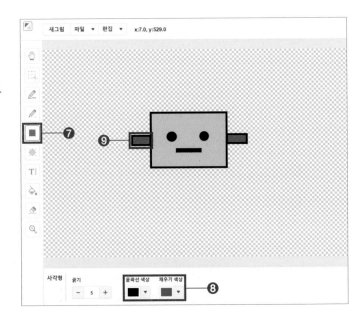

이전에 저장되었던 상태까지 원래 그림은 그대로 두고 새로운 그림은 따로 저장하고 싶으면 [파일]–[새 모양으로 저장]을 선택합니다. 그러면 원래 그림은 그대로 있고 새로 그린 그림이 두 번째에 추가되어 저장되는 것을 확인할 수 있습니다. 단, 새로 그린 것만 필요하고 직전에 그려둔 그림 내용은 필요 없다면, [저장하기]로 그림을 저장해도 됩니다.

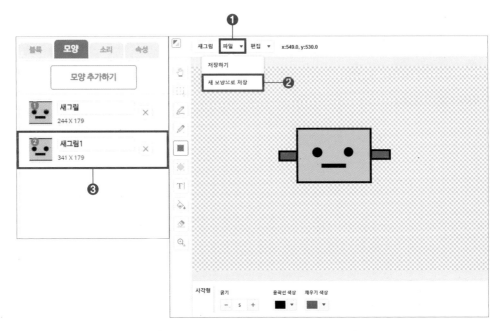

[새 모양으로 저장]

[편집(편집 ▾)]을 눌러 [가져오기], [복사하기], [자르기], [붙이기], [모두 지우기] 기능도 사용해 봅시다. 여러 기능들을 이용해 다양한 그림을 만들 수 있습니다. [가져오기]를 사용하면, 다른 그림들을 가져와 현재 그리고 있는 그림과 합성할 수도 있습니다.

이렇게 직접 그려 추가된 모양은, 오브젝트가 자신의 모습을 여러 가지로 나타내는 용도로 사용됩니다. 무대 위에 주인공 한명이 나와서 여러 개의 가면을 바꾸어 쓰는 것과 같이, 오브젝트 하나가 명령 코드에 의해 자기가 가진 여러 모양으로 바꾸어 나타낼 수 있다는 뜻입니다.

② 소리 추가하기

[소리] 탭에서 [소리 추가하기(소리 추가하기)]를 선택하면, [소리 추가하기] 창이 나타납니다. 카테고리별로 소리를 찾아볼 수도 있고, 우측 상단의 검색 창을 통해서 소리를 검색할 수도 있습니다. 소리를 찾아서 선택한 후 [추가하기] 버튼을 클릭하면, 오브젝트의 소리 목록에 선택한 소리가 추가된 것을 확인할 수 있습니다.

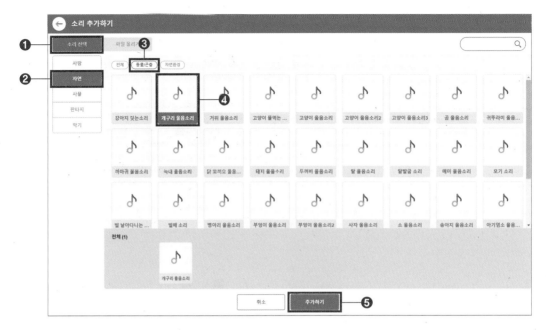

[소리 선택하여 추가하기]

만일 엔트리에서 기본으로 제공하는 소리 이외에 다른 소리를 사용하고 싶은 경우에는 [파일 업로드] 탭을 눌러, 컴퓨터에 있는 다른 소리 파일을 업로드해서 가져와 사용해도 됩니다.

tip

소리를 추가할 때는 사용할 오브젝트를 선택한 후 해당 소리 탭에서 소리를 추가하도록 합니다. 추가된 소리는 블록 탭의 [소리(🔊)] 카테고리에서 블록들을 사용하여 재생하거나 멈추도록 명령할 수 있습니다.

4 : 속성 추가하여 사용하기

① 신호 추가하기

예제 완성 파일 PART04₩예제01.ent

신호를 추가하는 방법에 대해 알아보겠습니다.

❶ [속성] 탭을 누릅니다.

❷ [신호]를 누릅니다.

❸ 하단에 나타난 [신호 추가하기] 버튼을 누릅니다.

❹ 입력란에 신호 이름을 '충돌'이라고 적습니다.

❺ [확인] 버튼을 누릅니다.

❻ 새롭게 만들어진 신호가 나타난 것을 확인할 수 있습니다.

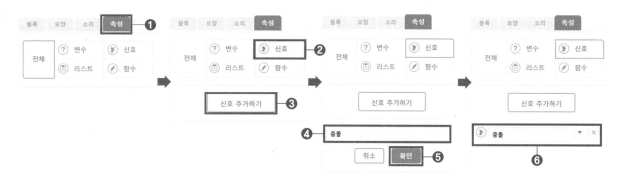

[신호 추가하기 방법]

위 그림에서는 '충돌'이라고 신호를 만들었습니다. 이렇게 만들어진 신호는 특정 상황에 정해진 명령을 수행하도록 코드를 만들 수 있습니다. 이제 간단한 예제를 살펴봅시다.

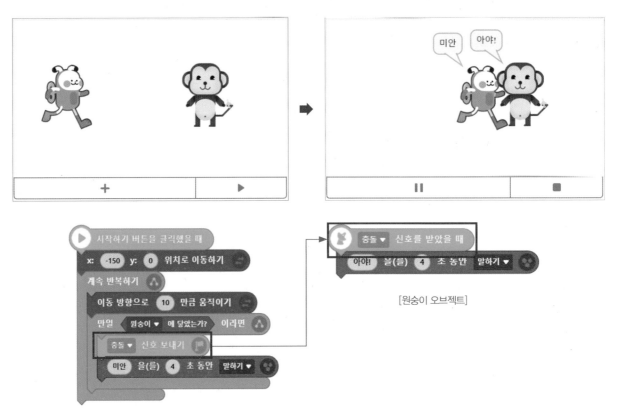

[원숭이 오브젝트]

[엔트리봇 오브젝트]

이 프로젝트를 실행해 보면, 엔트리봇이 움직이기하여 계속 원숭이 쪽으로 가다가 원숭이에 닿으면 '충돌' 신호를 보냅니다. 원숭이 오브젝트는 '충돌' 신호를 받아서 주어진 명령을 실행합니다. 원숭이는 "아야"라고 4초 동안 말하기를 하고, 엔트리봇은 "미안"이라고 4초 동안 말하기를 합니다.

이처럼 하나의 오브젝트가 실행 중일 때 특정 상황에 신호를 보내어, 다른 오브젝트들이 그 신호를 받아 원하는 내용을 실행하도록 만들기 위해 '신호'를 사용합니다. 신호는 한 오브젝트에서 보내지만 받는 오브젝트는 여러 개가 될 수 있습니다.

tip

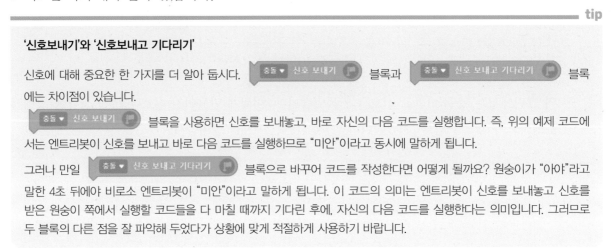

'신호보내기'와 '신호보내고 기다리기'

신호에 대해 중요한 한 가지를 더 알아 둡시다. 충돌 ▼ 신호 보내기 블록과 충돌 ▼ 신호 보내고 기다리기 블록에는 차이점이 있습니다.

충돌 ▼ 신호 보내기 블록을 사용하면 신호를 보내놓고, 바로 자신의 다음 코드를 실행합니다. 즉, 위의 예제 코드에서는 엔트리봇이 신호를 보내고 바로 다음 코드를 실행하므로 "미안"이라고 동시에 말하게 됩니다.

그러나 만일 충돌 ▼ 신호 보내고 기다리기 블록으로 바꾸어 코드를 작성한다면 어떻게 될까요? 원숭이가 "아야"라고 말한 4초 뒤에야 비로소 엔트리봇이 "미안"이라고 말하게 됩니다. 이 코드의 의미는 엔트리봇이 신호를 보내놓고 신호를 받은 원숭이 쪽에서 실행할 코드들을 다 마칠 때까지 기다린 후에, 자신의 다음 코드를 실행한다는 의미입니다. 그러므로 두 블록의 다른 점을 잘 파악해 두었다가 상황에 맞게 적절하게 사용하기 바랍니다.

❷ 변수 추가

변수를 추가하는 방법에 대해 알아보겠습니다.

❶[속성] 탭을 누릅니다.

❷[변수]를 누릅니다.

❸하단에 나타난 [변수 추가하기] 버튼을 누릅니다.

❹입력란에 변수 이름을 '점수'라고 적고, '모든 오브젝트에서 사용'을 체크한 후 [확인] 버튼을 누릅니다.

❺새롭게 만들어진 변수가 나타난 것을 확인할 수 있습니다.

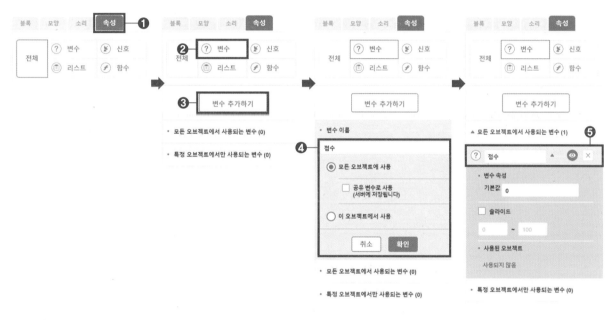

[변수 추가 방법]

tip

◉를 눌러, 실행 화면에 변수가 보이거나 보이지 않게 설정할 수 있습니다. 기본값을 0으로 해두면 실행될 때 점수 변수가 언제든 0부터 시작됩니다. 다른 숫자로 기본 값을 넣어두면 실행될 때 그 숫자부터 점수 값이 시작됩니다.

변수 이름을 입력할 때 '모든 오브젝트에 사용'이나 '이 오브젝트에서 사용' 그리고 '공유변수로 사용'을 체크하는 부분이 있습니다. 이는 변수의 사용 범위를 지정하는 것인데, 변수를 만들 때 한 번 정하면 추후 재설정은 불가능합니다. 간단히 그 개념만 정리하면 다음과 같습니다.

모든 오브젝트에 사용	이 변수를 모든 오브젝트에서 사용합니다.
이 오브젝트에서 사용	현재 선택한 오브젝트에서만 사용 가능합니다. 복제된 오브젝트 별로 변수를 다르게 적용시킬 때 사용합니다.

공유변수로 사용	실행하던 엔트리 작품을 정지한 후 다시 실행시킬 때 사용하던 변수 값이 초기화 되지 않고 그대로 사용할 수 있도록 합니다.

[변수의 종류]

일단 기본 시작 단계인 3급 과정에서는 특별한 지시 사항이 없는 한 '모든 오브젝트에 사용'에 체크를 하여 사용하도록 합니다.

변수를 사용하는 방법을 간단한 예제를 통해 알아보도록 합시다. 아래 예제는 벽에 닿을 때마다 1점씩 '점수' 변수를 올려 '점수=10점'이 되면 "성공"이라고 말하는 예제입니다.

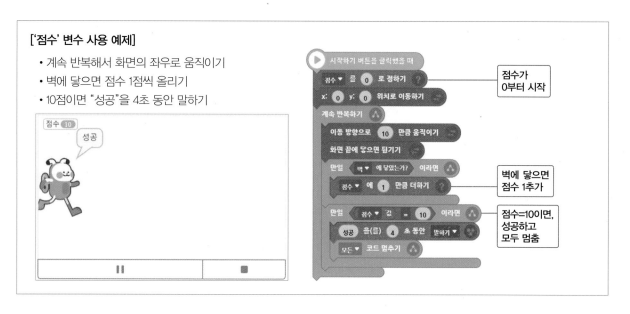

['점수' 변수 사용 예제]
- 계속 반복해서 화면의 좌우로 움직이기
- 벽에 닿으면 점수 1점씩 올리기
- 10점이면 "성공"을 4초 동안 말하기

작품을 실행시킬 때 변수가 시작하는 값을 먼저 정해줍니다. 그리고 어떤 상황에서 변수가 값이 커지거나 줄어들지 설정해 줍니다. 또한 위와 같이 점수가 일정한 값이 되면 실행을 멈추도록 조건값을 정하는데에도 변수를 사용합니다.

③ 리스트 추가

예제 완성 파일 PART04₩예제03.ent

리스트를 추가하는 방법에 대해 알아보겠습니다.

❶[속성] 탭을 누릅니다.

❷[리스트]를 누릅니다.

❸하단에 나타난 [리스트 추가하기] 버튼을 누릅니다.

❹ 입력란에 리스트 이름을 적고 '모든 오브젝트에 사용'을 체크한 후 [확인] 버튼을 누릅니다.

❺ 새롭게 만들어진 리스트가 나타난 것을 확인할 수 있습니다. ◉를 눌러, 실행 화면에 리스트가 보이거나 보이지 않게 설정할 수 있습니다

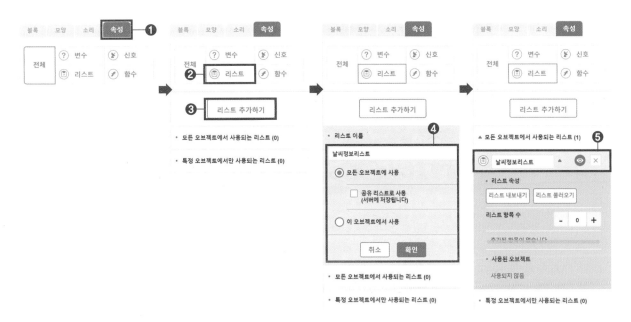

[리스트 추가하기 방법]

리스트 이름을 입력할 때 '모든 오브젝트에 사용'에 체크를 했습니다. 리스트의 사용 범위 역시 변수와 마찬가지로 범위를 정하여 선택할 수 있습니다만, 일단 특정한 언급이 없다면 '모든 오브젝트에 사용'으로 만들면 됩니다.

리스트는 항목 수를 조정하여 입력할 수 있습니다. 리스트 항목 수의 숫자를 정한 후 입력창에 리스트 내용을 적어 넣어 줍니다. 아래 예제는 3개의 리스트 항목 수를 정하고, 날씨 정보와 관련된 3가지 항목을 직접 적어 넣어준 것이 실행 화면에 보이도록 만들어진 상황입니다.

리스트에 3가지 항목을 만들어 넣고, 다음과 같은 코드를 작성하고 실행해 봅시다.

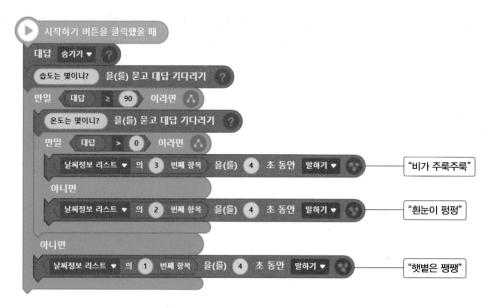

[리스트 항목을 사용하는 방법]

습도 값과 온도 값 두 가지 질문을 하고 대답에 따라서, 습도가 90 이상이면 온도가 0보다 높은지 여부에 따라 비나 눈이 온다고 말하게 하고, 습도가 90 미만이면 햇볕이 난다고 말하게 했습니다. 아래 예제에서 실행시킨 후 묻는 질문의 대답에 '습도는 95, 온도는 20'이라고 입력하였다면 엔트리봇이 어떤 말을 할까요? 위의 코드를 잘 살펴본다면 "비가 주룩주룩"이라고 날씨 정보를 말하게 된다는 것을 알 수 있을 것입니다.

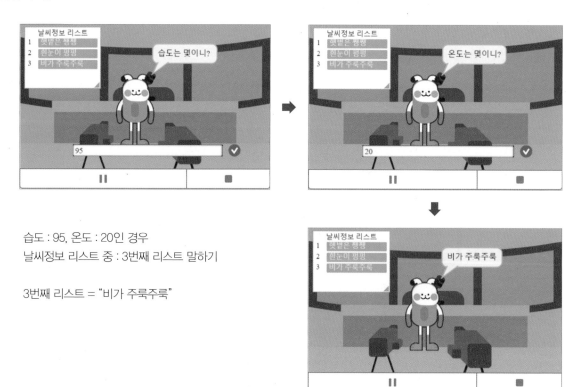

습도 : 95, 온도 : 20인 경우
날씨정보 리스트 중 : 3번째 리스트 말하기

3번째 리스트 = "비가 주룩주룩"

[리스트 예제 실행]

또 만일 위의 예제를 실행시켜, '습도는 97, 온도는 −11'이라고 입력했다면 엔트리봇은 어떤 날씨 정보 리스트를 말하기 할까요? 2번째 항목을 말하도록 코딩했으므로 "흰눈이 펑펑"이라고 날씨 정보를 말할 것입니다. 리스트를 활용하면, 위의 날씨 정보 리스트처럼 같은 형태의 데이터를 하나의 묶음으로 엮어서 정리하고 활용하기 쉽습니다.

④ 함수 추가

예제 완성 파일 PART04\예제04.ent

❶ [속성] 탭에서 [함수]를 누릅니다.

❷ [+함수 추가]를 누릅니다.

❸ 블록 조립소에 ┃함수 정의하기 함수 ┃ 블록이 하나 생기고, [함수(함수)] 카테고리에 함수관련 블록들이 생깁니다.

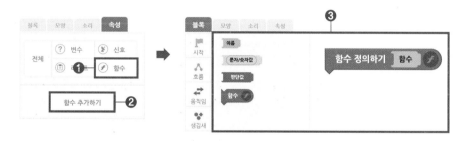

❹ 함수의 이름을 정합니다.

❺ 해당 함수 블록을 실행할 시 처리할 내용들을 블록을 조합하여 작성해 줍니다. 아래에 예제에서는 간단하게 입력값에 '더하기 100'을 해주는 더하기 연산 함수를 만들었습니다.

❻ [확인] 버튼을 누릅니다.

❼ 새롭게 만든 '더하기100' 함수 블록이 만들어 졌습니다.

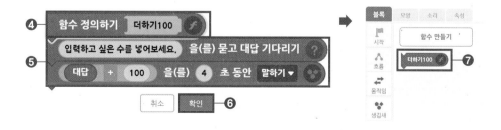

Chapter 4 · 속성 추가하여 사용하기 ‖ 81

'더하기100'이라는 함수를 이미 정의해 두었기 때문에, 이 함수를 사용하면 코드를 작성하는 것이 더욱 편리하고 쉽습니다. '더하기100' 연산을 하도록 만들고 싶다면, 아래와 같이 코드를 작성하면 됩니다.

[함수 추가 예제코드]

이것을 실행하기 위해 [시작하기 버튼(▶)]을 누르면 실행하자마자, "입력하고 싶은 수를 넣어보세요."라고 묻고 대답을 기다릴 것입니다. 대답 입력창에 원하는 숫자를 키보드로 입력해 넣으면, 그 수가 무엇이든 100을 더하여 그 답을 말해주게 됩니다. 여기서는 간단한 더하기 하나이지만, 아주 복잡한 계산식이라 하더라도 이미 복잡한 과정을 함수 정의할 때 만들어 두었기 때문에 함수 블록을 불러와 사용하기만 하면 쉽게 답을 얻을 수 있습니다.

아래 그림은 위의 두 개의 블록으로만 작성한 작품을 실행시킨 화면입니다.

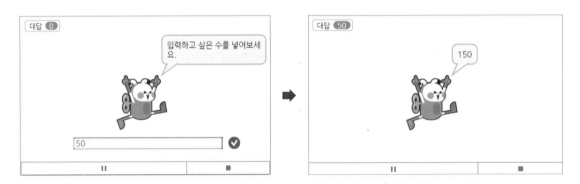

[함수 예제 실행 화면]

수학이나 과학 공식 등 길어지는 코드를 정리할 때 혹은 자주 사용하는 기능들을 미리 정의해 두고 필요할 때 불러와 사용하고 싶을 때 함수 추가를 활용해 보시기 바랍니다.

5 : 엔트리 블록 살펴보기

1 [시작( )] 카테고리

[시작( )] 카테고리의 블록들은, 엔트리 작품을 실행시키면 제일 먼저 시작되는

▶ 시작하기 버튼을 클릭했을 때 블록을 비롯하여 장면의 시작이나 신호를 받았을 때 및 외부 입력에 의한

이벤트 등 실행 명령들을 시작하기 위한 여러 가지 방식에 대한 블록들을 모아 놓은 카테고리입니다.

실행 시작 시점 방식들

▶ 시작하기 버튼을 클릭했을 때	[시작하기(▶)] 버튼을 클릭했을 때 이 블록 아래에 연결되어 있는 블록들부터 제일 먼저 실행합니다. 이 블록은 한 작품 안에 한 개 이상의 블록이 있어야 합니다.
q▼ 키를 눌렀을 때	키보드에 있는 키를 눌렀을 때 이 블록에 연결된 블록을 실행합니다. q 부분을 클릭하고 직접 키보드 키를 눌러서 원하는 키를 선택합니다.
마우스를 클릭했을 때	마우스를 클릭했을 때 이 블록에 연결된 블록을 실행합니다.
마우스 클릭을 해제했을 때	마우스 클릭했다가 해제할 때 이 블록에 연결된 블록을 실행합니다.
오브젝트를 클릭했을 때	해당 오브젝트를 실행 화면에서 클릭했을 때 이 블록에 연결된 블록을 실행합니다.
오브젝트 클릭을 해제했을 때	해당 오브젝트의 클릭을 해제할 때 연결된 블록을 실행합니다.

대상없음 ▼ 신호를 받았을 때	해당 신호를 받았을 때 연결된 블록을 실행합니다. [속성] 탭에서 만든 신호를 만들고 그 신호를 지정한 후 사용합니다.
대상없음 ▼ 신호 보내기	신호를 지정하여 그 신호를 보냅니다. 신호를 보내고, 바로 이 블록 아래에 있는 다음 블록을 실행합니다.
대상없음 ▼ 신호 보내고 기다리기	신호를 지정하여 그 신호를 보내고, 그 신호를 보낸 블록이 실행을 완료하기를 기다립니다. 완료된 후 이 블록 아래에 연결된 다음 블록을 실행합니다.

장면을 시작하는 방식들 〉

장면이 시작되었을때	장면이 시작되었을 때 연결된 블록을 실행합니다.
장면 1 ▼ 시작하기	선택한 장면을 시작합니다.
다음 ▼ 장면 시작하기	이전 장면, 다음 장면 중 선택하여 시작하게 합니다.

2 [흐름(⋀)] 카테고리

[흐름(⋀)] 카테고리는 명령을 실행하는 흐름들을 제어하기 위한 블록들을 모아 놓은 카테고리입니다. 실행을 하다가 잠시 기다리게도 하고, 특정한 상황에서 참인 경우와 거짓인 경우에 따라 실행의 흐름을 바꾸기도 하고, 실행의 흐름을 원하는 횟수나 조건에 맞게 계속 반복하게도 합니다.

시간 지연 〉

2 초 기다리기 ⋀	실행하다가 잠시 2초 기다렸다가 다음 블록을 실행합니다. 2초 대신 숫자를 직접 입력하여 시간 조정이 가능합니다.

반복하기 방식들

![10 번 반복하기 블록]	입력한 횟수만큼 반복하여 블록 내부에 조합해 넣어진 블록을 실행합니다.
![계속 반복하기 블록]	이 블록 안에 조합해 넣어진 블록들을 무한히 계속 반복해 실행합니다.
![참 이 될 때까지 반복하기 블록]	판단에 따라 반복 여부를 결정합니다. • '~이 될 때까지' : 판단이 참이 될 때까지 내부의 블록들을 반복해서 실행합니다. • '~인 동안' : 판단이 참인 동안 내부의 블록들을 반복해서 실행합니다.
![반복 중단하기 블록]	이 블록을 감싸는 가장 안쪽의 반복 블록을 중단합니다.

판단에 따라 실행하는 방식들

![만일 참 이라면 블록]	판단이 참인 경우 내부에 작성한 블록들을 실행합니다.
![만일 참 이라면 아니면 블록]	판단이 참인 경우 첫 번째로 감싼 블록들을 실행하고, 판단이 거짓인 경우 두 번째로 감싼 블록들을 실행합니다.

판단에 따라 실행 여부를 결정

![참 이(가) 될 때까지 기다리기 블록]	판단이 참이 될 때까지 실행하지 않고 기다리다가, 판단이 참인 상황이 되면 아래 연결된 블록을 실행합니다.

모든▼ 코드 멈추기 ⋀	• '모든' : 작품의 모든 실행을 멈춥니다(작품 내 모든 오브젝트의 모든 블록을 멈춤). • '자신의' : 이 블록이 속한 오브젝트 내의 모든 블록을 멈춥니다. • '이' : 이 블록과 연결되어 있는 블록들만 멈춥니다. • '자신의 다른' : 해당 오브젝트의 블록들 중 이 블록과 연결된 블록 외의 모든 블록이 실행을 멈춥니다. • '다른 오브젝트의' : 다른 오브젝트의 모든 블록이 실행을 멈춥니다.
처음부터 다시 실행하기 ⋀	처음부터 다시 실행합니다.

복제와 관련된 블록들

👤 복제본이 처음 생성되었을때	복제본이 생성되었을 때 이 블록에 연결된 블록을 실행합니다.
자신▼ 의 복제본 만들기 ⋀	자신 또는 지정한 다른 오브젝트의 복제본을 만듭니다.
이 복제본 삭제하기 ⋀	이 블록에 연결된 블록들이 실행되고 있는 복제본을 삭제할 때 사용합니다.
모든 복제본 삭제하기 ⋀	원본 오브젝트가 아닌 모든 복제본을 삭제합니다.

────────────────────────── tip

[멈추기 방식]

모든▼ 코드 멈추기 ⋀ 블록의 사용법을 아래 그림을 통해 좀 더 알아봅시다. 다음과 같이 엔트리 작품에서 '오브젝트1'의 '블록1'에 모든▼ 코드 멈추기 ⋀ 블록을 연결해 실행시킬 경우 각 설정에 따라 실행을 멈추는 범위가 어떻게 달라지는지 알아봅시다.

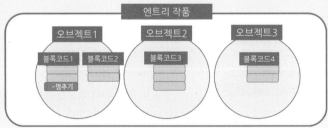

• **'모든' 코드 멈추기** : 블록코드1, 블록코드2, 블록코드3, 블록코드4 모두 멈춤
• **'자신의' 코드 멈추기** : 블록코드1, 블록코드2 멈춤
• **'이' 코드 멈추기** : 블록코드1 멈춤
• **'자신의 다른' 코드 멈추기** : 블록코드2 멈춤
• **'다른 오브젝트의' 코드 멈추기** : 블록코드3, 블록코드4 멈춤

③ [움직임( )] 카테고리

[움직임( )] 카테고리에는 실행 화면에서 오브젝트를 원하는 위치로 이동시키거나 회전시키는 명령에 관련된 여러 블록들이 있습니다.

움직이기, 튕기기

이동 방향으로 10 만큼 움직이기	오브젝트의 이동 방향 화살표가 가리키는 방향을 향해 입력한 숫자의 값만큼 움직입니다.
화면 끝에 닿으면 튕기기	오브젝트가 실행 화면의 끝에 닿으면 튕기게 됩니다.

좌표 값에 더하기(add)

x 좌표를 10 만큼 바꾸기	입력한 수만큼 x축 방향으로 오브젝트의 좌표 위치를 바꿉니다.
y 좌표를 10 만큼 바꾸기	입력한 수만큼 y축 방향으로 오브젝트의 좌표 위치를 바꿉니다.
2 초 동안 x: 10 y: 10 만큼 움직이기	입력한 시간 동안에 x축, y축 방향으로 입력한 값만큼 좌표를 바꿉니다.

좌표 지정하기(set)

x: 10 위치로 이동하기	입력한 x축 좌표로 오브젝트가 이동합니다.
y: 10 위치로 이동하기	입력한 y축 좌표로 오브젝트가 이동합니다.
x: 0 y: 0 위치로 이동하기	입력한 x축, y축 값의 위치로 이동합니다.
2 초 동안 x: 10 y: 10 위치로 이동하기	입력한 시간 동안에 입력한 x축, y축 값 위치로 이동합니다.
엔트리봇 ▼ 위치로 이동하기	선택한 오브젝트 및 마우스포인터 위치로 오브젝트가 이동합니다.
2 초 동안 엔트리봇 ▼ 위치로 이동하기	선택한 오브젝트 및 마우스포인터 위치로 입력한 시간 동안 이동합니다.

* x, y 좌표값은 오브젝트의 중심점을 기준으로 합니다.

방향을 90° 만큼 회전하기 ⟷	입력한 값만큼 오브젝트가 시계방향으로 회전합니다(그림 방향 회전).
이동 방향을 90° 만큼 회전하기 ⟷	입력한 각도만큼 오브젝트가 움직일 방향이 회전됩니다(이동 방향 회전).
2 초 동안 방향을 90° 만큼 회전하기 ⟷	오브젝트가 입력한 각도만큼 입력한 시간 동안 시계 방향으로 회전합니다(그림 방향 회전).
2 초 동안 이동 방향 90° 만큼 회전하기 ⟷	오브젝트가 입력한 각도만큼 입력한 시간 동안 시계 방향으로 이동 방향을 회전합니다(이동 방향 회전).

*회전할 때는 오브젝트 중심점을 기준으로 회전합니다.

방향 〉

방향을 90° (으)로 정하기 ⟷	오브젝트의 방향을 입력한 각도로 정합니다.
이동 방향을 90° (으)로 정하기 ⟷	오브젝트가 움직일 이동 방향을 입력한 각도로 정합니다.
엔트리봇 ▼ 쪽 바라보기 ⟷	이동 방향이 선택한 것(특정 오브젝트 및 마우스포인터)을 향하도록 오브젝트의 이동 방향을 회전합니다.

방향으로 움직이기 〉

90° 방향으로 10 만큼 움직이기 ⟷	오브젝트가 입력한 각도 방향으로 입력한 값만큼 움직입니다.

④ [생김새(☺)] 카테고리

오브젝트의 보이는 상태와 순서 및 지니고 있는 여러 모양 중의 어떤 것을 보이게 할지 등 그림에 관련된 여러 블록들이 [생김새(☺)] 카테고리 안에 있습니다.

보이기/숨기기

모양 보이기	오브젝트를 실행 화면에서 보이게 합니다.
모양 숨기기	오브젝트를 실행 화면에서 숨깁니다.

말풍선으로 말하기

안녕! 을(를) 4 초 동안 말하기	입력한 글자들을 말풍선 모양으로 지정한 시간 동안 보여준 후 다음 블록을 실행합니다.
안녕! 을(를) 말하기	입력한 글자들을 말풍선으로 보여주는 동시에 바로 다음 블록을 실행합니다.
말하기 지우기	말하기 블록으로 보여주고 있는 말풍선을 지워줍니다.

모양 바꾸기

엔트리봇_걷기1 모양으로 바꾸기	오브젝트가 가지고 있는 여러 모양들 중 한 가지를 골라 그 모양으로 보이게 바꿔 줍니다.
다음 모양으로 바꾸기	오브젝트의 모양을 모양 목록에 있는 다음 또는 이전 순서의 것으로 바꾸어 보여 줍니다.

그래픽 효과

색깔 효과를 10 만큼 주기	선택한 그래픽 효과를 입력한 수치만큼 줍니다. 색깔, 밝기, 투명도 각 그래픽 효과별로 수치 값이 표현하는 것이 다릅니다.
색깔 효과를 100 (으)로 정하기	선택한 그래픽 효과를 입력한 수치값으로 정해서 표현합니다.
효과 모두 지우기	그래픽 효과를 모두 없애고 원래의 오브젝트 모습으로 보여줍니다.

크기를 10 만큼 바꾸기	오브젝트의 크기를 입력한 수치만큼 바꾸어 줍니다.
크기를 100 (으)로 정하기	오브젝트의 크기를 입력한 값으로 정합니다.

모양 뒤집기, 보이는 순서 〉

상하 모양 뒤집기	오브젝트의 위아래를 뒤집어 보여줍니다.
좌우 모양 뒤집기	오브젝트의 좌우를 뒤집어 보여줍니다.
맨 앞으로 ▼ 보내기	선택한 내용대로 오브젝트의 보여지는 순서를 정합니다. • '맨 앞으로' : 모든 오브젝트들 중에 제일 앞에 보여줍니다. • '앞으로' : 한 단계 앞으로 가져와 보여줍니다. • '뒤로' : 한 단계 뒤로 보냅니다. • '맨 뒤로' : 모든 오브젝트들 중 맨 뒤로 보냅니다.

5 [붓(✎)] 카테고리

종이에 그림을 그리듯, 실행 화면에 원하는 색이나 굵기를 정하여 마음대로 그림을 그릴 수 있는 붓 기능 및 도장찍기에 관련된 블록들이 모여 있습니다.

도장 〉

도장찍기	오브젝트 자신의 모양과 똑같은 그림을 실행 화면 위에 찍을 수 있습니다.

그리기 시작하기 / 멈추기 〉

그리기 시작하기	이 블록을 실행하면, 오브젝트가 이동하는 경로를 따라 선을 그리기 시작합니다.
그리기 멈추기	선 그리기를 멈추게 합니다.

붓의 색을 ■ (으)로 정하기 🖌	그려지는 선의 색을 원하는 색으로 정합니다.
붓의 색을 무작위로 정하기 🖌	그려지는 선의 색을 무작위로 골라 정합니다.

붓의 굵기 〉

붓의 굵기를 1 만큼 바꾸기 🖌	그려지고 있는 선의 굵기에서 입력한 값만큼 선의 굵기를 바꿉니다.
붓의 굵기를 1 (으)로 정하기 🖌	그려지는 선의 굵기를 입력한 값으로 정합니다.

붓의 투명도 〉

붓의 투명도를 10 % 만큼 바꾸기 🖌	입력한 값만큼 그려지는 선의 투명도가 바뀝니다.
붓의 투명도를 50 % 로 정하기 🖌	입력한 값으로 그려지는 선의 투명도를 정합니다(입력 가능한 값의 범위 : 0 ~ 100).

지우기 〉

모든 붓 지우기 🖌	그려진 선과 도장찍기 된 것을 모두 지웁니다.

6 [소리(🔊)] 카테고리

[소리(🔊)] 카테고리 안에는 다양한 방식으로 소리를 재생할 수 있는 블록들이 있습니다. 각 오브젝트들은 자신이 지닌 소리를 재생할 수 있는데, 엔트리에서 제공하는 소리 파일 외에 컴퓨터에 저장된 소리 파일을 업로드해서 소리 목록에 가져와 사용할 수도 있습니다.

재생

소리 강아지 짖는소리 ▼ 재생하기	오브젝트가 지닌 소리 목록 중 선택한 소리를 재생하고, 바로 아래에 연결된 다음 블록을 실행합니다.
소리 강아지 짖는소리 ▼ 1 초 재생하기	선택한 소리를 재생하면서, 바로 아래에 연결된 다음 블록을 실행합니다. 소리는 입력된 시간만큼만 재생됩니다.
소리 강아지 짖는소리 ▼ 1 초 부터 10 초까지 재생하기	소리를 입력한 시간 부분만 재생합니다. 소리 재생을 하며 바로 다음 연결된 블록을 실행합니다.

재생하고 기다리기

소리 강아지 짖는소리 ▼ 재생하고 기다리기	선택한 소리를 다 재생할 때까지 기다렸다가, 재생이 끝난 다음 연결된 블록을 실행합니다.
소리 강아지 짖는소리 ▼ 1 초 재생하고 기다리기	선택한 소리를 입력한 시간 동안 다 재생한 다음, 재생이 끝난 후 연결된 블록을 실행합니다.
소리 강아지 짖는소리 ▼ 1 초 부터 10 초까지 재생하고 기다리기	입력한 시간 부분만큼 소리가 재생된 후 연결된 블록을 실행합니다.

소리 크기

소리 크기를 10 % 만큼 바꾸기	소리의 크기를 입력한 %값 만큼 바꿉니다.
소리 크기를 10 % 로 정하기	소리의 크기를 입력한 %값으로 정합니다.

소리 멈추기

모든 소리 멈추기	재생되고 있는 모든 소리를 멈춥니다.

7 [판단( )] 카테고리

참과 거짓으로 구분할 수 있는 판단의 조건 상황들을 모아놓은 카테고리입니다. 이 블록들은 혼자서 실행되지는 않고, 주로 흐름의 블록 중 이 블록을 조합해 사용할 수 있는 블록들과 함께 사용되곤 합니다.

마우스 또는 키보드

마우스를 클릭했는가?	마우스를 클릭한 경우 '참'이 됩니다.
q ▼ 키가 눌려져 있는가?	선택한 키보드의 키가 눌려져 있는 경우 '참'이 됩니다.
마우스포인터 ▼ 에 닿았는가?	선택한 항목(마우스포인터, 오브젝트, 벽, 위쪽 벽, 아래쪽 벽 등)과 닿은 경우 '참'이 됩니다.

비교 연산

10 = 10	왼쪽과 오른쪽 값이 같으면 '참'이 됩니다.
10 > 10	왼쪽 값이 오른쪽 값보다 크면 '참'이 됩니다.
10 < 10	왼쪽 값이 오른쪽 값보다 작으면 '참'이 됩니다.
10 ≥ 10	왼쪽 값이 오른쪽 값보다 크거나 같으면 '참'이 됩니다.
10 ≤ 10	왼쪽 값이 오른쪽 값보다 작거나 같으면 '참'이 됩니다.

논리연산

참 그리고 ▼ 참	왼쪽과 오른쪽 판단 값 두 개가 모두 참일 때 '참'이 됩니다.
참 또는 ▼ 거짓	왼쪽과 오른쪽 판단 값 두 개 중 하나라도 참이면 '참'이 됩니다.
참 (이)가 아니다	판단 값이 참이면 '거짓'이 되고, 판단 값이 거짓이면 '참'이 됩니다.

8 [계산(계산)] 카테고리

수 연산, 난수, 거리 값 등의 블록 및 문자열 관련 블록 등을 모아 놓은 카테고리입니다.

수 연산, 난수, 좌표 및 소리 값

(10 + 10)	입력한 두 수를 더한 값입니다.
(10 - 10)	입력한 첫 번째 수에서 두 번째 수를 뺀 값입니다.
(10 x 10)	입력한 두수를 곱한 값입니다.
(10 / 10)	입력한 첫 번째 수를 두 번째 수로 나눈 값입니다.
(0 부터 10 사이의 무작위 수)	입력한 두수의 사이에서 무작위로 고른 수입니다.
(마우스 x ▼ 좌표)	마우스의 x좌표, 또는 마우스의 y좌표 값을 의미합니다.
(엔트리봇 ▼ 의 x 좌푯값 ▼)	선택한 오브젝트 또는 자신의 특정 값(x좌표, y좌표, 방향, 이동 방향, 크기, 모양 번호, 모양 이름)을 나타냅니다.
(소릿값)	소리의 크기 값을 의미합니다.
(10 / 10 의 몫 ▼)	• 몫 : 앞의 수를 뒤의 수로 나누어 생긴 몫의 값입니다. • 나머지 : 앞의 수를 뒤의 수로 나누어 생긴 나머지의 값입니다.
(10 의 제곱 ▼)	입력한 수에 대한 다양한 수학식의 계산 값 입니다(제곱, 루트, 사인값, 코사인값, 탄젠트값, 소수점 버림값, 소수점 올림값, 반올림값, 팩토리얼값, 절댓값 등).

초시계

(초시계 값)	이 블록이 실행되는 순간 초시계에 저장된 값입니다.
(초시계 시작하기 ▼)	이 블록을 블록조립소로 가져오면 실행화면에 '초시계창'이 생깁니다. • 시작하기 : 초시계를 시작합니다. • 정지하기 : 초시계를 정지합니다. • 초기화하기 : 초시계의 값을 0으로 초기화 합니다.
(초시계 숨기기 ▼)	• 숨기기 : 실행 화면에서 초시계창을 숨기게 합니다. • 보이기 : 실행 화면에서 초시계창을 보이게 합니다.

날짜와 시간, 거리, 소리 길이, 사용자 이름

현재 연도 ▼	현재의 연도, 월, 일, 시, 분에 대한 값입니다.
엔트리봇 ▼ 까지의 거리	자신과 선택한 오브젝트 또는 마우스포인터 간의 거리를 나타내는 값입니다.
강아지 짖는소리 ▼ 소리의 길이	선택한 소리의 시간상 길이(초) 값입니다.
아이디	작품을 실행하고 있는 사용자의 아이디 값입니다.
닉네임	작품을 실행하고 있는 사용자의 닉네임 값입니다.

문자열

엔트리 의 글자 수	입력한 문자 값의 글자 수입니다. 공백도 글자 수에 포함됩니다.
안녕! 과(와) 엔트리 를 합치기	입력한 두 자료를 결합한 값입니다.
안녕 엔트리! 의 1 번째 글자	입력한 내용 중 입력한 숫자 번째의 글자 값입니다.
안녕 엔트리! 의 2 번째 글자부터 5 번째 글자까지의 글자	첫 칸에 입력한 내용 중 입력한 범위 내의 글자(문자 또는 숫자) 값입니다.
안녕 엔트리! 에서 엔트리 의 시작 위치	첫 칸에 입력한 내용에서 두 번째 칸에 지정한 문자 값이 처음으로 등장하는 위치 값입니다(숫자로 표시됨).
안녕 엔트리! 의 안녕 을(를) 반가워 로 바꾸기	첫 칸에 입력한 내용 중 두 번째 칸에서 지정한 내용을 찾아 세 번째 칸에 입력한 내용으로 바꾼 값입니다.
Hello Entry! 의 대문자 ▼	• 대문자 : 입력한 영문의 모든 알파벳을 대문자로 바꾼 문자 값입니다. • 소문자 : 입력한 영문의 모든 알파벳을 소문자로 바꾼 문자 값입니다.

속성에서 만든 변수나 리스트에 관련된 자료 값을 다루는 블록들을 모아놓은 카테고리입니다.

묻고 대답 기다리기

안녕! 을(를) 묻고 대답 기다리기 ?	이 블록에 입력한 내용을 오브젝트가 말풍선으로 질문을 던지고, 사용자가 입력할 수 있도록 실행화면 하단에 대답창이 생깁니다.
대답	묻고 대답 기다리기에 대해 사용자가 대답창에 입력한 값입니다.
대답 숨기기 ▼ ?	실행 화면에 보이는 대답 값을 보이게 하거나 숨기기 할 수 있습니다.

변수

변수 ▼ 값	선택된 변수에 저장된 값입니다.
변수 ▼ 에 10 만큼 더하기 ?	선택한 변수에 입력한 값을 더합니다.
변수 ▼ 를 10 로 정하기 ?	선택한 변수의 값을 입력한 값으로 정합니다.
변수 변수 ▼ 보이기 ?	실행 화면에 변수값을 나타내는 창이 보이게 합니다.
변수 변수 ▼ 숨기기 ?	실행 화면에 변수값을 나타내는 창을 숨깁니다.

리스트

리스트 ▼ 의 1 번째 항목	선택한 리스트의 항목 중 입력한 순서에 있는 항목 값을 의미합니다.
10 항목을 리스트 ▼ 에 추가하기 ?	선택한 리스트의 마지막 항목으로 입력한 값이 추가됩니다.
1 번째 항목을 리스트 ▼ 에서 삭제하기 ?	선택한 리스트의 입력한 순서 번째 항목이 삭제됩니다.

블록	설명
`10 을(를) 리스트▼ 의 1 번째에 넣기 ?`	선택한 리스트의 입력된 순서의 위치에 입력된 내용을 넣습니다. 이후의 항목들은 순서가 하나씩 밀립니다.
`리스트▼ 1 번째 항목을 10 (으)로 바꾸기 ?`	선택한 리스트에서 입력한 순서 번째에 있는 항목 값을 입력한 내용으로 바꿉니다.
`리스트▼ 항목 수`	선택한 리스트가 지니고 있는 항목의 개수에 대한 값입니다.
`리스트▼ 에 10 이 포함되어 있는가?`	선택한 리스트에 입력한 값이 포함되어있는지 확인합니다.
`리스트 리스트▼ 보이기 ?`	선택한 리스트를 실행 화면에 보이게 합니다.
`리스트 리스트▼ 숨기기 ?`	선택한 리스트를 실행 화면에서 숨기기 합니다.

⑩ [함수(함수)] 카테고리

수식이나 자주 사용하는 코드들을 계속 똑같이 작성하는 것은 번거로운 일입니다. 그러므로 함수를 만들어서 그 함수에 코드를 미리 작성해 둔 다음, 매번 필요할 때마다 함수 블록만 가져와 사용한다면 여러 개의 다른 블록들을 일일이 다시 조립하여 코드를 작성할 필요가 없어서 효율적일 것입니다.

블록	설명
`함수 정의하기 함수 f`	자주 사용하게 될 코드들은 이 블록 아래에 조립하여 함수로 만듭니다.
`이름`	함수의 이름을 입력하여 정해 줍니다.
`문자/숫자값`	함수를 실행하는 데 문자나 숫자 값이 필요한 경우 빈칸 안에 조립하여 사용합니다.
`판단값`	함수를 실행하는 데 참이나 거짓을 판단할 필요가 있을 때 조립하여 매개 변수로 사용합니다.
`함수 f`	현재 만들고 있는 함수 블록 또는 지금까지 만들어둔 함수 블록들을 보여줍니다.

*본 챕터의 엔트리 블록에 대한 설명은 엔트리 블록도움말을 근거로 작성하였으며, 필요한 상세설명들을 추가하였습니다.

6 : 파일 열기 및 저장하기

엔트리로 만든 작품들은 이름을 정해 파일로 저장할 수 있습니다. 엔트리 작품을 컴퓨터에 저장하거나, 새롭게 만들고, 불러와 열어보는 방법 등을 알아봅시다.

❶ 작품 새로 만들기

작품을 새롭게 만들고 싶다면 다음과 같은 방법들 중 하나를 사용해 시작하도록 합니다.

❶엔트리 화면의 맨 위 왼쪽에 위치한 [파일] 메뉴를 눌러 [새로 만들기] 선택

❷엔트리 화면 위 오른쪽에 [파일( )]을 눌러 [새로 만들기] 선택

❷ 작품 불러오기

컴퓨터에 저장해둔 다른 엔트리 작품을 불러와 사용해 봅시다. 다음과 같은 방법들 중 하나를 사용해 작품을 불러옵니다.

❶엔트리 화면의 맨 위 왼쪽에 위치한 [파일] 메뉴의 [오프라인 작품 불러오기] 선택

❷엔트리 화면 위 오른쪽에 [파일( )]을 눌러 [오프라인 작품 불러오기] 선택

❸ 작품 저장하기

작품을 다 만든 후 저장할 때에는 [저장하기]와 [복사본으로 저장하기]를 구분해 저장합니다. 만일 원본은 그대로 두고 지금 작업 중인 작품을 복사본으로 한 개 더 저장하고 싶다면 [복사본으로 저장하기]를 선택해 저장합니다. 이름을 다르게 해서 저장해야 원본을 덮어쓰지 않고 별도로 저장됩니다.

1) 저장하기

다음과 같은 방법들 중 하나를 사용해 작품을 저장합니다.

❶엔트리 화면의 맨 위 왼쪽에 위치한 [파일] 메뉴의 [저장하기]를 눌러 작품을 컴퓨터에 저장

❷엔트리 화면 위 오른쪽에 [저장하기( )]를 눌러 [저장하기] 선택

[저장하기 메뉴]

2) 복사본으로 저장하기

다음과 같은 방법들 중 하나를 사용해 작품을 복사본으로 저장합니다.

❶[파일] 메뉴의 [복사본으로 저장하기]를 눌러 별도파일로 저장

❷엔트리 화면 위 오른쪽에 [저장하기(📁)]를 눌러 [복사본으로 저장하기] 선택

[원본 유지하고, 복사본으로 저장된 파일]

PART 5

주요 출제
기능 익히기

Chapter

1 : 순차구조, 반복 구조

개념 1 순차 구조 해결하기

순서를 지켜 차례대로 실행되어야 하는 것들을 알아봅시다.

버튼을 누르면 로켓이 하늘로 떠오르는 과정을 순서대로 나열해 봅시다. '① 버튼을 누른다. ② 로켓이 신호를 받는다. ③ 연기가 조금씩 나기 시작한다. ④ 연기를 뿜으며 떠오르기 시작한다. ⑤ 불을 뿜으며 올라간다. ⑥ 하늘 높이 날아간다.'입니다. 이와 같이 동작이나 명령을 순서대로 나열한 것을 '순차 구조'라고 합니다.

미션 로켓 발사하기

예제 파일 PART05₩예제01.ent

버튼을 누르고, 그 신호를 받아 로켓이 하늘로 떠오르는 순차적인 과정을 만들어 봅시다.

실행화면

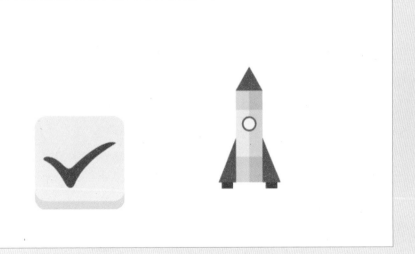

해결하기 로켓이 발사될 때 모습을 표현할 수 있도록 바뀌는 모양을 순서대로 바꾸어 보여줍니다.

01 엔트리가 실행되면 [파일]-[오프라인
작품 불러오기]를 선택합니다.

02 [열기] 대화 상자가 나타나면 'PART 05'
폴더에서 '예제01.ent' 파일을 선택하고 [열기]를
클릭합니다.

로켓 오브젝트 코딩

03 파일이 열리면 로켓( ) 오브젝트를
선택한 후 [시작] 카테고리에서

▶ 시작하기 버튼을 클릭했을 때 블록을 드래그하여
블록 조립소로 가져옵니다.

04 [생김새( )] 카테고리에서

로켓_1 모양으로 바꾸기 블록을 다음과 같이
연결합니다.

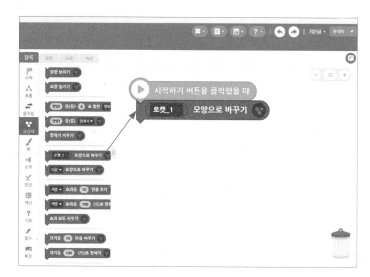

05 [속성] 탭에서 [신호]를 선택하고, [신호추가]를 클릭합니다. 새로운 신호의 이름을 '발사'라고 만듭니다.

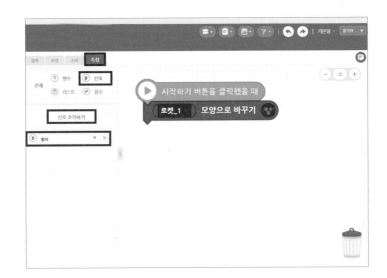

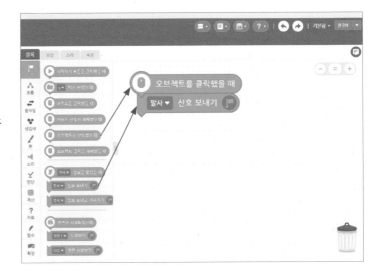

결정 버튼 오브젝트 코딩

06 결정 버튼(✓) 오브젝트를 선택합니다. [시작(🏳)] 카테고리의 `오브젝트를 클릭했을 때` 블록과 `발사▼ 신호 보내기` 블록을 블록 조립소로 가져와 연결합니다.

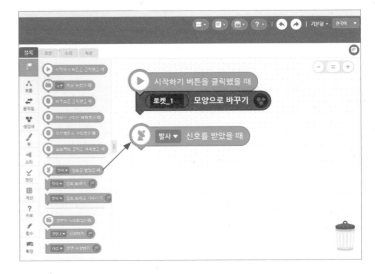

로켓 오브젝트 코딩

07 다시 로켓(🚀) 오브젝트를 선택합니다. [시작🏳] 카테고리의 `발사▼ 신호를 받았을 때` 블록을 블록 조립소로 가져옵니다.

08 [생김새( )] 카테고리의
로켓_1 모양으로 바꾸기 블록을 '로
켓_2(로켓_2)'로 변경한 후,
발사 ▾ 신호를 받았을 때 블록 아래에 연결합
니다.

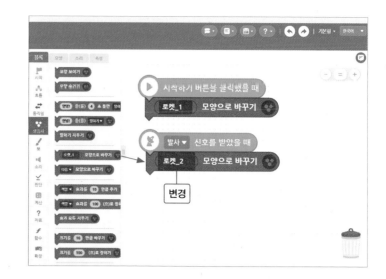

09 [흐름( )] 카테고리의 2 초 기다리기
블록을 블록 조립소로 가져옵니다. 2 초를 1
초로 직접 입력해 바꾸어 줍니다. 그리고
로켓_2 모양으로 바꾸기 블록
아래에 연결해 줍니다.

──────────────────── **why**

모양 바꾸기를 기다리기 없이 바로 실행하면, 너무 빨
리 모양이 바뀌어 사람의 눈으로는 모양이 바뀌는 것
을 보기 힘듭니다. 그러므로 바뀌는 모양을 확인할 수
있는 시간을 주기 위해 2 초 기다리기 블록을 사용
하였습니다.

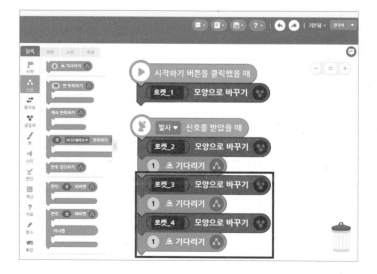

10 앞의 내용을 참고하여 '로켓_3' 모양과
'로켓_4' 모양을 1초 간격으로 바꿀 수 있도록
블록들을 가져와 조립합니다.
이처럼 블록 조립이 완성되면, 처음 실행시킬 때
'로켓_1' 모양으로 보이다가 '발사' 신호를 받았을
때부터 로켓이 차례대로 모양을 바꾸게 됩니다.

11 이제 로켓 모양이 순차적으로 모양을 나 바꾼 후에는, '로켓_4' 모양인 상태에서 하늘로 날아오르도록 만들어 봅시다. [움직임 □] 카테고리의 2 초 동안 x: 10 y: 10 만큼 움직이기 블록을 연결하고 y좌표값 10 을 250 로 입력하여 변경합니다.

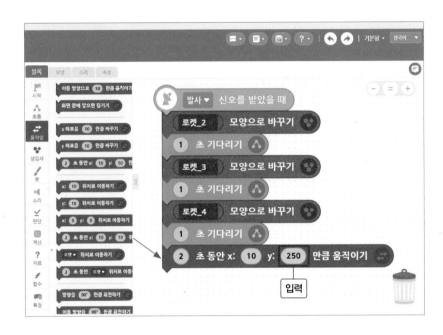

12 [시작하기(▶)] 버튼을 클릭하여 결정 버튼을 클릭했을 때 로켓이 순서대로 모양을 바꾼 후 하늘로 떠오르는지 확인합니다.

개념2 횟수 반복 구조

횟수를 지정하여 그 수만큼 반복해 실행하는 것들은 무엇이 있나 생각해 봅시다.

같은 동작을 여러 번 반복해 실행하는 것들을 프로그램으로 처리하면 편리한 것이 많습니다. 예를 들어, 공장에서 같은 작업을 100번 해야 할 때 기계에게 매번 실행을 명령하지 않고 한 작업을 알려주고 같은 작업을 100번 실행하라고 명령하면 효율적이고 편리하게 관리할 수 있습니다. 이처럼 일정 명령의 묶음을 단위로 하여 여러 횟수를 자동으로 반복 실행하도록 하는 것을 횟수 반복 구조라고 합니다.

미션 과수원 나무심기

예제 파일 PART05₩예제02.ent

일정한 간격으로 반복하여 나무를 심을 수 있도록 만들어 봅시다.

실행화면

해결하기 좌표를 이동하며, 일정한 규칙에 따라 반복 횟수만큼 도장 찍기를 하게 합니다.

01 엔트리가 실행되면 [파일]–[오프라인 작품 불러오기]를 선택합니다.

02 [열기] 대화 상자가 나타나면 'PART 05' 폴더에서 '예제02.ent' 파일을 선택하고 [열기]를 클릭합니다.

🌳 사과나무 사과나무 오브젝트 코딩

03 파일이 열리면 사과나무(🌳) 오브젝트를 선택한 후, [시작(▶시작)] 카테고리의

(▶) 시작하기 버튼을 클릭했을 때 블록을 드래그하여 블록 조립소로 가져오고 [붓(✏)] 카테고리의

도장찍기 ✏ 블록을 그 아래 연결합니다.

04 [움직임(↔움직임)] 카테고리의

y좌표를 10 만큼 바꾸기 ↔ 블록을 다음과 같이 연결하고, 10 은 -40 으로 입력해 변경합니다.

05 [흐름()] 카테고리의 블록을 다음과 같이 연결하고 ② 번 반복하기로 입력해 변경합니다.

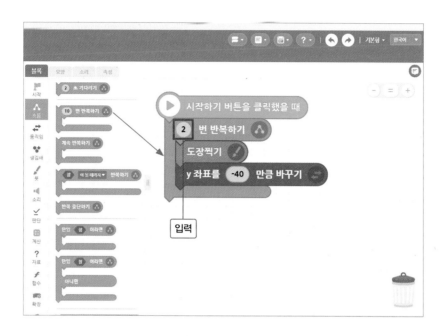

06 [움직임( )] 카테고리의 **y 좌표를 ⑩ 만큼 바꾸기** 블록과 **x 좌표를 ⑩ 만큼 바꾸기** 블록을 다음과 같이 연결합니다. y좌표는 ⑧⑩, x좌표는 ⑤⑩ 만큼 바꾸도록 숫자를 직접 입력하여 변경합니다.

_____ **why**

나무가 두 줄로 나란히 심어지는 모습을 표현하기 위해, 좌표 값을 위쪽 그리고 오른쪽으로 일정 간격씩 보내 줍니다. 그리고 다시, -40만큼 두 번 반복해 내리면서 도장찍기를 합니다.

07 [흐름()] 카테고리에서  블록을 다음과 같이 연결하고 **8**번 반복하도록 숫자를 직접 입력하여 변경합니다.

08 [시작하기(▶)] 버튼을 클릭하여 나무가 반복하여 일정한 간격으로 심어지는지 확인합니다.

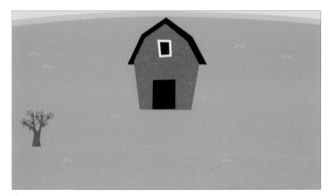 

개념 3 조건 반복 구조

어떤 특정한 조건이 될 때까지 계속해서 반복하는 구조를 알아봅시다.

반복해서 처리하는 명령을 횟수를 정하여 반복하게 할 수도 있지만, 원하는 조건에 만족하기 위해 몇 회나 반복해야 할지 애매할 때가 있습니다. 이런 경우엔 어떤 특정한 조건을 만족할 때까지 계속 반복하는 반복 구조를 사용해 보도록 합니다. '~에 닿았는가?', '어떤 수보다 큰가?', '답이 계산한 결과와 같은가?' 이처럼 특정 조건을 만족할 때까지 계속해서 실행하게 하는 조건 반복 구조에 대해 알아봅시다.

미션 이어 달리기
예제 파일 PART05₩예제03.ent

엔트리봇이 아이를 만날 때까지 계속하여 달리고, 아이도 줄에 닿을 때까지 계속 달리게 해 봅시다.

실 행 화 면

해 결 하 기 원하는 조건을 만족할 때까지 계속 반복해서 실행하도록 '~까지 반복하기' 블록을 사용하여 프로그램을 작성해 봅니다.

01 엔트리가 실행되면 [파일]-[오프라인 작품 불러오기]를 선택합니다.

02 [열기] 대화 상자가 나타나면 'PART 05' 폴더에서 '예제03.ent' 파일을 선택하고 [열기]를 클릭합니다.

 **엔트리봇 오브젝트 코딩**

03 파일이 열리면 엔트리봇() 오브젝트를 선택한 후 [시작()] 카테고리의

 블록을 블록 조립소로 가져옵니다. 그리고 [흐름()]카테고리의

 블록을 가져와

연결합니다.

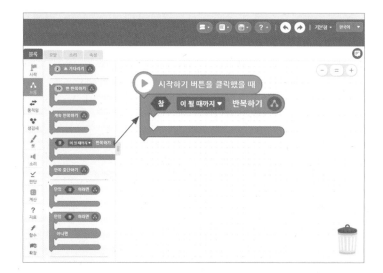

04 [판단()] 카테고리의

 블록을  로 변경한 뒤 드래그하여

 블록과

결합합니다.

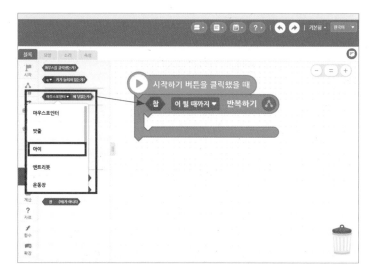

05 [움직임(   )] 카테고리의

이동 방향으로 ⑩ 만큼 움직이기 ⇄ 블록을 연결하고,
② 만큼 움직이기로 직접 입력하여 변경합니다.

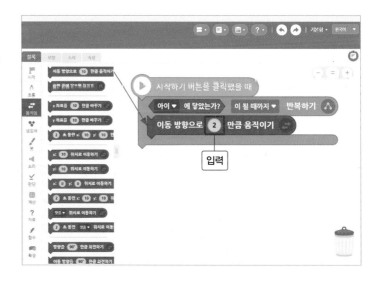

06 [생김새(   )] 카테고리의

엔트리봇_1 모양으로 바꾸기 ✕ 블록을 가져와
연결한 뒤, 엔트리봇_2 모양으로 바꾸기 ✕ 처럼
변경합니다.

——————————————————————— **why**

> 엔트리봇이 아이에 닿은 후 모양을 바꾸어 바톤을 건
> 네준 모습으로 보여지게 합니다.

🧑 아이   **아이 오브젝트 코딩**

07 아이(🧑) 오브젝트를 선택합니다. [시작
(   )] 카테고리의 ▶ 시작하기 버튼을 클릭했을 때
블록을 가져옵니다. 그리고 [흐름(   )] 카테고
리의 참 이(가) 될 때까지 기다리기 ∧ 블록을 가져
와 연결합니다.

08 [판단( )] 카테고리의

마우스포인터 ▼ 에 닿았는가? 블록을

엔트리봇 ▼ 에 닿았는가? 블록으로 변경한 뒤,

블록 조립소의 참 이(가) 될 때까지 기다리기 ⋀

블록 안에 다음과 같이 끼워 넣습니다.

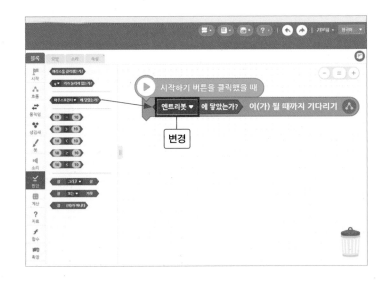

tip

2 초 기다리기 ⋀ 블록을 사용하면, 지정한 시간 동안 기다렸다가 실행합니다. 그러나 특정한 조건까지 기다리다가 실행하고 싶을 때는 참 이(가) 될 때까지 기다리기 ⋀ 블록을 사용하면, 조건 값이 '참'이 될 때까지 대기하고 있다가, '참'이 된 이후에 아래에 연결된 명령들을 실행하게 합니다. 여기서는 아이( ) 오브젝트도 엔트리봇( ) 오브젝트에 닿을 때까지 기다립니다. 그 후 다른 명령 동작들을 실행합니다.

09 [흐름( )] 카테고리의 2 초 기다리기 ⋀

블록을 0.2 초로 수정하여 다음과 같이 연결합니다. 그리고 [생김새( )] 카테고리의

아이_1 모양으로 바꾸기 ❄ 블록을 연결한 뒤,

아이_2 모양으로 바꾸기 ❄ 로 변경합니다.

why

0.2초 기다린 후 아이 모양을 바꾼 이유는 엔트리봇( )에 닿자마자 아이( )의 모양을 바꾸기 보다는 엔트리봇( )에 닿은 후 잠시 뒤 모양을 바꿔 바톤을 넘겨받는 것처럼 보이는 것이 더 자연스럽기 때문입니다.

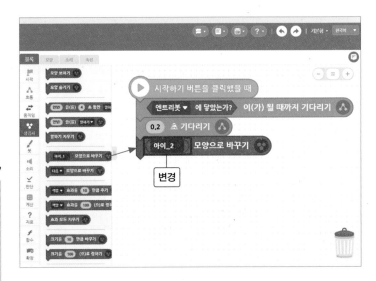

10 [흐름(⚙)] 카테고리의  블록을 연결합니다.

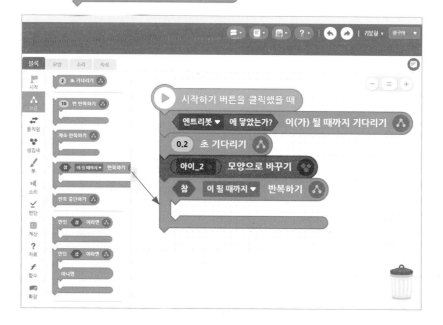

11 [판단(☑)] 카테고리의 `마우스포인터▼ 에 닿았는가?` 블록을 블록 조립소에 있는  블록과 결합하고, `빗줄▼ 에 닿았는가?` 처럼 변경합니다.

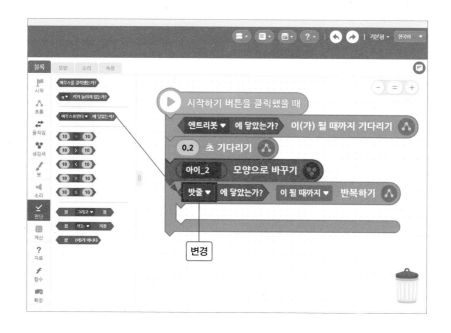

12 [움직임()] 카테고리의 `이동 방향으로 10 만큼 움직이기` 블록을 연결하고 ② 만큼 움직이기로 직접 입력하여 변경합니다.

입력

13 [시작하기(▶)] 버튼을 클릭하여 엔트리봇이 아이에 닿을 때까지 계속 달려가고, 아이는 엔트리봇에 닿을 때까지 기다렸다가, 밧줄에 닿을 때까지 계속 달려가는지 확인합니다.

Chapter

2 : 조건별 실행

개념 1   입력 조건에 따른 실행

컴퓨터에 입력하는 여러 방법별로 다르게 명령을 수행하게 할 수 있습니다.

엔트리는 상하좌우 화살표 키를 각각 누를 때마다 다르게 명령을 줄 수도 있고, 스페이스 키를 눌렀는지에 따라 오브젝트를 실행할 수도 있습니다. 마우스 클릭이나 오브젝트를 클릭했는지도 파악해서 경우별로 다른 움직임이나 데이터 처리를 할 수도 있습니다. 여러 가지 입력 방법들을 익혀서 다양한 프로그램을 만들어 봅시다.

미션   이동하고 변신하고 점프하기

예제 파일 PART05₩예제₩04.ent ★

동물이 좌우로 이동하고 모양을 바꾸고 점프를 할 수 있도록 만들어 봅시다.

실행화면

해결하기 키보드 입력에 따라 좌우로 움직이기, 모양 바꾸기, 점프 동작 만들기 등을 프로그램 해 봅니다.

01 엔트리가 실행되면 [파일]–[오프라인 작품 불러오기]를 선택합니다.

02 [열기] 대화 상자가 나타나면 'PART 05' 폴더에서 '예제04.ent' 파일을 선택하고 [열기]를 클릭합니다.

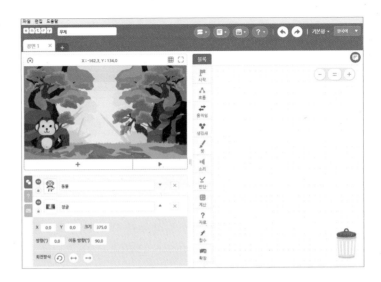

동물 오브젝트 코딩

03 파일이 열리면 동물(🐵) 오브젝트를 선택한 후 [시작 🏳️] 카테고리의

▶️ 시작하기 버튼을 클릭했을 때 블록을 드래그하여 블록 조립소로 가져옵니다. 그리고 [흐름 🔁] 카테고리의 계속 반복하기 🔁 블록을 가져와 연결합니다.

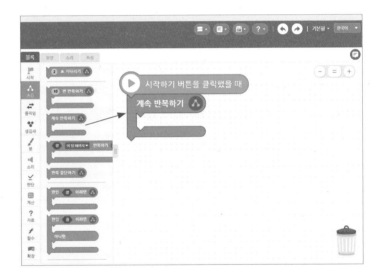

04 [흐름(🔁)] 카테고리의 만일 참 이라면 🔁 블록을 연결한 후, [판단(✔️)] 카테고리의 q▼ 키가 눌러져 있는가? 블록을 오른쪽 화살표▼ 키가 눌러져 있는가? 로 변경합니다.

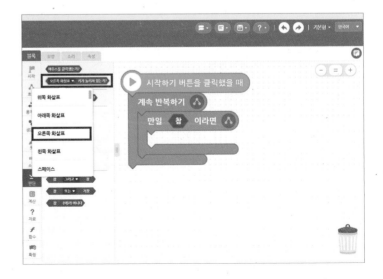

05 04에서 변경한  블록을

 블록의 안에 끼워 넣습

니다.

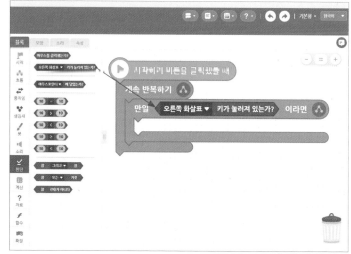

06 [움직임()] 카테고리의

x좌표를 10 만큼 바꾸기 블록을 연결하고 숫자
를 5로 입력하여 변경합니다.

━━━━━━━━━━━━━━━━━━━ **why**

키보드의 오른쪽 화살표 키를 눌러서 동물 오브젝트를
화면의 오른쪽으로 이동시키기 위한 코드입니다.

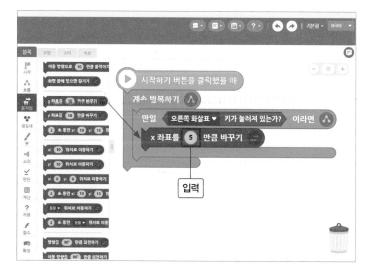

07 04~06을 참고하여, 다음과 같이 왼쪽
화살표 키를 눌렀을 때, x좌표를 -5만큼 바꾸도
록 코드를 작성합니다.

━━━━━━━━━━━━━━━━━━━ **why**

키보드의 왼쪽 화살표 키를 눌러서 동물 오브젝트를
화면의 왼쪽으로 이동시키기 위한 코드입니다.

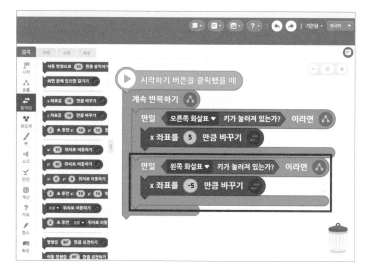

08 04, 05를 참고하여,

블록을 만듭니다. 그리고 [생김새( )] 카테고리의 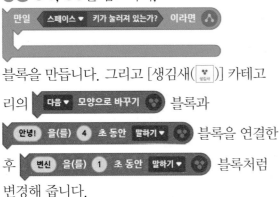 블록과

블록을 연결한 후 블록처럼 변경해 줍니다.

─────────────── **why**

동물 오브젝트가 다른 동물의 모양으로 바뀌게 됩니다.

09 08을 참고하여 '만일 키보드 1 키가 눌러져 있는가?'라면, "점프점프"를 1초 동안 말하도록 블록을 조립합니다.

10 점프 동작을 만듭니다. 0.2초 간격으로 y좌표를 20만큼 바꾸어 위로 올라가기 (y 좌표를 20 만큼 바꾸기)와 y좌표를 −20만큼 바꾸기 하여 내려오기(y 좌표를 -20 만큼 바꾸기)를 2번 반복하도록 만듭니다.

─────────────── **why**

동물 오브젝트가 점프 동작을 두 번 반복합니다.

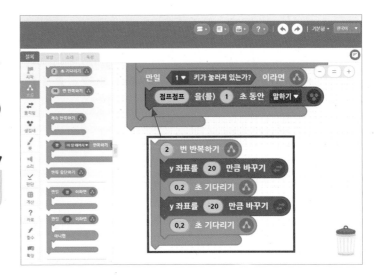

11 점프점프 을(를) 1 초 동안 말하기 블록 아래에 연결하여 "점프점프"를 1초 동안 말한 후 점프 동작을 2번 반복하도록 합니다.

12 [시작하기(▶)] 버튼을 클릭하여 오른쪽 화살표 키와 왼쪽 화살표 키를 입력하여 동물이 좌우로 움직이는지 확인합니다. 그리고 스페이스 키를 누르면 동물 모양이 바뀌어 "변신"이라고 말하는지, 키보드 1키를 누르면 "점프점프"라고 말하고 점프 동작을 하는지 확인합니다.

개념2 **감지 조건에 따른 실행**

다양한 조건 상황들을 판단하여 실행할 수 있습니다.

오브젝트는 다른 오브젝트와 닿았는지도 판단할 수 있고, 오브젝트 자신이 벽에 닿았는지 또는 마우스 포인터에 닿았는지도 판단할 수 있습니다. 이 각각 판단 상황이 참인지 거짓인지에 따라 실행을 달리하게 프로그램할 수 있습니다.

미션 **색을 바꾸는 카멜레온**

카멜레온이 지나가다 닿게 되는 잎사귀와 같은 색으로 몸의 색을 바꾸도록 해 봅시다.

실 행 화 면

해 결 하 기 카멜레온이 잎사귀에 닿는지를 감지하여, 각 나뭇잎에 닿았을 때 몸의 색을 바꿀 수 있도록 코딩합니다.

01 엔트리가 실행되면 [파일]—[오프라인 작품 불러오기]를 선택합니다.

02 [열기] 대화 상자가 나타나면 'PART 05' 폴더에서 '예제05.ent' 파일을 선택하고 [열기]를 클릭합니다.

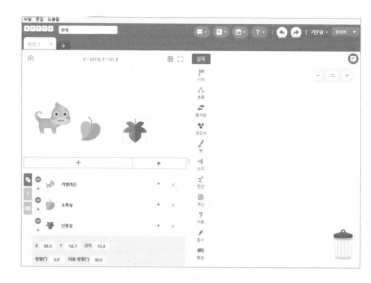

카멜레온 **카멜레온 오브젝트 코딩**

03 파일이 열리면 카멜레온(🦎) 오브젝트를 선택한 후 [시작(🏳)] 카테고리의

 블록을 드래그 하여 블록 조립소로 가져오고, [흐름(♻)] 카테고리

의 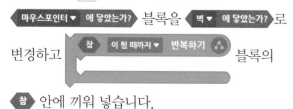 블록을

연결합니다.

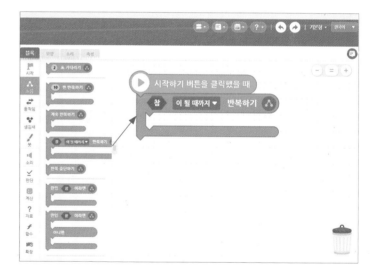

04 [판단(☑)] 카테고리에서

〈마우스포인터 ▼ 에 닿았는가?〉 블록을 〈벽 ▼ 에 닿았는가?〉로

변경하고 〈참 이 될 때까지 ▼ 반복하기 ♻〉 블록의

〈참〉 안에 끼워 넣습니다.

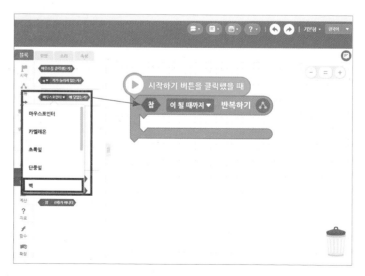

05 [움직임( )] 카테고리의

이동 방향으로 10 만큼 움직이기 블록을 다음과 같이 연결하고, 값을 1 로 입력하여 변경합니다.

06 [흐름( )] 카테고리에서

만일 참 이라면 블록을 연결하고,

[판단( )] 카테고리의 마우스포인터 ▼ 에 닿았는가? 블록을 초록잎 ▼ 에 닿았는가? 로 변경하여

만일 참 이라면 블록의 참 안에 끼워 넣습니다.

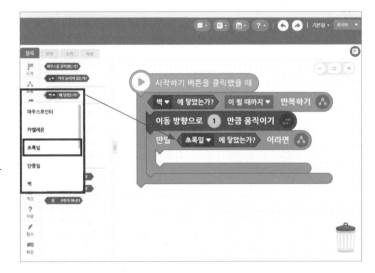

07 [생김새( )] 카테고리의

색깔 ▼ 효과를 100 (으)로 정하기 블록을 가져와 연결하고 값을 50 으로 입력하여 변경합니다.

08 06, 07을 참고하여, '단풍잎'에 닿으면 색깔효과를 72 로 정하도록 코드를 작성합니다.

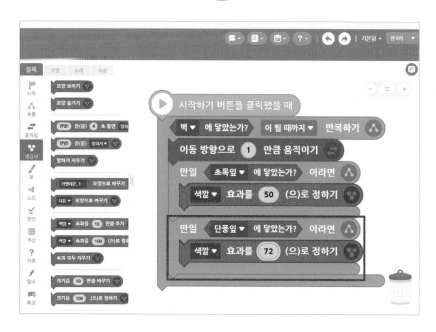

09 [생김새( )] 카테고리의 <효과 모두 지우기> 블록을 넌결합니다. 즉, 카멜레온이 벽에 닿을 때까지 블록 안의 명령들을 실행하고, 벽에 닿으면 <참 이 될 때까지 반복하기> 블록 아래에 연결된 블록을 실행합니다. 카멜레온은 벽에 닿은 후 색깔 효과를 모두 지우므로, 원래의 색으로 돌아옵니다.

10 [시작하기(　　▶　　)] 버튼을 클릭하여 카멜레온이 지나가면서 초록잎에 닿으면 몸이 초록색으로 바뀌는지, 단풍잎에 닿으면 몸이 빨간색으로 바뀌는지 확인합니다. 그리고 벽에 닿으면 원래의 몸 색깔로 돌아오는지도 확인합니다.

3 : 변수, 리스트, 함수

개념 1 변수를 이용한 프로그램

변수는 변하는 값을 담을 수 있는 공간, 혹은 변하는 수를 말합니다.

서울에서 부산까지 자동차 부품을 보내려 합니다. 트럭에 날짜 별로 바퀴, 나사, 핸들 등을 실어 보내면 각각 그 물건을 실은 날엔 같은 트럭이라도 바퀴트럭, 나사트럭, 핸들트럭이라고 부를 수 있습니다. 이처럼 담을 수 있는 공간 안에 각각의 다른 내용물을 담아 그 변하는 값을 다룰 수 있게 하는 것을 변수라 합니다.

미션 큰 사과 판별하기

예제 파일 PART05₩예제06.ent

컨베이어 벨트를 따라 박스로 이동하는 사과들 중에 큰 사과만 골라 숫자를 셀 수 있도록 해봅시다.

실 행 화 면

해 결 하 기 사과의 크기가 일정한 크기의 수 이상일 경우에만, '큰 사과'라는 변수에 개수를 추가하도록 만들어 봅니다.

01 엔트리가 실행되면 [파일]–[오프라인 작품
불러오기]를 선택합니다.

02 [열기] 대화 상자가 나타나면 'PART 05' 폴
더에서 '예제06.ent' 파일을 선택하고 [열기]를 클
릭합니다.

📦 박스   박스 오브젝트 코딩

03 박스(📦) 오브젝트를 선택한 후 [시작
(▶)] 카테고리에서 `시작하기 버튼을 클릭했을 때`
블록을 블록 조립소로 가져오고, [흐름(∧)]
카테고리의 `계속 반복하기` 블록을 연결합니다.

04 [흐름(∧)] 카테고리의
`참 이(가) 될 때까지 기다리기` 블록을 가져와
연결합니다. 그리고 [판단(✓)] 카테고리의
`마우스포인터 ▼ 에 닿았는가?` 블록을
`사과 ▼ 에 닿았는가?` 로 변경한 후,
`참 이(가) 될 때까지 기다리기` 블록의 참 안에
끼워 넣습니다.

05 [흐름(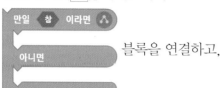)] 카테고리의

블록을 연결하고,

[판단(✔)] 카테고리의 <10 > 10> 블록을
가져옵니다. 여기에 [계산(계산)] 카테고리의

사과▼ 의 x좌푯값▼ 블록을 사과▼ 의 크기▼ 로
변경하여 왼쪽 10 에 끼워 넣고
오른쪽 10 은 60 으로 입력합니다.
조립한 <사과▼ 의 크기▼ > 60> 블록을

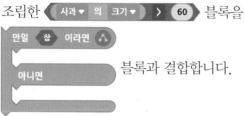

블록과 결합합니다.

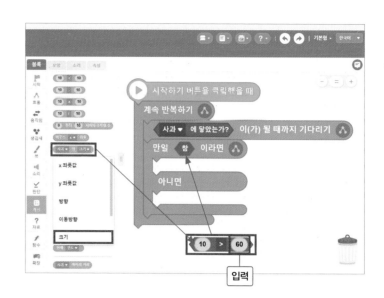

06 [자료(?)] 카테고리의

큰 사과▼ 에 10 만큼 더하기 ? 블록을
연결하고, 숫자 값을 1 로 입력하여 변경합니다.

────────── **why**

사과 오브젝트의 크기가 60보다 크면 '큰 사과' 변수에
1만큼씩 값을 증가시키게 됩니다.

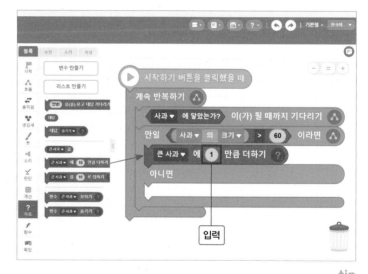

────────────────────── **tip**

변수 추가 방법
[속성] 탭에서 [변수]–[변수 추가하기]를 클릭하여 변수를 만듭니다. '큰 사과'라고 변수를 만들고
이 변수 안에 큰 사과의 개수를 하나씩 추가할 것입니다. 변수를 한 개 이상 만들어야 [자료(?)]
카테고리 안에 변수 관련 블록들이 나타납니다.

07 [생김새( )] 카테고리의

안녕! 을(를) 4 초 동안 말하기 블록을 가져

와 각각 "큰 사과 담아야지!"와 "작네!"를 1초 동

안 말하도록 입력한 후 다음과 같이 블록 안에

연결합니다.

━━━━━━━━━━━━━━ **why**

사과 오브젝트의 크기에 따라 다르게 말하게 합니다.

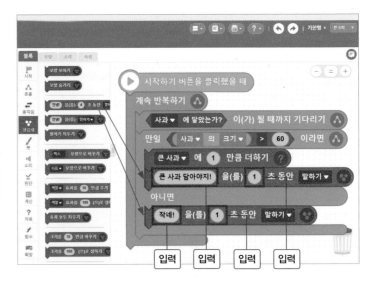

🍎 사과 **사과 오브젝트 코딩**

08 사과( ) 오브젝트를 선택합니다. 그리고

[시작( )] 카테고리의 q ▼ 키를 눌렀을 때

블록을 스페이스 ▼ 키를 눌렀을 때 처럼

변경한 후 블록 조립소로 가져옵니다.

---

09 [생김새( )] 카테고리의

크기를 100 (으)로 정하기 블록을

연결합니다.

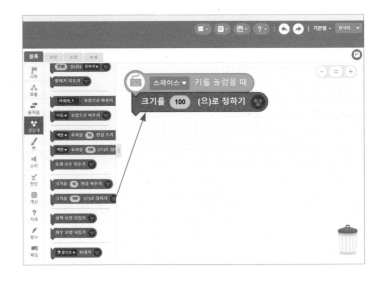

10 [계산( )] 카테고리의

[0 부터 10 사이의 무작위 수] 블록을

[크기를 100 (으)로 정하기] 블록의 [100] 안에 끼

워 넣고, [40 부터 80 사이의 무작위 수]처럼 직접 숫
자를 입력하여 변경합니다.

─────────────────────────── **why**

사과를 '40부터 80사이의 무작위 수'로 크기를 정하여
줍니다. 스페이스 키를 누를 때 사과 크기가 무작위 수
로 정해진 후, 사과박스까지 이동합니다. 사과박스는
'사과' 오브젝트가 닿으면 그 크기 값을 판단하여 60보
다 클 때 큰 사과라고 판별합니다.

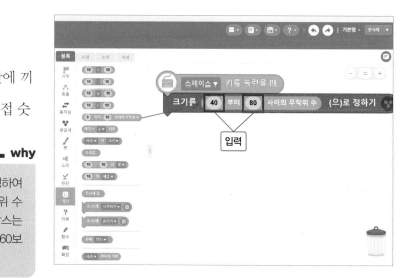

11 [흐름( )] 카테고리의 [참 이 될 때까지▼ 반복하기] 블록을 연결하고, [판단( )] 카테고리의

[마우스포인터▼ 에 닿았는가?] 블록을 [박스▼ 에 닿았는가?]로 변경하여 [참 이 될 때까지▼ 반복하기] 블록의 [참] 안에

끼워 넣습니다.

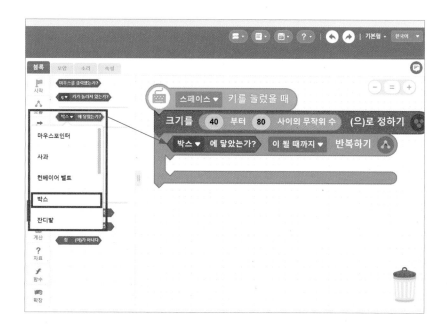

12 [움직임(🎵)] 카테고리의 `이동 방향으로 10 만큼 움직이기` 블록을 연결한 후 숫자 값을 ③으로 입력하여 변경합니다. 또한, `x: 0 y: 0 위치로 이동하기` 블록을 연결하고, 숫자값을 `x: -200 y: 10 위치로 이동하기` 처럼 입력하여 변경합니다.

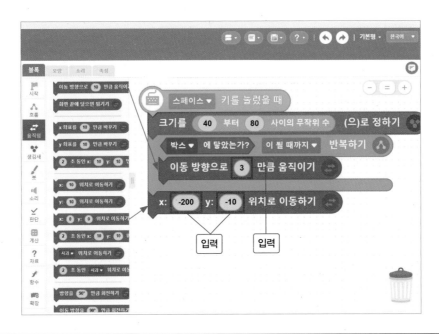

─── **why**

사과 오브젝트가 컨베이어 벨트를 따라 이동하는 속도를 3으로 정합니다. 박스에 닿은 후엔 다시 화면 왼쪽 위치에서 시작하도록 좌표를 바꿔 줍니다.

13 [시작하기(▶)] 버튼을 클릭하여, 사과의 크기가 60보다 크면 '큰 사과' 변수에 수를 1씩 추가하는지 확인합니다.

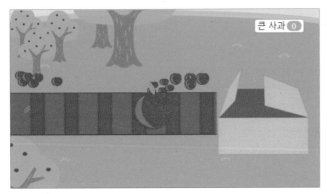 

개념 2 **리스트를 이용한 프로그램**

하나 이상의 값들을 하나로 묶어 관리하고 순서대로 정리할 수 있습니다.

자동차 부품 목록을 기차에 실어서 보낸다고 생각해 봅시다. 1호~5호 칸까지 바퀴, 나사, 핸들, 에어백, 안전벨트 등을 순서대로 실어서 한 번에 보낼 수 있습니다. 이처럼 여러 항목을 하나로 엮어 관리하는 것을 리스트라고 합니다.

미션 **쇼핑 목록 정리하기**　　　　　　　　　　　　　예제 파일 PART05₩예제07.ent ★

문방구를 다녀온 엔트리봇이 어떤 물건들을 샀는지 기록할 수 있도록 해 봅시다.

실행화면

해결하기 리스트를 사용하여, 목록에 새로운 항목들을 추가해 넣을 수 있도록 프로그램 해 봅니다.

01 엔트리가 실행되면 [파일]-[오프라인 작품 불러오기]를 선택합니다.

02 [열기] 대화 상자가 나타나면 'PART 05' 폴더에서 '예제07.ent' 파일을 선택하고 [열기]를 클릭합니다.

엔트리봇 오브젝트 코딩

03 파일이 열리면 엔트리봇(🤖) 오브젝트를 선택한 후 [시작(▶)] 카테고리에서

▶ 시작하기 버튼을 클릭했을 때 블록을 드래그하여 블록 조립소로 가져옵니다. [자료(?)] 카테고리의 10 항목을 쇼핑목록 ▼ 에 추가하기 블록을 가져와 연결하고, 항목 란에 연필 이라고 입력합니다.

tip

리스트 추가 방법

[속성] 탭에서 [리스트]-[리스트 추가하기]를 클릭하여 리스트를 만듭니다. '쇼핑목록'이라고 리스트를 만들고 이 리스트 안에 쇼핑목록을 하나씩 추가할 것입니다. 리스트를 한 개 이상 만들어야 [자료(?)] 카테고리 안에 리스트 관련 블록들이 나타납니다.

04 [자료(?자료)] 카테고리의

10 항목을 쇼핑목록▼ 에 추가하기 ? 블록을 연결하고 공책 이라고 입력해 '공책'을 '쇼핑목록' 리스트에 추가합니다.

10 항목을 쇼핑목록▼ 에 추가하기 ? 블록을 하나더 연결하고, 항목을 지우개 라고 입력해 '지우개'를 '쇼핑목록' 리스트에 추가합니다.

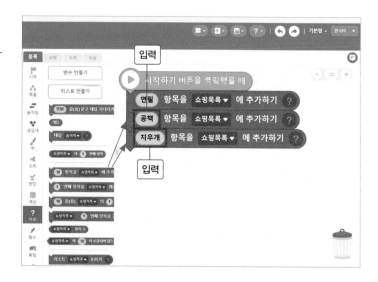

05 [시작(🏁시작)] 카테고리의

q▼ 키를 눌렀을 때 블록을

스페이스▼ 키를 눌렀을 때 로 변경한 후블록 소립소로 가져옵니다.

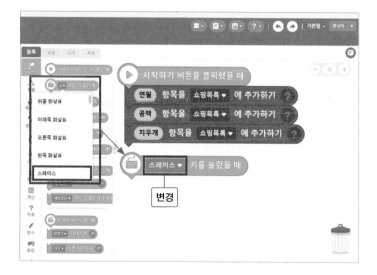

06 [자료(?자료)] 카테고리의

안녕! 을(를) 묻고 대답 기다리기 ? 블록을

연결한 후 무엇을 더 샀나요? 라고 질문을 입력하여 넣습니다.

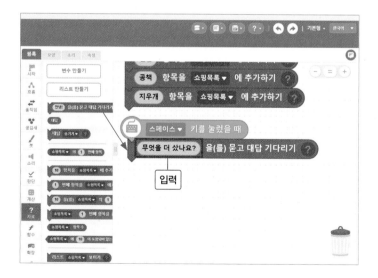

07 [흐름(﹅)] 카테고리의

 블록을 연결합니다.

그리고, [자료(﹖)] 카테고리의

쇼핑목록▾ 에 10 이 포함되어 있는가? 블록을 다음과
같이 참 안에 끼워 넣습니다.

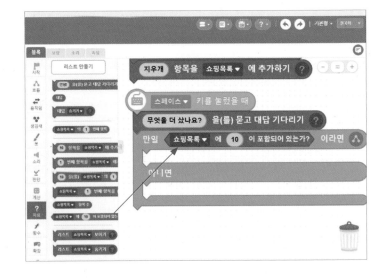

08 [자료(﹖)] 카테고리의 대답 블록을

쇼핑목록▾ 에 10 이 포함되어 있는가? 블록의 10 부분
에 끼워 넣습니다.

_____ **why**

이미 추가한 쇼핑목록 중에 내가 입력해 넣은 '대답'에
해당하는 내용과 같은 것이 포함되어 있는지에 대해
참/거짓을 판단하는 부분입니다.

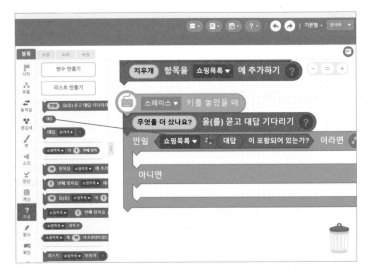

09 [생김새(🙂)] 카테고리의

안녕! 을(를) 4 초 동안 말하기▾ 블록을 다음
과 같이 연결하고, 이미 목록에 있습니다. 라고 입력합니
다. 숫자도 2 로 입력해 넣습니다.

_____ **why**

무엇을 더 샀는지 엔트리봇이 물어본 뒤 화면 하단에
직접 입력해 넣을 수 있는 대답 입력 창이 나타납니다.
여기에 입력해 넣은 것이 리스트 중에 이미 있다면 "이
미 목록에 있습니다."라고 알려줍니다.

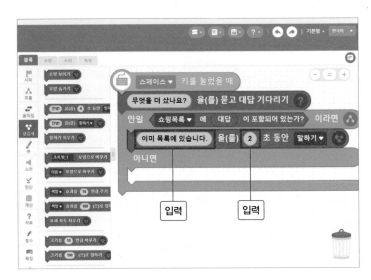

10 [자료(?)] 카테고리의 （10 항목을 쇼핑목록▼ 에 추가하기 ?） 블록을 연결합니다.

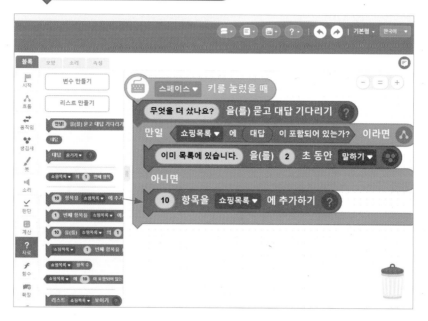

11 [자료(?)] 카테고리의 （대답） 블록을 （10 항목을 쇼핑목록▼ 에 추가하기 ?） 블록의 10 부분에 끼워 넣습니다.

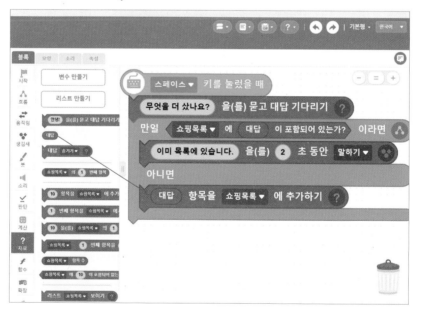

_____ **why**

쇼핑 목록 중에 직접 입력해 넣은 내용이 없다면, 새롭게 리스트에 추가해 넣으라는 내용입니다.

12 [시작하기(▶)] 버튼을 클릭하여, 스페이스 키를 누르면 무엇을 더 샀는지 질문하고 화면 아래의 입력 창에 답한 것이 목록에 없으면 '쇼핑목록' 리스트에 추가되는지 확인합니다. 만일 목록에 있다면, "이미 목록에 있습니다."라고 말하는지도 확인합니다.

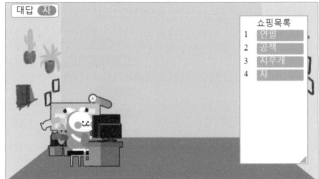

개념 3 함수를 이용한 프로그램

함수는 하나의 이름으로 정의된 명령 코드의 묶음입니다.

함수를 사용하면 복잡한 명령 코드들이나, 수학 공식 등을 하나로 묶어 편리하게 관리할 수 있습니다. 함수는 특정 기능을 하는 명령 코드 묶음을 하나의 이름으로 정의하고, 이후 함수 이름으로 정의된 블록을 가져와 간단히 사용할 수 있도록 하는 편리한 기능입니다.

미션 드론 조종 프로그램 만들기

예제 파일 PART05₩예제08.ent

드론의 비행 방식을 사선이나 하강 등으로 정하여, 간단히 조종할 수 있도록 해봅시다.

해결하기 드론이 비행하는 여러 방식들을 함수를 사용하여 미리 만들어 두고, 비행 방식이 정의된 함수블록들을 불러와 조종할 때 간단히 사용합니다.

01 엔트리가 실행되면 [파일]–[오프라인 작품 불러오기]를 선택합니다.

02 [열기] 대화 상자가 나타나면 'PART 05' 폴더에서 '예제08.cnt' 파일을 선택하고 [열기]를 클릭합니다.

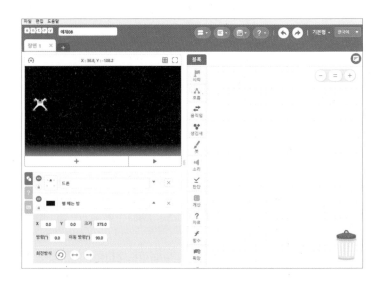

03 파일이 열리면 [속성] 탭의 [함수]–[함수 추가하기]를 클릭합니다.

04 함수를 만들 수 있는 창이 열리면, 블록 조립소에 보이는 〔함수 정의하기 함수 〕에 다음과 같이 〔드론 사선비행〕이라고 함수의 이름을 입력합니다.

05 드론이 사선비행을 할 수 있도록 코드를 다음과 같이 작성합니다. [흐름(△)] 카테고리의

[10 번 반복하기 ∧] 블록을 연결합니다.

그리고 [움직임(⇄)] 카테고리의

[x좌표를 10 만큼 바꾸기 ⇄]와

[y좌표를 10 만큼 바꾸기 ⇄]를 가져와 그림과 같이

연결하고 [확인]을 누릅니다.

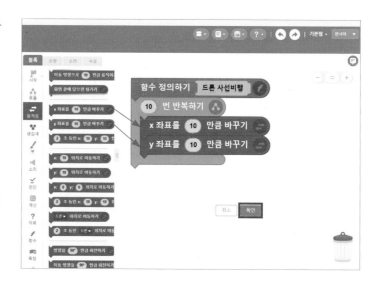

06 [함수(⚡)] 카테고리를 보면,

[드론 사선비행 ⚡] 블록이 새롭게 만들어진 것을

확인할 수 있습니다.

🎮 드론 **드론 오브젝트 코딩**

07 드론(⚡) 오브젝트를 선택한 후,

[시작(▶)] 카테고리의 [⌨ q ▾ 키를 눌렀을 때]

블록을 [⌨ 스페이스 ▾ 키를 눌렀을 때] 처럼 변경한

후 블록 조립소로 가져옵니다. 그리고,

[함수(⚡)] 카테고리의 [드론 사선비행 ⚡] 블록을

연결합니다.

─────────────── **why**

> 드론 오브젝트를 조정하기 위해 키보드의 스페이스 키
> 를 눌렀을 때 '드론 사선비행'이라는 이름으로 이미 정
> 의해둔 명령들을 실행하게 됩니다.

08 03, 04, 05를 참고하여 '드론 하강비행' 함수를 만듭니다. 함수를 추가하여 'y좌표를 −10 만큼 바꾸기'를 '10번 반복하기' 하도록 함수를 정의한 후 [확인]을 누릅니다.

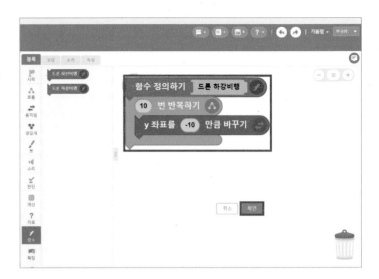

09 [시작(🏁)] 카테고리에서  블록을  처럼 변경한 후 블록 조립소로 가져옵니다. 그리고, [함수(🖋)] 카테고리에서 드론 하강비행 블록을 가져와 다음과 같이 연결합니다.

10 [시작하기(▶)] 버튼을 클릭하여, 키보드 키로 조종할 때 지정된 함수의 명령대로 드론이 이동하는지 확인합니다.

4 : 복제, 연산자

개념 1 　복제

복제본은 원본과는 별도로 새로운 명령을 실행할 수 있습니다.

복제를 하면, 오브젝트 원본의 모양이 그대로 새롭게 부여되어 화면에 똑같은 것이 또 하나 나타납니다. 그러나 이 복제본은 모양은 같지만, 자신만의 별개 명령 코드를 실행할 수 있습니다. 원본은 원본대로 이동하거나 다른 기능을 실행하고, 복제가 실행된 상태에서 복제본은 원본과 다른 움직임이나 형태 바꾸기 등을 할 수 있습니다.

미션 　야구공 복제하기

예제 파일 PART05₩예제09.ent

야구공이 계속 타자에게 날아갈 수 있도록 해 봅시다.

실행화면

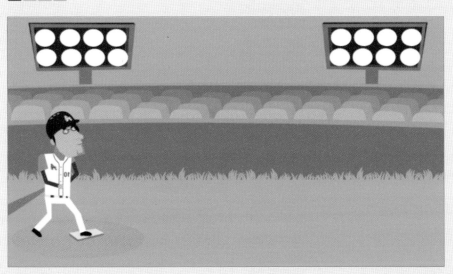

해결하기 복제하기 블록을 사용해서, 복제된 공 스프라이트가 프로그램 된 명령대로 타자에게 날아가게 합니다.

01 엔트리가 실행되면 [파일]–[오프라인 작품
불러오기]를 선택합니다.

02 [열기] 대화 상자가 나타나면 'PART 05' 폴
더에서 '예제09.ent' 파일을 선택하고 [열기]를 클
릭합니다.

공 오브젝트 코딩

03 공(　) 오브젝트를 선택한 후 [시작(　)]
카테고리의 ▶ 시작하기 버튼을 클릭했을 때 블록을
블록 조립소로 가져옵니다. 그리고, [생김새(　)]
카테고리의 모양 숨기기 블록을 가져와 연결합
니다.

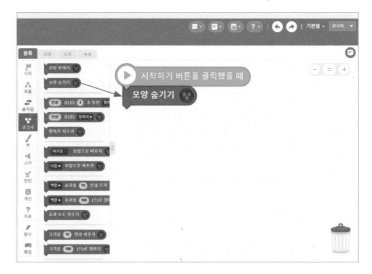

04 [시작(　)] 카테고리의
q▼ 키를 눌렀을 때 블록을
스페이스▼ 키를 눌렀을 때 처럼 변경한 후
블록 조립소로 가져오고, [흐름(　)] 카테고리
의 자신▼ 의 복제본 만들기 블록을 연결합니다.

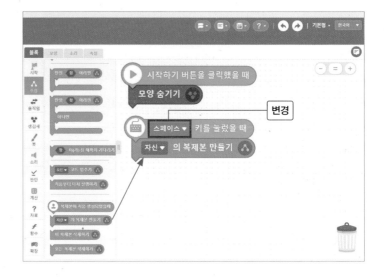

05 [흐름(　)] 카테고리의

　복제본이 처음 생성되었을때　 블록을 블록 조립소로 가져옵니다.

06 [생김새(　)] 카테고리의

　모양 보이기　 블록을 다음과 같이

　복제본이 처음 생성되었을때　 블록 아래에

연결합니다.

─────────────────────────── tip

공 오브젝트 원본은 모양을 숨기기한 채 원래 위치에 그대로 있고, 새롭게 복제된 공이 보이게 됩니다. 따라서 복제된 공이 위치를 바꾸어 사라져도, 키보드의 스페이스 키를 누를 때마다 원래 위치에서 공이 새롭게 나타나게 됩니다.

07 [움직임(　)] 카테고리의

　2 초 동안 x: 10 y: 10 위치로 이동하기　 블록을 연결하고, 2초 동안 x좌표 −140, y좌표 0으로 이동하도록 합니다. 그리고,

　2 초 동안 x: 10 y: 10 위치로 이동하기　 블록을 한 번 더 연결하고, 2초 동안 x좌표 240, y좌표 130으로 이동하도록 합니다.

─────────────────────────── why

공이 타자를 향해 날아갔다가, 야구방망이에 맞고 하늘로 날아가는 것을 나타냅니다.

08 [흐름(🔼)] 카테고리의 이 복제본 삭제하기 🔼 블록을 연결합니다.

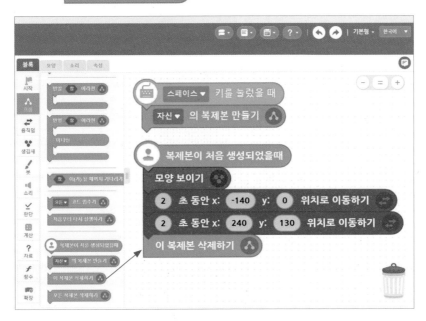

─── **why**

야구 방망이를 맞고 날아간 공이 하늘로 날아간 후 삭제되어 사라집니다.

 **타자 오브젝트 코딩**

09 타자(👤) 오브젝트를 선택합니다. [시작(🏁)] 카테고리의 시작하기 버튼을 클릭했을 때 블록을 블록 조립소로 가져옵니다. [흐름(🔼)] 카테고리의 계속 반복하기 🔼 블록과 만일 참 이라면 🔼 블록을 다음과 같이 연결하고, [판단(✓)] 카테고리의 마우스포인터 ▼ 에 닿았는가? 블록을 '공에 닿았는가'로 변경해 만일 참 이라면 🔼 블록의 참 안에 끼워 넣습니다.

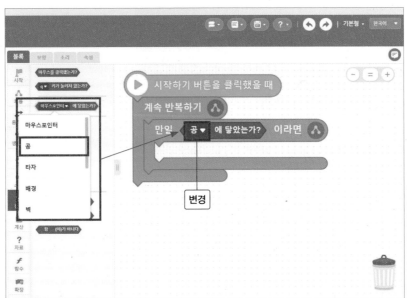

10 [생김새( )] 카테고리의 다음▼ 모양으로 바꾸기 블록을 가져와 연결하고, [흐름( )]의
2 초 기다리기 블록을 0.2 초로 입력하여 변경한 후 연결합니다.

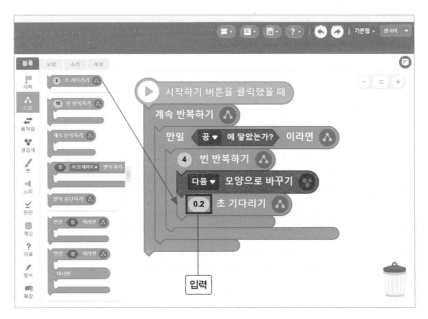

_____ why

공이 타자에 닿으면 타자가 방망이를 휘둘러 공을 치는 모습을 표현하기 위하여 '타자'의 모양을 바꿔줍니다. 0.2초 간격으로 모양
을 바꿉니다.

11 [시작하기(▶)] 버튼을 클릭하여, 키보드의 스페이스 키를 누를 때마다 공이 새롭게 복제되어
타자에게 날아가는지 확인합니다. 또한 타자에 닿으면 하늘로 날아가 사라지는지도 확인합니다.

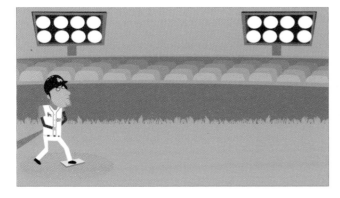 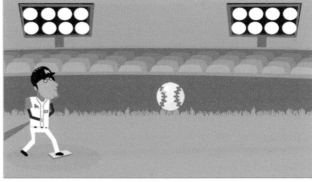

개념 2 연산자

컴퓨터 연산 기능을 사용하여 똑똑하고 편리한 도구들을 만들 수 있습니다.

산술 연산은 사칙 연산을 비롯한 복잡한 계산을 가능하게 하며, 관계 연산과 함께 주로 사용됩니다. 관계 연산은 크기 비교를 하고, 논리연산은 논리적인 참/거짓을 판단합니다.

미션 거리를 말하는 요술지도

예제 파일 PART05₩예제10.ent

탑까지 가는 동안 요술지도가 거리를 계속 말하게 해 봅시다.

실 행 화 면

해 결 하 기 탑까지의 거리를 계산하여 말할 수 있도록 합니다. 소수점 이하까지 길게 나타내는 거리를 간단히 볼 수 있도록 연산자 블록 중 '나누기의 몫'으로 바꾸어 표시해 봅니다.

01 엔트리가 실행되면 [파일]-[오프라인 작품 불러오기]를 선택합니다.

02 [열기] 대화 상자가 나타나면 'PART 05' 폴더에서 '예제10.ent' 파일을 선택하고 [열기]를 클릭합니다.

여행자 오브젝트 코딩

03 여행자( ) 오브젝트를 선택한 후 [시작( )] 카테고리에서 ▶ 시작하기 버튼을 클릭했을 때 블록을 드래그 하여 블록 조립소로 가져오고, [흐름( )] 카테고리의 계속 반복하기 블록을 연결합니다.

04 [움직임( )] 카테고리에서 이동 방향으로 10 만큼 움직이기 블록을 연결하고, 숫자 값을 0.2 로 입력하여 변경합니다.

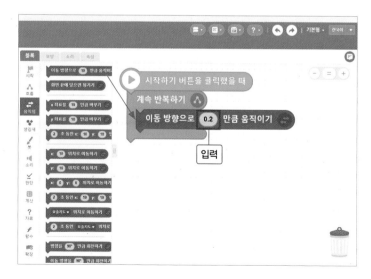

05 요술지도(　) 오브젝트를 선택합니다. [시작(　)] 카테고리의 ▶ 시작하기 버튼을 클릭했을 때 블록을 드래그 하여 블록 조립소로 가져옵니다.

[흐름(　)] 카테고리의 계속 반복하기 블록을 연결합니다.

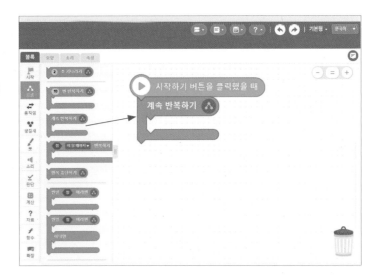

06 [움직임(　)] 카테고리에서 요술지도▼ 위치로 이동하기 를 '여행자'로 변경한 후 연결합니다.

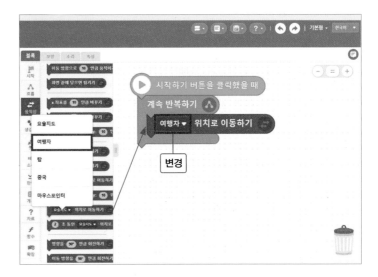

07 [시작(　)] 카테고리의 ▶ 시작하기 버튼을 클릭했을 때 블록을 가져옵니다. [흐름(　)] 카테고리의 참 이 될 때까지▼ 반복하기 블록을 연결하고, [판단(　)] 카테고리의 마우스포인터▼ 에 닿았는가? 블록을 '탑에 닿았는가'로 변경한 뒤 참 이 될 때까지▼ 반복하기 블록의 참 안에 끼워 넣습니다.

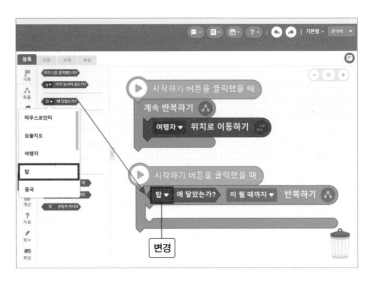

08 [자료(?)] 카테고리의

거리 ▼ 를 10 로 정하기 ? 블록을 연결합니다.

──────────────── **why**

> 변수 '거리'인 탑까지의 거리를 간단하게 나타낼 수 있
> 도록 연산한 값으로 정할 것입니다.

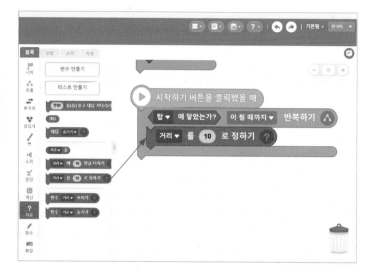

09 [계산(🖩)] 카테고리의

10 / 10 의 몫 ▼ 블록, 탑 ▼ 까지의 거리 블록

을 가져와 거리 ▼ 를 10 로 정하기 ? 블록 안에

결합하여

거리 ▼ 를 (탑 ▼ 까지의 거리 / 10 의 몫 ▼) 로 정하기 ?

처럼 되도록 합니다.

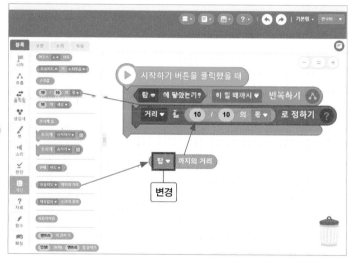

10 [생김새(🙂)] 카테고리의

안녕! 을(를) 말하기 ▼ 🔅 블록을 연결합니다.

그리고, [계산(🖩)] 카테고리의

안녕! 과(와) 엔트리 를 합치기 블록을

안녕! 을(를) 말하기 ▼ 🔅 블록 안에 끼워 넣습니

다.

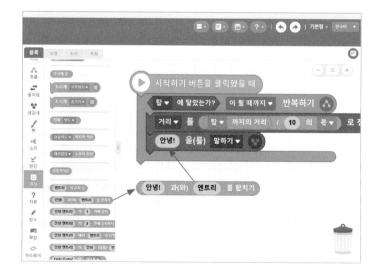

11 [자료()] 카테고리의

거리▼ 값 블록을

안녕! 과(와) 엔트리 를 합치기 을(를) 말하기▼ 의

안녕! 안에 끼워 넣고, 뒤의 엔트리 에는
"미터 남았습니다."라고 입력해 넣습니다.

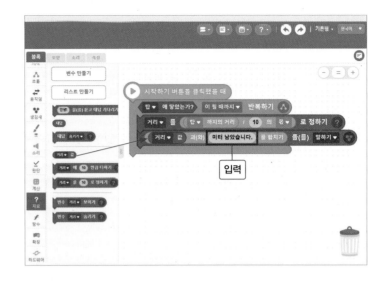

12 [생김새()] 카테고리의

안녕! 을(를) 4 초 동안 말하기▼ 블록을 연결하

고, 안녕! 을 도착했습니다. 로, 4 초를
1 초로 입력하여 변경합니다. 그리고,
[흐름()] 카테고리의 모든▼ 코드 멈추기

블록을 가져와 다음과 같이 연결합니다.

13 [시작하기(▶)] 버튼을 클릭하여, 여행자는 탑에 닿을 때까지 이동 방향으로 계속 움직이고 요술지도는 탑까지의 거리를 계속 말하다가 탑에 닿으면 "도착했습니다."라고 말하는지 확인합니다.

비록 아무도
과거로 돌아가
새 출발을 할 순 없지만,
누구나
지금 시작해
새로운 엔딩을
만들 수 있다.

칼 바드

PART 6

최신 기출 유형
따라하기

SW코딩자격(2급)
- Software Coding and Computing Test -

SW	시험 시간	급수	응시일	수험 번호	성명
엔트리 2.0 이상	45분	2	년 월 일		

시험자 유의 사항

- 수험자는 감독관의 안내에 따라 문제지와 시험용 SW 등의 이상 여부를 확인해야 합니다.
- 문제지는 시험이 끝난 후 답안지와 함께 제출해야 하며, 미제출 시 실격 처리 됩니다.
- 제한된 시간 내에 시험을 완료하여야 합니다.
- 시험 시작 후에는 화장실 출입이 불가하며, 시험 시간 중에는 퇴실할 수 없습니다.
- 시험 시간 중 고사실 내에서 휴대 전화기, 디지털카메라, MP3 등 전자 기기를 소지한 경우, 해당자의 시험을 무효로 처리하오니 절대 휴대하지 않도록 합니다.
- 부정 응시 및 문제 유출에 해당하는 행위 즉, 답안을 타인에게 전달 및 외부로 반출하는 경우, 자격기본법 제 32조에 의거 부정행위로 간주되어 해당자의 시험을 무효처리하며 민/형사상의 책임을 물을 수 있습니다.

답안 작성 요령

- 답안 작성 절차
  - 바탕화면(Desktop) / SW2-시험 / 수험번호-성명 / 파일에 답안을 작성 또는 작업 후 저장
- 시험을 완료한 수험자는 감독관의 안내에 따라 ①시험지를 제출하고 ②답안 파일을 저장한 후 퇴실합니다.

한 국 생 산 성 본 부

문제 01 혜성이가 미로를 빠져나가려고 한다. 〈보기〉를 참고하여 〈문제〉의 빈 칸을 완성하시오. (10점)

보기

〈디지털 정보의 표현〉

디지털 정보의 표현은 0과 1로 나타낼 수 있는데 열림은 1로, 닫힘은 0으로 표시하도록 한다.

▬ ----- ▬	열림	1
▬▬▬▬	닫힘	0

〈미로 찾기〉

미로는 입구에서 출발하여 출구로 빠져나온다. 열림문은 열려있는 문이고, 닫힘문은 열고나올 수 있다. 미로를 찾아가는데 열림문은 1로, 닫힘문은 0으로 표시되어 있다.

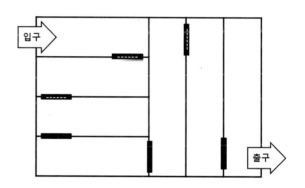

문제

※ 답안 작성 요령 : 〈보기〉를 참고하여, 빈칸 ①과 ②를 채워 넣으시오.

미로를 탈출하기 위해 지나는 열림문과 닫힘문을 디지털 표현으로 순서대로 나타내면 (①)이다.
미로가 모두 열림문으로만 되어 있었다고 가정했을 때 이를 디지털 표현으로 나타내면 (②)이다.

정답	① ( )	② ( )

02 채원이가 낱말 카드로 끝말잇기 게임을 하려고 한다. 〈보기〉를 참고하여 〈문제〉의 빈 칸을 완성하시오. (10점)

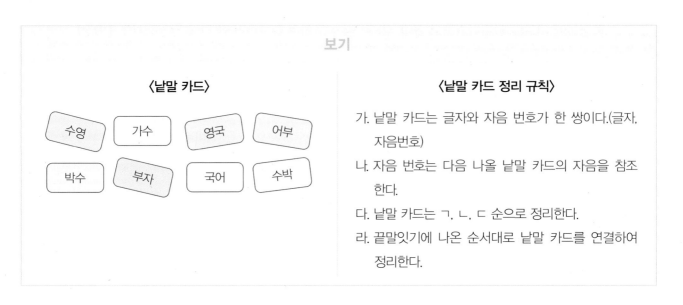

보기

〈낱말 카드〉

수영	가수	영국	어부
박수	부자	국어	수박

〈낱말 카드 정리 규칙〉

가. 낱말 카드는 글자와 자음 번호가 한 쌍이다.(글자, 자음번호)

나. 자음 번호는 다음 나올 낱말 카드의 자음을 참조한다.

다. 낱말 카드는 ㄱ, ㄴ, ㄷ 순으로 정리한다.

라. 끝말잇기에 나온 순서대로 낱말 카드를 연결하여 정리한다.

문제

※ 답안 작성 요령 : 〈보기〉를 참고하여, 빈칸 ①과 ②를 채워 넣으시오.

〈끝말잇기 순서〉

가수 → 수박 → 박수 → 수영 → 영국 → 국어 → 어부 → 부자

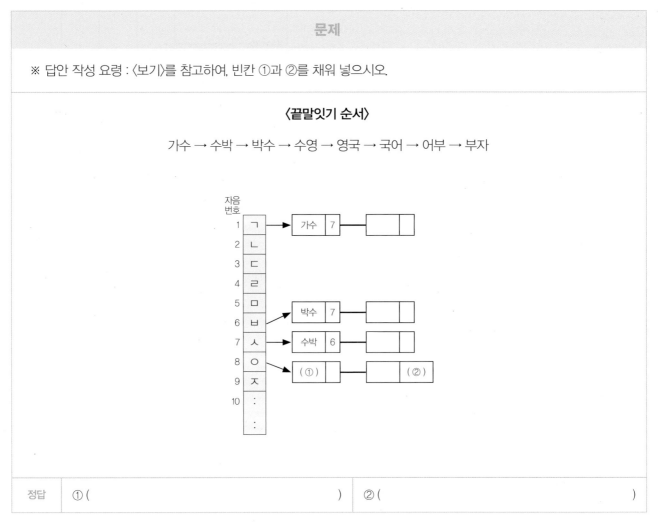

정답	① ( )	② ( )

03 윤재가 토스트기에 빵을 구우려고 한다. 아래 〈보기〉를 참고하여 〈문제〉의 빈 칸을 완성하시오. (10점)

보기

〈토스트기에 빵 굽기〉

(가) 빵, 토스트기

(나) 토스트기에 빵이 구워졌는가?

(다) 토스트기에 전원을 연결한다.

(라) 잼을 바른다.

(마) 잼을 바를 것인가?

(바) 토스트기에 타이머를 설정한다.

문제

※ 답안 작성 요령 : 〈보기〉를 참고하되, 〈토스트기에 빵 굽기〉에서 적절한 내용을 골라 (가)~(바)의 기호로 빈칸 ①~⑤ 를 채워 넣으시오.

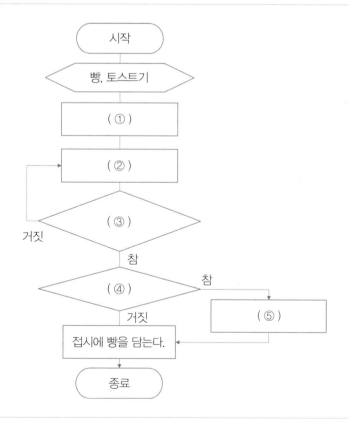

정답	답안 파일에 ①~⑤까지 작성해 넣으시오.

프로그래밍 작업 가이드

– 문제 파일 위치 : PART06₩기출유형따라하기 1회

– [수험번호–성명] 폴더를 마우스 오른쪽 버튼으로 클릭한 후, [이름 바꾸기]를 클릭

　→ 본인의 [수험번호–성명]으로 수정하시오.(예: 10041004–홍길동)

– 본인의 [수험번호–성명]으로 수정된 폴더 안의 파일을 문항 별로 더블클릭하여 프로그램을 실행합니다.

– 문항 별 조건에 따라 작업을 완료하였으면, 파일〉저장하기 버튼을 클릭하여 저장합니다.

04 우주인이 로켓을 타고 달을 탐사하러 가도록, 아래 〈조건〉에 맞게 코딩하시오. (10점)

조건
– 엔트리 프로그램 화면 [블록 꾸러미]에서 필요한 블록을 가져다 사용한다. – 시작하기 버튼(▶)을 클릭하면 우주인, 달표면, 우주정거장은 화면에 보이지 않고, 로켓, 달, 우주는 화면에 보이도록 한다. – 우주인은 x좌표 –130, y좌표 –15 위치로 로켓은 x좌표 –150, y좌표 –60 위치로 정한다. – 스페이스 키를 누르면 로켓이 달에 닿을 때까지 5만큼씩 움직이기를 반복한다. – 로켓이 달에 닿으면 로켓이 화면에 보이지않도록 하고, '달 표면으로' 신호를 보낸다. – '달 표면으로' 신호를 받으면 달과 우주는 화면에 보이지 않도록 하고, 달 표면은 화면에 보이도록 한다. – '달 표면으로' 신호를 받으면 우주인은 x좌표 –130, y좌표 –15 위치에서 화면에 보이고, 1초마다 다음 모양으로 바꾸기를 5번 반복한 후 '우주정거장으로' 신호를 보낸다. – '우주정거장으로' 신호를 받으면 달 표면은 화면에 보이지 않도록 하고, 우주정거장은 화면에 보이도록 한다. – '우주정거장으로' 신호를 받으면 우주인은 x좌표 60, y좌표 10 위치에서 "이제는 지구로 돌아가자!"라고 4초 동안 말한다.

05 컨베이어 벨트에서 컵케이크를 가져다 먹도록, 아래 〈조건〉에 맞게 코딩하시오. (10점)

조건
– 엔트리 프로그램 화면 [블록 꾸러미]에서 필요한 블록을 가져다 사용한다. – 시작하기 버튼(▶)을 클릭하면 '컵케이크' 변수를 0으로 정하고, 컨베이어 벨트2의 위치를 x좌표 480으로 정한다. – 컵케이크는 x좌표를 −2만큼씩 바꾸면서 계속 움직인다. – 컵케이크는 자신의 좌표값이 −240보다 작거나 같을 때마다 x좌표 300 위치로 이동하고 화면에 보이도록 한다. – 컵케이크를 클릭하면 '컵케이크'에 1씩 더하고 화면에 보이지 않도록 한다. – 컨베이어 벨트1과 컨베이어 벨트2는 x좌표를 −2만큼씩 바꾸면서 계속 움직인다. – 컨베이어 벨트1과 컨베이어 벨트2는 자신의 좌표값이 −480보다 작거나 같을 때마다 x좌표 480의 위치로 이동한다.

06 밤하늘의 큰별이 나타나도록, 아래 〈조건〉에 맞게 코딩하시오. (10점)

조건
– 엔트리 프로그램 화면 [블록 꾸러미]에서 필요한 블록을 가져다 사용한다. – 시작하기 버튼(▶)을 클릭하면 큰별이 화면에 보이지 않도록 한다. – 큰별은 자신의 복제본을 만들고 2초 기다리기를 10번 반복한 후 모든 복제본을 삭제한다. – 복제본이 처음 생성되었을 때 1초 후 x좌표 −200부터 200사이의 무작위 위치, y좌표 −120부터 120사이의 무작위 위치에 나타나도록 하고, 색깔 효과를 1부터 100사이의 무작위 수만큼 준 다음 화면에 도장을 찍는다.

07 파란버스가 버스정류장에 도착하여 어린이를 탑승하도록, 아래 〈조건〉에 맞게 코딩하시오. (10점)

조건
– 엔트리 프로그램 화면 [블록 꾸러미]에서 필요한 블록을 가져다 사용한다.
– 시작하기 버튼(▶)을 클릭하면 파란버스의 위치를 x좌표 240, y좌표 0으로 정한다.
– 파란버스가 버스정류장에 닿을 때까지 x좌표를 –3만큼씩 계속 움직인다.
– 파란버스가 버스정류장에 닿으면 '꼬마손님, 나이가 어떻게 되나요?'라고 묻고 대답을 기다린다.
– 대답이 6보다 작거나 같으면 '무료입니다.'라고 4초 동안 말한다.
– 대답이 6보다 크면 '450원입니다.'라고 4초 동안 말한다.

08 우유급식 칠판에 우유를 먹은 사람의 이름이 작성되도록, 아래 〈조건〉에 맞게 코딩하시오. (10점)

조건
– 엔트리 프로그램 화면 [블록 꾸러미]에서 필요한 블록을 가져다 사용한다.
– 시작하기 버튼(▶)을 누르면 대답과 '우유먹은사람이름' 변수를 화면에 보이지 않도록 한다.
– '우유신청자' 리스트 1번째에 강현우, 2번째에 배지환, 3번째에 이승재, 4번째에 정승운, 5번째에 한재준을 넣는다.
– 우유버튼을 클릭하면 '우유먹을건가요? 리스트를 보고 몇 번인지 적으세요.'라고 묻고 대답을 기다린다.
– 대답을 입력하면 '우유먹은사람이름' 변수를 대답한 우유 신청자의 이름으로 정한다.
– '우유먹은사람' 신호를 보내어 우유급식 칠판의 '우유 먹은 사람 :'에 이어 우유를 먹은 사람의 이름을 적도록 한다.
– '우유먹은사람이름' 변수로 정한 우유 신청자의 이름을 '우유 신청자' 리스트에서 삭제한다.

문제 09 서영이네 가게에 전광판을 설치하려고 한다. 아래 〈보기〉를 보고 질문에 답하시오. (10점)

보기

〈센서의 종류〉

(가) 온도 센서

(나) 빛 센서

(다) 소리 센서

(라) 적외선 센서

〈부품의 종류〉

(a) 부저

(b) 스위치

(c) LED

(d) DC모터

전광판을 가게 문 앞에 설치하여, 손님이 가게 안으로 들어올 때 자동으로 전광판에 인사말이 나타나게 하려고 한다.

문제

※ 답안 작성 요령 : 〈보기〉를 참고하여, 빈칸 ①과 ②를 채워 넣으시오. ①은 (가)~(라)의 기호로, ②는 (a)~(d)의 기호로 적으시오.

– 손님이 가게로 들어오는 것을 〈센서의 종류〉 중 (①)로 감지하여 전광판에 글자를 나타내고, 음성으로 "안녕하세요."라고 인사한다.

– 전광판에 글자를 나타내기 위해 필요한 부품은 〈부품의 종류〉 중 (②)이다.

정답	① ( )	② ( )

10 석환이가 학원 알람 멜로디를 만들려고 한다. 아래 〈보기〉를 보고 질문에 답하시오. (10점)

<table>
<tr><td colspan="2" align="center">보기</td></tr>
</table>

석환이는 학원가는 시간을 잊지 않기 위해 알람을 맞추어두었다. 알람 시간이 되면 나만의 멜로디가 흘러 나오도록 디지털 핀에 연결된 부저로 주파수를 보내기 위한 명령어 tone(사용할 핀 번호, 주파수, 음길이)을 정하였다.

〈음계표〉

주파수(Hz)	음계
262	도
294	레
330	미
349	파
392	솔
440	라
494	시

문제

※ 답안 작성 요령 : 〈보기〉를 참고하여, 빈칸 ①과 ②를 채워 넣으시오.

부저는 디지털 11번 핀에 연결하고, 음길이는 200으로 정하였다. 음계 '미'를 나타내기 위한 명령어를 적으시오.

tone(11, (①), (②))

정답　①(　　　　　　　　　)　②(　　　　　　　　　)

01

★ 학습 개념 디지털 표현
★ 성취 기준 1.1.3 다양한 유형의 정보를 디지털로 표현할 수 있다.

핵심 정리

디지털 정보를 처리하기 위해 우리가 사용하는 다양한 형태의 정보를 컴퓨터 내부에서 0과 1로 표현하는 이진수로 표현합니다. 컴퓨터는 전기의 흐름으로 작동합니다. 즉, 전기가 들어오거나(1), 들어오지 않거나(0) 두 가지 상태로 작동하는데, 2진법은 전기적 상태를 명확하게 구별하여 정보를 저장하고 전송하므로 오류가 적은 장점이 있습니다. 이러한 이유로 컴퓨터에서 0과 1을 표현하는 2진법을 사용하게 되었습니다.

풀이

정답 ① 110010, ② 111111
해설 디지털 정보는 이진수는 0과 1로 표현할 수 있습니다. 미로 찾기의 그림을 참조하며, 입구에서 출구로 가기 위한 길을 살펴보고 통과해야 하는 문이 열림문인지 닫힘문인지를 확인합니다. 열림문은 1로, 닫힘문은 0으로 표현해보면 입구에서 출구까지 110010임을 확인할 수 있습니다. 만약 미로가 모두 열림문인 경우 열림문 1로만 표현하면 되므로 문 6개를 모두 1로 표현하여 111111이 됩니다.

02

★ 학습 개념 정보의 구조화
★ 성취 기준 1.2.3 선형 구조, 비선형 구조의 개념을 이해하고 구조화할 수 있다.

핵심 정리

정보의 내용 요소들을 특성에 맞게 체계적으로 정리하는 것을 정보의 구조화라고 합니다. 일상생활에서 복잡한 내용을 효율적으로 처리하기 위해 정보의 구조화 과정이 필요합니다.
선형 구조는 관련 자료가 일정한 순서에 따라 한 줄로 연결되어 있는 구조이며, 비선형 구조는 일정한 순서 없이 자료들이 연결되어 있는 구조입니다.

풀이

정답 ① 영국, ② 6
해설 낱말의 정리 규칙에 따라 끝말잇기 순서로 단어를 연결해봅니다. 글자와 자음번호는 한 쌍이므로, (가수, 7) → (수박, 6) → (박수, 7) → (수영, 8) → (① 영국, 1) → (국어, 8) → (어부, ② 6) → (부자, 9)로 완성되는 것을 확인할 수 있습니다.

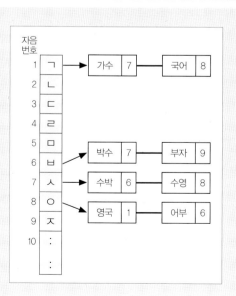

03

★ 학습 개념 알고리즘
★ 성취 기준 2.1.2 알고리즘을 설계할 수 있다.

**핵심
정리**

순서도는 해결하고자 하는 문제의 논리적인 흐름을 약속된 기호로 도식화 한 것입니다. 순서도에서 사용하는 기호는 시작과 종료, 준비, 판단, 처리, 입출력, 흐름선, 반복 등의 의미에 따라 각기 다른 도형으로 나타내고 있습니다. 이 순서도를 활용하면 프로그래밍 전에 프로그램의 전체적인 흐름을 파악하고 각각의 코드를 설계하는 데 도움이 됩니다.

풀이

정답 ① (다), ② (바), ③ (나), ④ (마), ⑤ (라)

해설 조건 선택에 대한 알고리즘 순서도입니다. 조건의 판단(참/거짓)에 따라서 실행하는 처리가 달라지는 것을 확인하실 수 있습니다.

토스트기에 빵을 굽는 상황을 생각해보면 됩니다. 빵과 토스트기를 준비하고, ① 토스트기에 전원을 연결합니다. ② 토스트기에 타이머를 설정합니다. ③ 빵이 다 구워졌는지를 확인하고 좀 더 굽기를 원하면 다시 타이머를 설정합니다. 빵이 모두 구워졌으면 ④ 잼을 바를지 선택합니다. 잼을 바르기를 원하면 ⑤ 잼을 바르고, 그렇지 않다면 바로 접시에 구워진 빵을 담습니다.

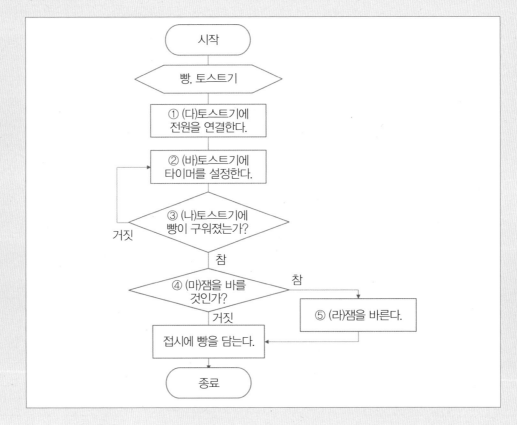

04

★ 학습 개념 수차, 조건반복, 횟수반복, 조건, 신호
★ 성취 기준 3.3.7 신호와 복제의 차이를 알고 프로그램을 작성할 수 있다.

동영상 강의

핵심
블록
설명

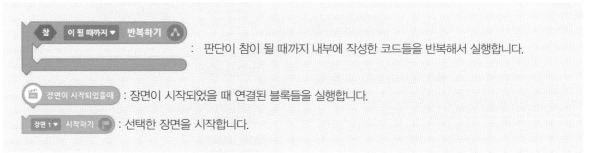

풀이 따라하기

01 엔트리가 실행되면 [파일]−[오프라인 작품 불러오기]를 선택합니다.

02 [열기] 대화 상자가 나타나면 'PART06₩기출유형따라하기 1회' 폴더에서 '4..ent' 파일을 선택하고 [열기]를 클릭합니다.

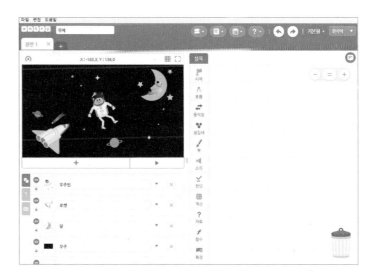

우주인, 달 표면, 우주정거장 오브젝트 코딩

03 우주인( ) 오브젝트를 선택한 후 [시작( )] 카테고리의 〈시작하기 버튼을 클릭했을 때〉 블록에 [생김새( )] 카테고리의 〈모양 숨기기〉 블록을 연결하여 화면에 보이지 않도록 합니다. 달 표면( ) 오브젝트와 우주정거장( ) 오브젝트도 같은 방법으로 화면에 보이지 않도록 코드를 작성합니다.

로켓, 달, 우주 오브젝트 코딩

04 로켓( ) 오브젝트를 선택한 후 [시작
( )] 카테고리의 ▶ 시작하기 버튼을 클릭했을 때
블록에 [생김새( )] 카테고리의 모양 보이기
블록을 연결하여 화면에 보이도록 합니다. 달
( ) 오브젝트와 우주( ) 오브젝트도 같은 방
법으로 화면에 보이도록 코드를 작성합니다.

[로켓] **로켓 오브젝트 코딩**

05 다시 로켓( ) 오브젝트를 선택한 후 로
켓( )의 처음 위치를 지정하도록 [움직임( )]
카테고리의 x: 0 y: 0 위치로 이동하기 블록
을 연결하고 x좌표 0 을 -150 으로, y좌표 0 을
-60 으로 입력하여 변경합니다.

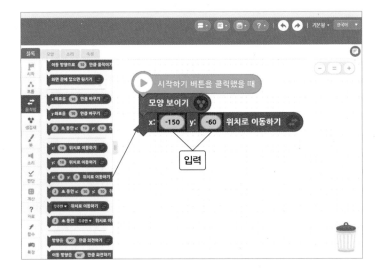

06 [시작( )] 카테고리의
q ▼ 키를 눌렀을 때 블록을
스페이스 ▼ 키를 눌렀을 때 블록으로 변경하여
가져옵니다. 그리고 로켓( )이 달( )에 닿을
때까지 반복하도록 [흐름( )] 카테고리의
참 이 될 때까지 ▼ 반복하기
블록에 [판단
( )] 카테고리의 마우스포인터 ▼ 에 닿았는가? 블록
을 달 ▼ 에 닿았는가? 블록으로 변경하여 끼워 넣습
니다.

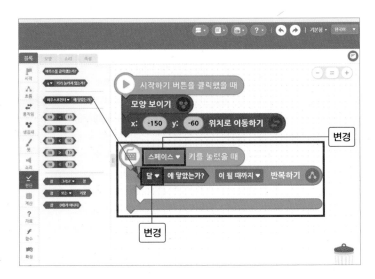

07 로켓()이 달(🌙)에 닿을 때까지 움직이도록 [움직임(🔀)] 카테고리의 `이동 방향으로 10 만큼 움직이기 🔀` 블록을 연결하고 `10` 을 `5` 로 입력하여 변경합니다.

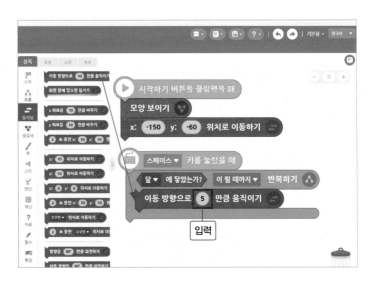

08 로켓(🚀)이 달(🌙)에 닿으면 화면에 보이지 않도록 [생김새(🎨)] 카테고리의 `모양 숨기기 ⚙` 블록을 연결하고, '달 표면으로' 신호를 보내도록 [시작(🏁)] 카테고리의 `달 표면으로 ▼ 신호 보내기 🏳` 블록을 연결합니다.

————————————— tip

신호는 [속성] 탭의 [신호]-[신호추가하기]를 클릭하고 신호명을 입력하여 만듭니다.

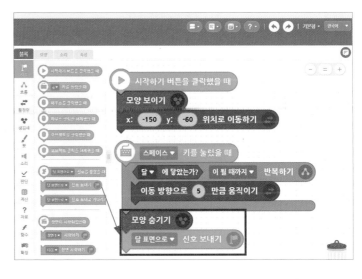

09 '달 표면으로' 신호를 받으면 달(🌙)과 우주(⬛)는 화면에 보이지 않도록 하기 위하여 각각의 오브젝트를 선택한 후 [시작(🏁)] 카테고리의 `📡 달 표면으로 ▼ 신호를 받았을 때` 블록에 [생김새(🎨)] 카테고리의 `모양 숨기기 ⚙` 블록을 연결하여 코드를 작성합니다.

달, 우주 오브젝트 코딩

10 우주인( ) 오브젝트를 선택한 후 '달 표면으로' 신호를 받았을 때 모양이 보이도록 [시작( )] 카테고리의 〔 달 표면으로▼ 신호를 받았을 때 〕 블록과 [생김새( )] 카테고리의 〔 모양 보이기 〕 블록을 가져와 연결하고, 지정된 위치로 이동하도록 [움직임( )] 카테고리의 〔 x: 0 y: 0 위치로 이동하기 〕 블록을 연결하고 x좌표를 -130 로, y좌표를 -15 로 입력하여 변경합니다.

11 우주인이 1초마다 모양을 바꾸기를 5번 반복하도록 [흐름( )] 카테고리의 〔 10 번 반복하기 〕 블록을 연결하고 10 을 5 로 입력하여 변경합니다. 그리고 〔 2 초 기다리기 〕 블록을 연결하고 2 를 1 로 입력하여 변경하고, [생김새( )] 카테고리의 〔 다음▼ 모양으로 바꾸기 〕 블록을 연결합니다.

12 우주인()이 1초마다 모양을 5번 바꾼 후 '우주정거장으로' 신호를 보내기 위해 [시작( )] 카테고리의 우주정거장으로 ▼ 신호 보내기 블록을 연결합니다.

13 '우주정거장으로' 신호를 받으면 우주인( )은 지정된 위치로 이동하기 위해 [시작( )] 카테고리의 우주정거장으로 ▼ 신호를 받았을 때 블록과 [움직임( )] 카테고리의 x: 0 y: 0 위치로 이동하기 블록을 연결하고 x좌표를 60 으로, y좌표를 10 으로 입력하여 변경합니다. 그리고 [생김새( )] 카테고리의 안녕! 을(를) 4 초 동안 말하기 ▼ 블록을 연결하고 안녕! 을 이제는 지구로 돌아가자! 로 변경하여 "이제는 지구로 돌아가자!"라고 4초 동안 말하도록 합니다.

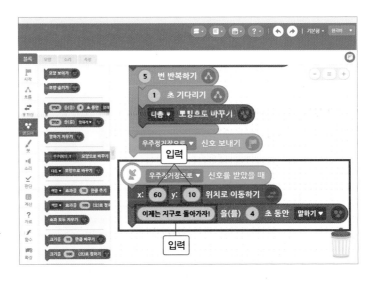

달 표면 **달 표면 오브젝트 코딩**

14 달 표면( ) 오브젝트는 '달 표면으로' 신호를 받았을 때 보였다가 '우주정거장으로' 신호를 받았을 때는 안 보여야 합니다. [시작( )] 카테고리의 달 표면으로 ▼ 신호를 받았을 때 블록과 [생김새( )] 카테고리의 모양 보이기 블록을 연결하고, 다시 [시작( )] 카테고리의 우주정거장으로 ▼ 신호를 받았을 때 블록과 [생김새( )] 카테고리의 모양 숨기기 블록을 연결합니다.

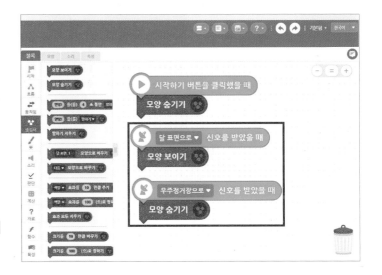

15 '우주정거장으로' 신호를 받으면 우주정거장(🚀)이 화면에 보이도록 우주정거장(🚀) 오브젝트를 선택한 후 [시작(🏁)] 카테고리의

🐰 우주정거장으로 ▼ 신호를 받았을 때 블록과 [생김새(🎨)] 카테고리의 모양 보이기 🎨 블록을 가져와 연결합니다.

16 [시작하기(▶)] 버튼을 클릭하여 스페이스키를 누르면 로켓(🚀)이 움직이고, 달(🌙)에 닿으면 달 표면으로 이동하여 우주인(👨‍🚀)이 1초마다 모양을 5번 바꾸고 우주정거장으로 이동하여 "이제는 지구로 돌아가자!"라고 말하는지를 확인합니다.

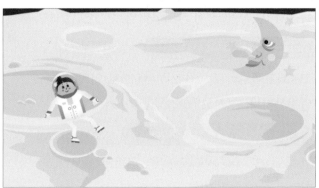

이제는 지구로 돌아가자!

05

동영상 강의

★학습 개념 순차, 반복, 조건, 관계연산, 좌표값, 묻고기다리기, 변수
★성취 기준 3.2.6 좌표를 이해하고 활용하여 프로그램을 작성할 수 있다.

핵심
블록
설명

> **x 좌표를 10 만큼 바꾸기** : 입력한 숫자 값만큼 실행 화면의 x축 좌표 위치를 바꿉니다.
>
> **10 ≤ 10** : 왼쪽 값이 오른쪽 값보다 작거나 같으면 '참'이 됩니다.
>
> **엔트리봇 ▼ 의 x좌푯값 ▼** : 선택한 오브젝트 또는 자신의 특정 정보값을 나타냅니다.
>
> **컵케이크 ▼ 를 0 로 정하기 ?** : 선택한 변수의 값을 입력한 값으로 정합니다.

풀이 따라하기

01 엔트리가 실행되면 [파일]-[오프라인 작품
불러오기]를 선택합니다.

02 [열기] 대화 상자가 나타나면
'PART06₩기출유형따라하기 1회' 폴더에서 '5..
ent' 파일을 선택하고 [열기]를 클릭합니다.

딸기 컵케이크 오브젝트 코딩

03 딸기 컵케이크(🧁) 오브젝트를
선택한 후 [시작(▶)] 카테고리의

 블록과 [흐름(♾)]

계속 반복하기 블록을 가져와 연결

합니다.

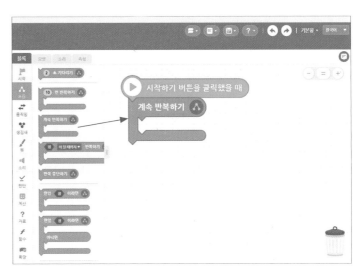

04 딸기 컵케이크(🧁)가 왼쪽으로 움직이기 위해 [움직임(🔃)] 카테고리의
x 좌표를 10 만큼 바꾸기 🔃 블록을 연결하고, 10을 -2로 입력하여 변경합니다.

05 [시작(🏳)] 카테고리의
▶ 시작하기 버튼을 클릭했을 때 블록을 한 개 더 가져오고, [흐름(⚙)] 카테고리의
계속 반복하기 ⚙
블록을 연결합니다.

06 딸기 컵케이크(🧁)가 화면의 x좌표 범위를 벗어나는지를 확인하기 위하여 [흐름(⚙)] 카테고리의
만일 참 이라면 ⚙ 블록에
[판단(✓)] 카테고리의 10 ≤ 10 블록을 끼워 넣고, 왼쪽 10에 [계산(🔢)] 카테고리의 엔트리봇 ▼ 의 x좌푯값 ▼ 블록을 끼워 넣고 자신 ▼ 의 x좌푯값 처럼 변경합니다. 그리고 나머지 오른쪽 10을 -240으로 입력하여 변경합니다.

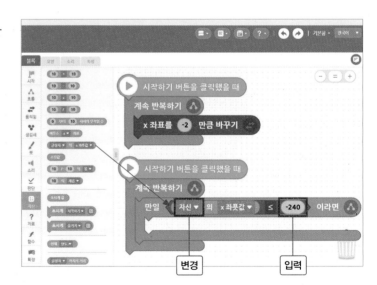

07 딸기 컵케이크(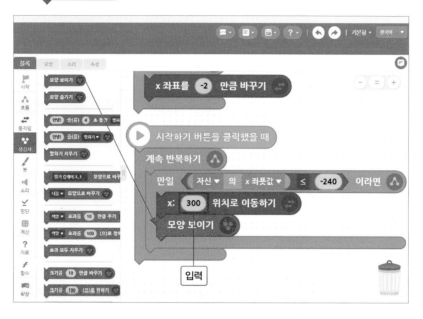)가 화면 끝으로 사라져 보이지 않으면 다시 컨베이어 벨트 위에 나타나기 위하여 [움직임(🏃)] 카테고리의 `x: 10 위치로 이동하기` 블록을 연결하고, `10`을 `300`으로 입력하여 변경합니다. 그리고 [생김새(🎨)] 기테고리의 `모양 보이기` 블록을 연결합니다.

─── **why**

사라지는 딸기 컵케이크(🧁)가 컨베이어벨트 위에 자연스럽게 나타나도록 x좌표를 300으로 설정한 것입니다.

08 딸기 컵케이크(🧁)를 가져가는 개수를 세기 위하여 '컵케이크' 변수를 초기화하도록 [시작(▶)] 카테고리의 `▶ 시작하기 버튼을 클릭했을 때` 블록에 [자료(?)] 카테고리의 `컵케이크 ▼ 를 10 로 정하기` 블록을 연결하고, `10`을 `0`으로 입력하여 변경합니다.

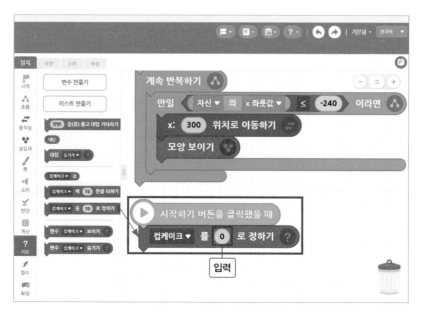

09 딸기 컵케이크(🧁)를 가져가기 위해 오브젝트를 클릭할 때마다 '컵케이크' 변수가 1씩 증가하도록 [시작(🏳)] 카테고리의 `오브젝트를 클릭했을 때` 블록에 [자료(?)] 카테고리의 `컵케이크▼ 에 10 만큼 더하기 ?` 블록을 연결하고, 10 을 1 로 입력하여 변경합니다. 그리고 오브젝트를 클릭하면 사라지도록 [생김새(🌣)] 카테고리의 `모양 숨기기` 블록을 연결합니다.

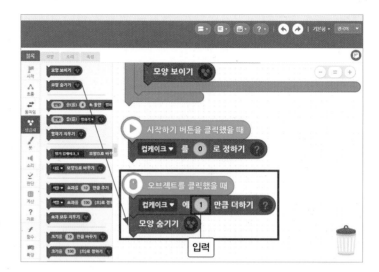

tip

변수는 [속성] 탭의 [변수]에서 [+변수 추가하기]를 클릭하여 만듭니다.

컨베이어 벨트1 오브젝트 코딩

10 컨베이어 벨트1(▪) 오브젝트를 선택한 후 [시작(🏳)] 카테고리의 `시작하기 버튼을 클릭했을 때` 블록에 [흐름(⋀)] 카테고리의 `계속 반복하기 ⋀` 블록을 연결합니다. 컨베이어 벨트1(▪)이 왼쪽으로 움직이기 위해 [움직임(🔁)] 카테고리의 `x좌표를 10 만큼 바꾸기` 블록을 연결하고, 10 을 -2 로 입력하여 변경합니다.

11 다시 [시작( )] 카테고리의 ▶ 시작하기 버튼을 클릭했을 때 블록에 [흐름( )] 카테고리의  블록을 연결합니다. 컨베이어 벨트1(■)이 화면의 x좌표 범위를 벗어나는지를 확인하기 위해 [흐름( )] 카테고리의 만일 참 이라면 블록에 [판단( )] 카테고리의 10 ≤ 10 블록을 끼워 넣고, 10 을 [계산( )] 카테고리의 자신▼ 의 x좌푯값▼ 과 -480 으로 각각 변경합니다. 그리고 컨베이어 벨트1(■)이 화면에서 벗어나면 다시 화면에 나타나도록 [움직임( )] 카테고리의 x: 10 위치로 이동하기 블록을 연결하고, 10 을 480 으로 입력하여 변경합니다.

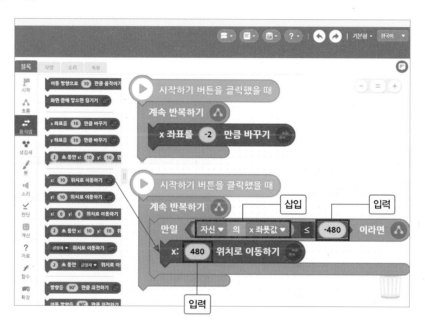

■ 컨베이어 벨트2 **컨베이어 벨트2 오브젝트 코딩**

12 컨베이어 벨트1(■)과 컨베이어 벨트2 (■)가 번갈아가며 화면에 나타나도록 컨베이어 벨트1(■)의 블록을 복사하여 컨베이어 벨트2 (■)에 붙여 넣습니다.

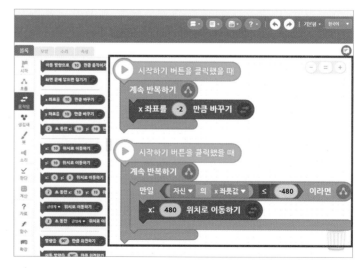

tip

컨베이어 벨트1(■)의 블록을 복사하기 위해서는 복사하고자하는 블록에 마우스 오른쪽 버튼을 클릭하고 [코드 복사]를 선택한 다음 컨베이어 벨트2(■)의 블록 조립소에서 마우스 오른쪽 버튼을 클릭하고 [붙여넣기]를 선택하면 됩니다.

[컨베이어 벨트1]
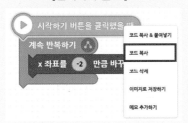

[컨베이어 벨트2]

13 컨베이어 벨트2(■)는 컨베이어 벨트1(■)에 이어 화면에 나타나야 하므로 시작 위치를 x좌표 480으로 정해줘야 합니다. 이미지를 참조하여, 해당 위치에 [움직임(🏃)] 카테고리의 `x: 10 위치로 이동하기` 블록을 연결하고, `10`을 `480`으로 입력하여 변경합니다.

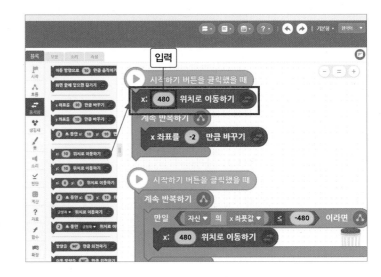

14 [시작하기(▶)] 버튼을 클릭하여 컨베이어 벨트(■)와 딸기 컵케이크(🧁)가 움직이고, 딸기 컵케이크(🧁)를 클릭하면 컵케이크가 보이지 않았다가 다시 나타나는지, '컵케이크' 변수가 1씩 증가하는지를 확인합니다.

06

★ 학습 개념 순차, 횟수 반복, 조건, 무자위 수, 색깔 효과, 도장 찍기, 복제본
★ 성취 기준 3.2.7 신호와 복제의 차이를 알고 프로그램을 작성할 수 있다.

동영상 강의

핵심
블록
설명

> 자신 ▾ 의 복제본 만들기 ∧ : 자신 또는 지정한 다른 오브젝트의 복제본을 만듭니다.

> 복제본이 처음 생성되었을때 : 복제본이 생성되었을 때, 이 블록에 연결된 블록들을 실행합니다.

> 0 부터 10 사이의 무작위 수 : 입력된 두 수의 사이에서 무작위로 고른 수입니다.

> 색깔 ▾ 효과를 10 만큼 주기 ✦ : 선택한 그래픽 효과를 입력한 수치만큼 줍니다.

> 도장찍기 ✏ : 오브젝트 자신의 모양과 똑같은 그림을 실행화면 위에 찍을 수 있습니다.

풀이 따라하기

01 엔트리가 실행되면 [파일]−[오프라인 작품
불러오기]를 선택합니다.

02 [열기] 대화 상자가 나타나면
'PART06₩기출유형따라하기 1회' 폴더에서 '6..
ent' 파일을 선택하고 [열기]를 클릭합니다.

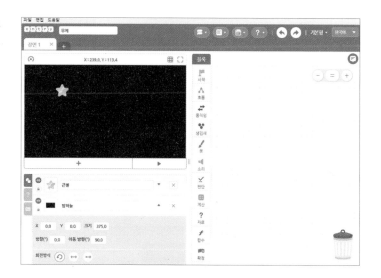

큰별 오브젝트 코딩

03 큰별(⭐) 오브젝트를 선택한 후 [시작
(🚩 시작)] 카테고리의 ▶ 시작하기 버튼을 클릭했을 때
블록에 큰별(⭐)의 원본 오브젝트가 보이지 않
도록 [생김새(👕)] 카테고리의 모양 숨기기 ✦
블록을 연결합니다.

04 큰별()의 복제본이 2초마다 한 개씩 만들어져서 10개가 만들어지도록 [흐름(⚡)] 카테고리의 `10 번 반복하기` 블록을 연결하고, 다시 [흐름(⚡)] 카테고리의 `자신 ▼ 의 복제본 만들기` 블록과 `2 초 기다리기` 블록을 연결합니다. 그리고 [흐름(⚡)] 카테고리의 `모든 복제본 삭제하기` 블록을 연결합니다.

why

복제본을 생성한 후 마지막에 복제본을 삭제하는 이유는 메모리 상에 존재하는 복제본을 삭제하기 위함입니다.

05 큰별()의 복제본이 생성되면 1초 기다렸다가 무작위수의 위치에서 큰별()이 나타나도록 [흐름(⚡)] 카테고리의 `복제본이 처음 생성되었을때` 블록과 `2 초 기다리기` 블록을 연결하고, `2`를 `1`로 입력하여 변경합니다.

이후 [움직임(🔄)] 카테고리의 `x: 0 y: 0 위치로 이동하기` 블록을 연결한 다음 [계산(🖩)] 카테고리의 `0 부터 10 사이의 무작위 수` 블록의 수치값을 변경하여 x좌표에는 `-200 부터 200 사이의 무작위 수` 블록을 연결하고 y좌표에는 `-120 부터 120 사이의 무작위 수` 블록을 연결합니다.

06 큰별(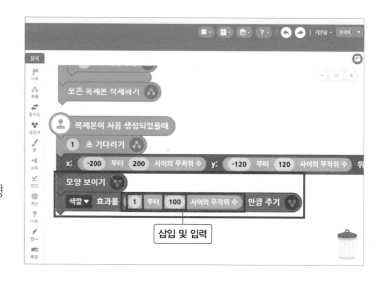)의 복제본이 화면에 보이도록 [생김새( )] 카테고리의 모양 보이기 블록을 연결하고, 무작위의 색깔 효과를 주기 위해 색깔▼ 효과를 10 만큼 주기 블록을 연결하고, 10 에 [계산( )] 카테고리의 0 부터 10 사이의 무작위 수 블록을 삽입하고 다시 0 을 1 로, 10 을 100 으로 입력하여 변경합니다.

07 큰별( )을 화면에 도장찍도록 [붓( )] 카테고리의 도장찍기 블록을 연결합니다.

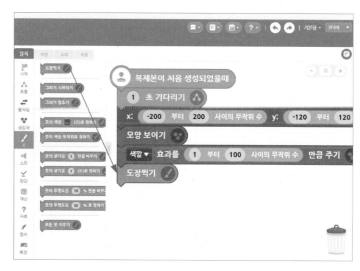

08 [시작하기(▶)] 버튼을 클릭하여 밤하늘에 큰별( )이 2초마다 나타나고, 색깔이 무작위로 변경되며 화면에 도장이 찍히는지를 확인합니다.

07

★ 학습 개념 순차, 조건반복, 조건, 묻고기다리기, 관계연산

★ 성취 기준 3.2.4 다양한 조건을 고려하여 다른 동작을 하는 프로그램을 만들 수 있다.

핵심 블록 설명

> **안녕! 을(를) 묻고 대답 기다리기 ❓** : 입력한 내용을 말풍선으로 질문을 던지고 사용자가 입력할 수 있는 대답을 기다리는 창이 하단에 생깁니다.
>
> **대답** : 묻고 기다리기에 대해 사용자가 입력한 값입니다.

풀이 따라하기

01 엔트리가 실행되면 [파일]-[오프라인 작품 불러오기]를 선택합니다.

02 [열기] 대화 상자가 나타나면 'PART06₩기출유형따라하기 1회' 폴더에서 '7.. ent' 파일을 선택하고 [열기]를 클릭합니다.

🚌 파란 버스 ▏ 파란버스 오브젝트 코딩

03 파란버스(🚌) 오브젝트를 선택한 후 파란버스(🚌)의 처음 위치를 정하기 위하여 [시작(🏁)] 카테고리의 ▶ 시작하기 버튼을 클릭했을 때 블록에 [움직임(🔄)] 카테고리의 x: 0 y: 0 위치로 이동하기 블록을 연결하고 x좌표 0 을 240 으로 입력하여 변경합니다.

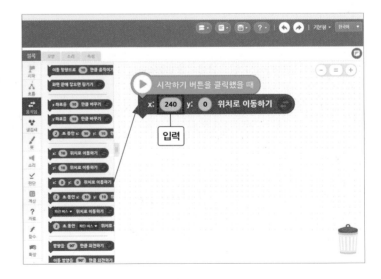

04 파란버스(🚐)가 버스정류장(🚏)에 닿을 때까지 반복하도록 [흐름(⬡)] 카테고리의  블록의 **참** 안에 [판단(◇)] 카테고리의 **마우스포인터 ▼ 에 닿았는가?** 블록을 끼워 넣고 '마우스포인터'를 '버스정류장'으로 선택하여 변경합니다.

05 파란버스(🚐)가 버스정류장(🚏) 쪽으로 움직이도록 [움직임(⟳)] 카테고리의 **x좌표를 10 만큼 바꾸기** 블록을 연결하고 **10** 을 **-3** 으로 입력하여 변경합니다.

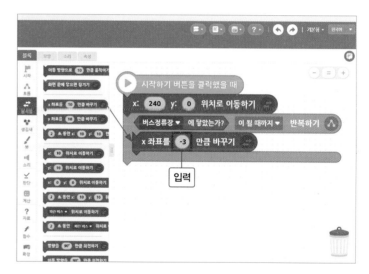

06 파란버스(🚐)가 어린이(🧒)에게 나이를 묻기 위해 [자료(?)] 카테고리의 **안녕! 을(를) 묻고 대답 기다리기 ?** 블록을 연결하고 **안녕!** 을 **꼬마손님, 나이가 어떻게 되나요?** 로 입력하여 변경합니다.

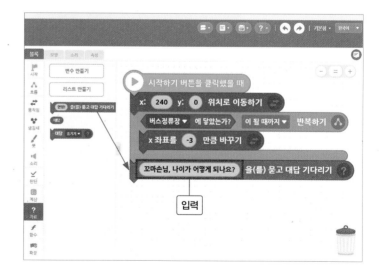

07 입력된 대답의 내용이 6보다 작거나 같은지를 비교하기 위하여 [흐름( )] 카테고리의

 블록을 가져오고  안에 [판단( )] 카테고리의  블록을 끼워 넣은 다음

을 각각 [자료( )] 카테고리의 과 으로 변경합니다.

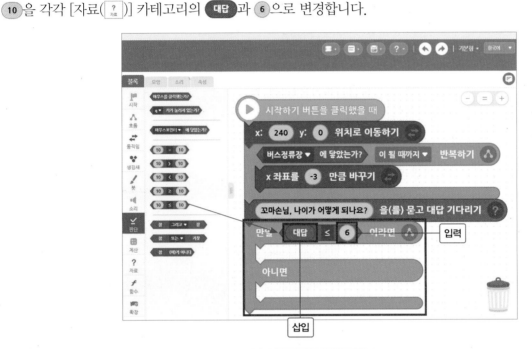

08 [생김새( )] 카테고리의 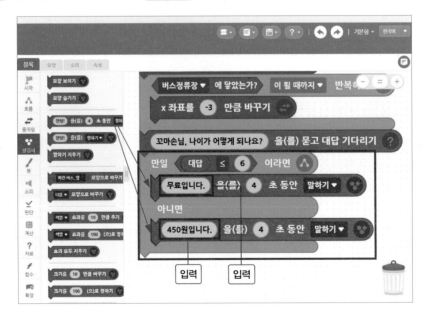을 각각 연결하고 대답이 6보다 작거나 같으면 을 로, 대답이 6보다 크면 로 변경하여 삽입합니다.

09 [시작하기(▶)] 버튼을 클릭하여 파란버스( )가 버스정류장( )에 닿을 때까지 움직인 뒤 "꼬마손님, 나이가 어떻게 되나요?"라고 묻고 대답이 6보다 작거나 같으면 "무료입니다."라고 말하고 대답이 6 보다 크면 "450원입니다."라고 말하는지를 확인합니다.

08

★ 학습 개념 순차, 신호, 글상자, 변수, 리스트
★ 성취 기준 3.2.10 리스트를 사용하여 프로그램을 작성할 수 있다.

동영상 강의

핵심 블록 설명

`10 을(를) 우유 신청자▼ 의 1 번째에 넣기 ?` : 선택한 리스트의 입력된 순서의 위치에 입력된 내용을 넣습니다.

`1 번째 항목을 우유 신청자▼ 에서 삭제하기 ?` : 선택한 리스트의 입력한 순서에 있는 항목이 삭제됩니다.

`우유 신청자▼ 의 1 번째 항목` : 선택한 리스트의 항목 중 입력한 순서에 있는 항목 값을 의미합니다.

`엔트리 라고 뒤에 이어쓰기 가` : 입력한 내용을 글상자에 입력되어 있는 글 뒤에 이어서 나타냅니다.

풀이 따라하기

01 엔트리가 실행되면 [파일]-[오프라인 작품 불러오기]를 선택합니다.

02 [열기] 대화 상자가 나타나면 'PART06₩기출유형따라하기 1회' 폴더에서 '8.. ent' 파일을 선택하고 [열기]를 클릭합니다.

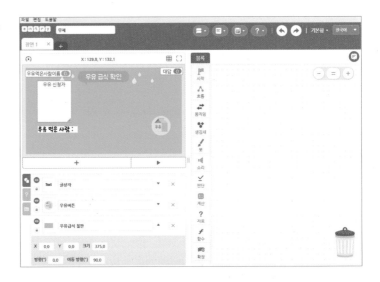

`우유버튼` **우유버튼 오브젝트 코딩**

03 우유버튼( ) 오브젝트를 선택한 후 [시작( )] 카테고리의 `▶ 시작하기 버튼을 클릭했을 때` 블록에 대답과 '우유먹은사람이름' 변수가 화면에 보이지 않도록 [자료(?)] 카테고리의

`대답 숨기기▼ ?` 블록과

`변수 우유먹은사람이름▼ 숨기기 ?` 블록을 연결합니다.

[개념] 변수

변수는 변하는 값을 담을 수 있는 공간, 혹은 변하는 수를 말합니다. 우유를 먹은 사람의 이름을 담는 변수 '우유먹은사람이름'을 만듭니다. '우유신청자' 리스트에서 우유를 먹은 학생 이름을 삭제하고, 그 이름을 칠판 화면에 나타나도록 하기 위하여 '우유먹은사람이름' 변수를 사용하는 것입니다. 변수는 [속성] 탭의 [변수]에서 [변수 추가하기]를 클릭하여 만듭니다.

04 '우유 신청자' 리스트에 값을 넣기 위해 [자료(?)] 카테고리의

[10 을(를) 우유 신청자 ▼ 의 1 번째에 넣기 ?] 블록을 연결하고 10 을 강현우 로 입력하여 변경합니다. 이와 마찬가지로 우유 신청자의 이름 '배지환', '이승재', '정승운', '한재준'을 리스트 '우유 신청자' 리스트의 2~5번째에 넣도록 블록을 연결합니다.

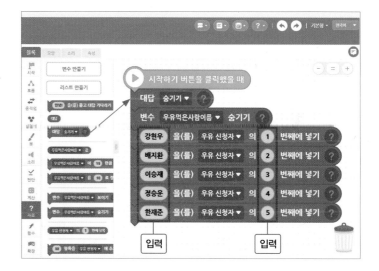

[개념] 리스트

하나 이상의 값들을 하나로 묶어 관리하고 순서대로 정리할 수 있습니다. '우유 신청자' 리스트에 우유를 먹기로 한 학생들의 이름을 항목 순서대로 입력하여 관리하도록 합니다.

우유 신청자
1 강현우
2 배지환
3 이승재
4 정승운
5 한재준

리스트는 [속성] 탭의 [리스트]에서 [리스트 추가하기]를 클릭하여 만듭니다.

05 우유버튼(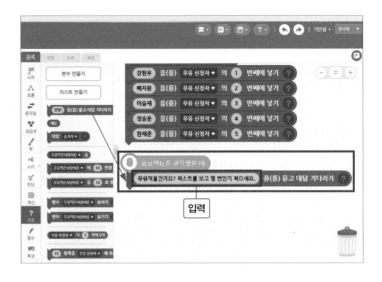)을 클릭하면 '우유먹을건가요? 리스트를 보고 몇 번인지 적으세요.'라고 묻도록 [시작(🏳)] 카테고리의 `오브젝트를 클릭했을 때` 블록과 [자료(❓)] 카테고리의 `안녕! 을(를) 묻고 대답 기다리기` 블록을 연결하고 내용을 '우유먹을건가요? 리스트를 보고 몇 번인지 적으세요.'로 입력합니다.

06 대답으로 입력한 '우유 신청자' 리스트의 번호를 보고 우유를 먹은 사람의 이름을 '우유먹은사람이름' 변수에 추가하도록 [자료(❓)] 카테고리의 `우유먹은사람이름 ▼ 를 10 로 정하기` 블록을 연결한 뒤 10 에 [자료(❓)] 카테고리의 `우유 신청자 ▼ 의 1 번째 항목` 블록을 끼워 넣고 다시 1 에 [자료(❓)] 카테고리의 `대답` 블록을 끼워 넣습니다.

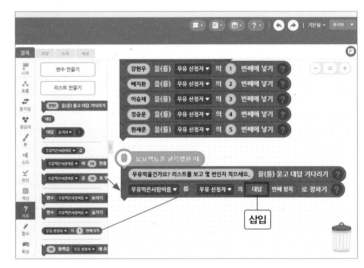

07 우유를 먹은 사람의 이름이 우유급식 칠판에 나타나도록 [시작(🏳)] 카테고리의 `우유먹은사람 ▼ 신호 보내기` 블록을 연결합니다.

――――――――――――――――― tip

신호는 [속성] 탭의 [신호]에서 [신호 추가하기]를 클릭하여 만듭니다.

Text 글상자 글상자 오브젝트 코딩

08 글상자(Text) 오브젝트를 선택한 후 우유버튼( )이 보낸 '우유먹은사람' 신호를 받으면 변수 '우유먹은사람이름'이 화면의 '우유 먹은 사람 : '의 글자 뒤에 이어서 나타나도록 [시작(시작)] 카테고리의

우유먹은사람 ▼ 신호를 받았을 때 블록에 [글상자(가)] 카테고리의 엔트리 라고 뒤에 이어쓰기 가 블록을 연결하고,

엔트리 에 [자료(?)] 카테고리의 우유먹은사람이름 ▼ 값 블록을 끼워 넣습니다.

우유버튼 우유버튼 오브젝트 코딩

09 다시 우유버튼( ) 오브젝트를 선택한 후 [자료(?)] 카테고리의 1 번째 항목을 우유 신청자 ▼ 에서 삭제하기 ? 블록을 연결하고, 1 에 대답 블록을 끼워 넣습니다.

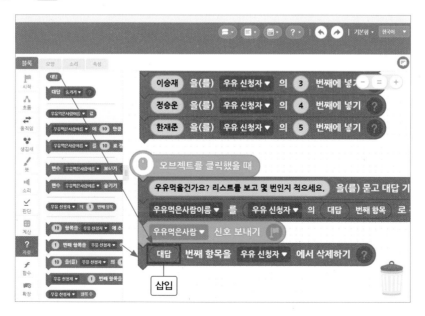

10 [시작하기(▶)] 버튼을 글릭하면 리스트에 우유 신청자 이름이 입력되고, 우유버튼을 누르고 질문이 나타났을 때 리스트 번호를 대답으로 입력하면 우유를 먹은 사람의 이름이 화면에 나타나고 리스트에서는 이름이 삭제되는지를 확인합니다.

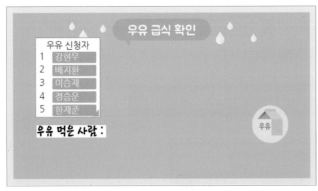

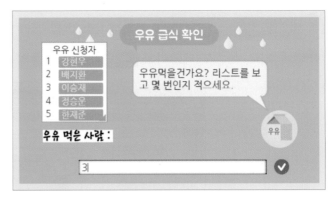

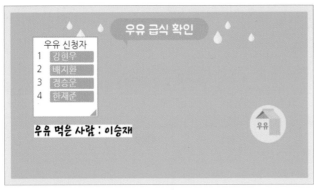

09

★ 학습 개념 적외선 센서, LED
★ 성취 기준 4.1.2 실생활의 문제를 논리적으로 모델링할 수 있다.

**핵심
정리**

적외선 센서는 적외선을 복사하는 물체의 움직임에 반응하는 센서로 인체 감지(PIR) 센서라고도 합니다. 이 센서는 움직임을 감지하여 보안 카메라를 켜거나 현관에서 사람을 인식하고 불을 켜는 등 실생활에서 많이 활용되고 있습니다. 또한, 전기 에너지를 빛 에너지로 변환시키는 것을 LED라고 합니다. 이 LED는 다양한 색의 빛을 표현할 수 있으며, 에너지 효율이 높아서 일반 전구에 비해 오래 사용할 수 있습니다.

풀이

정답 ① 라(적외선 센서), ② C(LED)

해설 손님이 가게에 들어올 때 손님을 감지하기 위해 사용되는 것은 ① 적외선 센서입니다. 전광판에 글자를 나타내기 위해서는 ② LED(발광 다이오드)를 디지털 출력으로 사용하여 나타냅니다.

10

★ 학습 개념 피에조 부서
★ 성취 기준 4.2.2 각 센서별 특징을 이해할 수 있다.

**핵심
정리**

피에조 부저는 경고음, 알람, 멜로디 등의 소리를 낼 때 사용하는 부품입니다. 피에조 부저는 특정 물질에 전기적 신호를 주면 수축 또는 확장을 하는 피에조 효과(압전 효과)를 이용하여 소리를 내며, 일반 스피커보다 구조가 간단하고 저렴합니다. tone(사용할 핀 번호, 주파수, 음길이) 함수를 이용하여 디지털 핀에 연결된 피에조 부저에 주파수를 보내어 다양한 음계를 표현할 수 있습니다.

풀이

정답 ① 330, ② 200

해설 tone(사용할 핀 번호, 주파수, 음길이) 함수를 완성해보면 음계 '미'를 나타내기 위해 tone(11, ① 330, ② 200)으로 작성할 수 있습니다. 이는 디지털 11번 핀에 연결된 피에조 부저에 330Hz 주파수를 설정하여 200ms의 음길이로 소리를 내는 것입니다.

SW코딩자격(2급)
- Software Coding and Computing Test -

SW	시험 시간	급수	응시일	수험 번호	성명
엔트리 2.0 이상	45분	2	년 월 일		

시험자 유의 사항

- 수험자는 감독관의 안내에 따라 문제지와 시험용 SW 등의 이상 여부를 확인해야 합니다.
- 문제지는 시험이 끝난 후 답안지와 함께 제출해야 하며, 미제출 시 실격 처리 됩니다.
- 제한된 시간 내에 시험을 완료하여야 합니다.
- 시험 시작 후에는 화장실 출입이 불가하며, 시험 시간 중에는 퇴실할 수 없습니다.
- 시험 시간 중 고사실 내에서 휴대 전화기, 디지털카메라, MP3 등 전자 기기를 소지한 경우, 해당자의 시험을 무효로 처리하오니 절대 휴대하지 않도록 합니다.
- 부정 응시 및 문제 유출에 해당하는 행위 즉, 답안을 타인에게 전달 및 외부로 반출하는 경우, 자격기본법 제 32조에 의거 부정행위로 간주되어 해당자의 시험을 무효처리하며 민/형사상의 책임을 물을 수 있습니다.

답안 작성 요령

- 답안 작성 절차
  - 바탕화면(Desktop) / SW2–시험 / 수험번호–성명 / 파일에 답안을 작성 또는 작업 후 저장
- 시험을 완료한 수험자는 감독관의 안내에 따라 ① 시험지를 제출하고 ② 답안 파일을 저장한 후 퇴실합니다.

한 국 생 산 성 본 부

문제 01 예찬이가 자신이 만들고 싶은 게임에 대해 설명하고 있다. 〈보기〉를 참고하여 〈문제〉의 빈 칸을 완성하시오. (10점)

보기

〈예찬이가 만들고 싶은 게임〉

게임화면에 나타나는 기사들을 '랜덤' 버튼 눌러 무작위수로 1명 골라서 나오게 하고 싶어요. 기사의 종류는 7가지인데 어떤 기사는 금빛 갑옷을 입었고 어떤 기사는 깃발 장식 투구도 쓰고 있어요. 그리고 각각의 힘이 다 달라요. '화살표 키'로 상하좌우 움직이고요, 상대편에서 무작위수로 적들이 나타나는데 만일 내가 고른 기사들이 적과 부딪혔을 때 그 적을 제대로 공격 못한 채 그대로 닿으면 사라지게 할 거예요. 적은 공격을 3번(스페이스 키로 별 발사) 맞으면 사라져요. 그리고 30초를 버티면, 레벨 업돼서 스테이지가 바뀌고 스테이지마다 물리친 적의 수대로 점수가 계속 누적되어 쌓여요. 3레벨 완료했을 때 점수가 40점 이상이면 '임무 완수'이고, 3레벨이지만 40점을 못 얻으면 '임무 실패'라고 만들고 싶어요. 참, 각 스테이지별로 7명이 다 사라지면 중간에라도 '임무 실패'예요.

〈문제 분해〉

• **게임 주인공 컨트롤 방법** : '랜덤' 버튼으로 1명 선택, 키보드화살표 키로 움직임. 스페이스 키로 공격(별 발사)

• **레벨 업 규칙** : 타이머 30초 버티면 레벨 업, 스테이지 바뀜

• **득점 규칙** : 적을 3번 공격해 사라지게 하면 1점

• **종료 규칙** :
  – 3스테이지 모두 레벨업해서 3레벨이고, 40점 득점 시 임무완수
  – 스테이지 안에 7명 기사 다 사라지면 임무 실패
  – 3레벨이지만 40점 못 얻으면 임무 실패

문제

※ 답안 작성 요령 : 〈보기〉를 참고하여, 빈칸 ①과 ②를 채워 넣으시오.

〈보기〉의 〈문제 분해〉를 바탕으로 아래와 같이 게임화면을 단순하게 구성하였다. 아래 추상화하여 구성한 그림에서, (①)에 표시될 단어 및 (②)에 들어갈 버튼 이름을 〈보기〉를 참조해 넣으시오.

| 정답 | ① ( ) | ② ( ) |

비트 하나는 0과 1만 표현하지만, 여러 비트를 사용하면 값을 더 많이 표현할 수 있다. 〈보기〉를 참고하여 〈문제〉의 빈 칸을 완성하시오. (10점)

보기

〈비트 단위〉

컴퓨터는 전기가 통하거나, 통하지 않는 것을 구분하여 2진법으로 연산을 한다. 또한 2진수 각 자릿수 하나하나의 단위를 '비트'라 한다.

그러므로 비트 하나는 '1'이거나 '0' 두 가지의 경우를 가지게 된다. 만일 2개의 비트를 사용한다면, 한 개의 비트가 2개의 경우를 가지므로 오른쪽과 같이 4가지 값을 표현할 수 있다.

〈2개의 비트가 표현하는 값〉

전기가 통하지 않는 것은 뒤집어서 검은색 카드로 표현하고 '1'이라 적는다. 전기가 통하는 것은 카드 앞면 흰색으로 보이게 놓고 '0'이라 적는다.

1) 　　　　　　00

2) 　　　　　　10

3) 　　　　　　01

4) 　　　　　　11

문제

※ 답안 작성 요령 : 〈보기〉를 참고하여, 빈칸 ①과 ②를 채워 넣으시오.

위의 〈보기〉를 참고하여, 3개의 비트를 사용할 때 표현할 수 있는 값에 대하여 완성하시오.

〈3개의 비트 사용해 표현할 수 있는 값 : 8가지〉

000, 001, 010, 011, 100, 101, (①), (②)

정답	① (　　　　　　　　　　　　　　)	② (　　　　　　　　　　　　　　)

문제 03 10,000원을 들고 가서 과일가게에서 단감을 사려고 한다. 〈보기〉를 참고하여 〈문제〉의 빈칸을 완성하시오.(10점)

보기

〈단감 구매하기〉

(가) 거스름돈을 받는다.

(나) 단감 가격이 10,000원인가?

(다) 10,000원을 준비한다.

(라) 단감 가격을 물어 본다.

(마) 단감 가격이 10,000원 이하인가?

(바) 10,000원을 낸다.

(사) 단감을 받는다.

(아) 단감을 못 산다.

문제

※ 답안 작성 요령 : 〈보기〉를 참고하여 작성하되, 〈단감 구매하기〉에서 적절한 내용을 골라 (가)~(아)의 기호로 빈칸 ①~⑤를 채워 넣으시오.

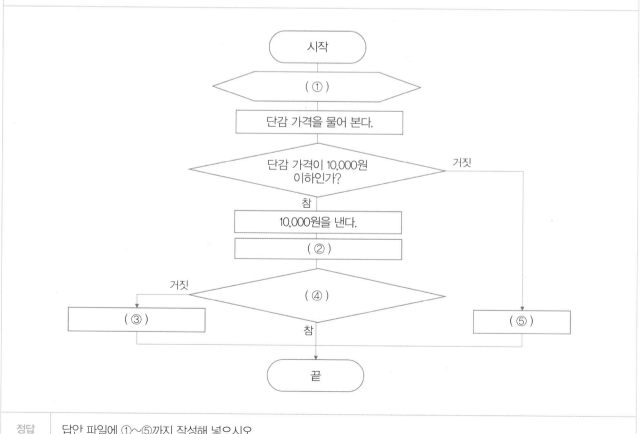

| 정답 | 답안 파일에 ①~⑤까지 작성해 넣으시오. |

프로그래밍 작업 가이드

– 문제 파일 위치 : PART 06₩기출유형따라하기 2회

– [수험번호–성명] 폴더를 마우스 오른쪽 버튼으로 클릭한 후, [이름 바꾸기]를 클릭

　　→본인의 [수험번호–성명]으로 수정하시오.(예: 10041004–홍길동)

– 문항 별 조건에 따라 작업을 완료하였으면, 파일〉저장하기 버튼을 클릭하여 저장합니다.

04 유치원생이 친구를 만나 함께 유치원에 가도록, 아래 〈조건〉에 맞게 코딩하시오. (10점)

조건
– 엔트리프로그램 화면 [블록 꾸러미]에서 필요한 블록을 가져다 사용한다. – 시작하기 버튼(　　▶　　)을 클릭하면, 유치원생_1은 x좌표 –162, y좌표 0에 위치하고, "유치원에 가야지"라고 1초 동안 말한다. – 유치원생_1은 유치원생_2에 닿을 때까지 이동 방향으로 1만큼씩 계속 움직이다가 유치원생_2에 닿으면 "유치원 같이 가자."라고 2초 동안 말하고, '출발'신호를 보낸다. – '출발' 신호를 받았을 때, 유치원생_2가 x좌표 8, y좌표 –15에서 "그래"라고 1초 동안 말한다. – 유치원생_1이 유치원생_2가 말하는 1초 동안 기다린다. – 유치원생_1은 2초 동안 x좌표 120, y좌표 –200 위치로 이동하고, 유치원생_2는 2초 동안 x좌표 210, y좌표 –200 위치로 이동한다.

05 괴짜박사가 광선검을 들고 좌우로 움직이도록. 아래 〈조건〉에 맞게 코딩하시오. (10점)

조건
– 엔트리프로그램 화면 [블록 꾸러미]에서 필요한 블록을 가져다 사용한다. – 시작하기 버튼(　　▶　　)을 클릭하면, 광선검이 계속 괴짜박사 위치로 이동한다. – 키보드의 오른쪽 화살표 키를 입력하면 괴짜박사의 x좌표 위치를 3만큼 바꾼다. – 키보드의 왼쪽 화살표 키를 입력하면 괴짜박사의 x좌표 위치를 –3만큼 바꾼다. – 키보드의 스페이스 키를 누르면, 괴짜박사가 "유령을 다 잡아 버리겠다."라고 2초 동안 말한다.

06 대답으로 입력한 도형을 문어가 그리도록, 아래 〈조건〉에 맞게 코딩하시오.(10점)

조건

– 엔트리프로그램 화면 [블록 꾸러미]에서 필요한 블록을 가져다 사용한다.
 – 시작하기 버튼(▶)을 클릭하면, 문어가 "몇 각형 도형을 그릴까요?"라고 묻고 대답을 기다린다.
 – 붓의 색을 검정색으로 붓의 굵기를 5로 정하고, 그리기를 시작한다.
 – '도형 규칙' 함수는 다음과 같이 정의하여 만든다.
  (1) '대답' 횟수만큼 0.2초마다 (2)와 (3)을 반복한다.
  (2) 이동 방향으로 50만큼 움직인다.
  (3) 이동 방향을 360° ÷ '대답'만큼 회전한다.
 – 1초 기다린 후 '도형 규칙' 함수를 실행한다.
 – 그리기를 멈춘다.

 07 하트가 복제되어 나와 커지며 사라질 수 있도록, 아래 〈조건〉에 맞게 코딩하시오. (10점)

조건

– 엔트리프로그램 화면 [블록 꾸러미]에서 필요한 블록을 가져다 사용한다.
 – 시작하기 버튼(▶)을 클릭하면, 하트가 자신의 복제본 만들고 2초 기다리기를 3번 반복한다.
 – 자신의 복제본이 처음 생성되었을 때 다음을 실행한다.
  (1) 이동 방향으로 60만큼 움직인다.
  (2) 크기를 30만큼 바꾼다.
  (3) 투명도 효과를 30만큼 준다.
  (4) (1)~(3)을 0.1초마다 20번 반복한다.
  (5) 이 복제본을 삭제한다.

조건
– 엔트리프로그램 화면 [블록 꾸러미]에서 필요한 블록을 가져다 사용한다. – 시작하기 버튼(　　　▶　　)을 클릭하면, 선생님 모양을 '선생님_1'로 바꾼다. – (1)∼(6)을 3번 반복하여 실행한다. 　(1) 선생님이 "질문하는 수를 2로 나눈 나머지 값은?"이라고 2초 동안 말한다. 　(2) '질문값' 변수를 2∼100사이의 무작위 수로 정한다. 　(3) 선생님이 "'질문값' 변수+?"를 4초 동안 말한다. ('질문값' 변수가 73인 경우 "73?"처럼 말한다.) 　(4) '질문대기' 신호를 보내고 기다린다. 　(5) '질문대기' 신호를 받은 학생은 선생님의 질문에 대한 답을 계산하여 2초 동안 말한다. 예) "1입니다." 　(6) 선생님이 "잘했어!"라고 2초 동안 말한다. – 3번 반복한 후 선생님은 '선생님_2'로 모양을 바꾸고, "대단한 걸∼"이라고 2초 동안 말한다.

문제 **09** 컴퓨터 화면 안의 주인공을 어떤 센서를 사용하여 움직이는 모습이다. 아래 〈보기〉를 보고 질문에 답하시오. (10점)

보기

〈조건〉

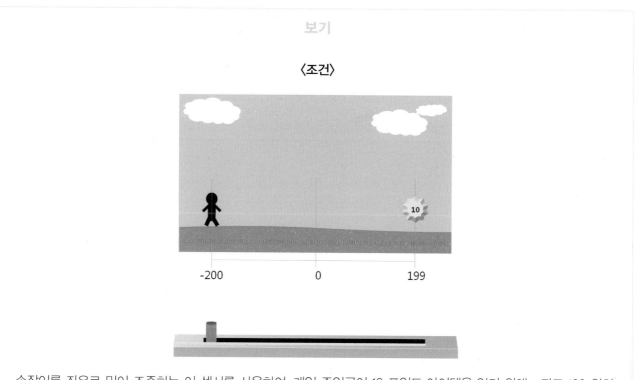

-200   0   199

손잡이를 좌우로 밀어 조종하는 이 센서를 사용하여, 게임 주인공이 10 포인트 아이템을 얻기 위해, x좌표 199 위치로 이동해야 한다.

문제

※ 답안 작성 요령 : 〈보기〉를 참고하여, 빈칸 ①과 ②를 채워 넣으시오.

(①) 센서를 사용하여, 게임 주인공의 x좌표를 이동시키는 프로그램으로 만들어졌다.

이 센서는 아날로그 센서로서 0~1023 범위를 그대로 사용하지 않고, 화면에서 보이는 좌표범위인 −200~199로 바꾼 값으로 사용하고 있다.

즉, 위 상황에서 화면상 199로 이동하기 위해 센서의 손잡이를 움직였을 때, 피지컬 도구인 이 센서가 갖는 실제 값은 199가 아닌 (②)이다.

정답	① ( )	② ( )

문제 10 커피를 마실 때 너무 뜨겁지 않은 온도에 마실 수 있도록 스마트 텀블러를 만들고 있다. 아래 〈보기〉를 보고 질문에 답하시오. (10점)

보기

〈조건〉

문제

※ 답안 작성 요령 : 〈보기〉를 참고하여, 적절한 내용을 골라 (가)~(라)의 기호로 빈칸 ①과 ②를 채워 넣으시오.

텀블러 안쪽에 특수재질로 2중 처리하여 그 안에 (①) 센서를 심어서, 마시기 좋은 65도 정도가 되면, 바깥쪽에 빙 둘러서 장식처럼 박혀있는 (②) 장치가 반짝반짝 불빛이 들어오면서 지금 마시면 좋다고 보여준다.

(가) 빛   (나) 온도   (다) LED   (라) 모터

| 정답 | ① (|) | ② (|) |

01

★ 학습 개념 컴퓨팅 사고력, 문제 단순화, 추상화

▲ 성취 기준 1.1.4 컴퓨팅 사고력의 구성 요소를 이해하고 활용할 수 있다.

핵심 정리

만들고 싶은 게임을 설명하다 보면, 득점 규칙을 이야기하다가 갑자기 레벨업 이야기를 하기도 하고 종료 규칙을 뺀 채 다른 이야기만 하다가 설명을 다 마무리 못하기도 하고 합니다. 복잡해 보이고 순서가 뒤죽박죽되어 있는 경우라도 단순화 시켜서 정리하다 보면, 자신이 만들고 싶은 것이 무엇인지 더 명확히 정리되고, 빠진 부분도 보완해서 완성하여 정리할 수 있습니다. 이와 같이 어렵고 복잡해 보이는 내용을 파악하기 쉽게 문제를 분해하여 단순화 시켜 정리할 필요가 있습니다. 또한 단순화된 문제를 프로그램으로 만들기 전에 어떻게 구현될지 프로그램 코드를 간단하게 알고리즘으로 추상화하여 보기도 하고, 화면 구성 디자인에 필요 없는 자세한 부분은 빼고 꼭 필요한 요소로만 구성하여 미리 만들어 보기도 합니다. 이렇게 정리해 보면, 이후 개발 하다가 빠진 부분을 뒤늦게 추가해 넣어야 해서 전체적인 구조를 다시 정리하는 번거로움 등을 줄일 수 있게 됩니다.

풀이

정답 ① 득점, ② 랜덤

해설 〈문제 분해〉에 정리한 내용과 아래 화면을 단순하게 구성해 표시해 놓은 그림을 비교해 보면, 타이머와 레벨 업 규칙에 대한 내용이 화면에 나와 있지만, 득점 규칙에 대해 그림에 나타낸 부분이 표시되어 있지 않습니다. 그러므로 득점 상황을 알려주기 위하여 '득점'이라고 넣어 줍니다. 또한 기사를 무작위수로 고르기 위하여 누르는 버튼 이름을 〈보기〉에서 '랜덤' 버튼이라고 정리하였으므로, 그림에 보이는 버튼 이름도 '랜덤'이라고 적어 줍니다.

02

● 학습 개념 디지털 표현

● 성취 기준 1.1.3 다양한 유형의 정보를 디지털로 표현할 수 있다.

핵심 정리

컴퓨터는 8개의 비트를 묶어서 하나로 처리합니다. 이 8개 비트로 처리할 수 있는 값은 256개가 나옵니다. 2개에 4가지 경우, 3개에 8가지 경우의 규칙에서 알 수 있듯이 2를 비트 개수만큼 곱하면, 처리할 수 있는 값의 수가 나옵니다. 이런 식으로 128개의 가능한 문자 조합을 제공하는 7비트(bit) 부호로 아스키코드가 있습니다. 8개 중 나머지 한 비트는 오류검출용 패리티 비트로 사용합니다.

풀이

정답 ① 110, ② 111

해설 카드 세 개를 뒤집는 여덟 가지 경우에 대해 생각해 볼 때, 맨 앞에 것이 검은 색이고 두 번째 카드도 검은색인 경우 세 번째 카드가 앞면이거나 뒷면인 두 가지의 경우에 대해 숫자로 표현하면, 110, 111 두 가지 경우가 나옵니다. 이처럼 3비트에 나올 수 있는 8가지 경우에 대한 값을 모두 표현하면 됩니다.

03

★ 학습 개념 선택 알고리즘
★ 성취 기준 2.2.2 알고리즘의 제어 구조를 이해할 수 있다.

핵심 정리

이 문제의 알고리즘은 조건에 따라 분기하는 순서도를 나타내고 있습니다. 선택 알고리즘은 조건에 대하여 참과 거짓일 때에 각각 실행을 다르게 합니다.

풀이

정답 ① (다), ② (사), ③ (가), ④ (나), ⑤ (아)

해설 10,000원을 준비하여 과일가게에 가서, 단감의 가격을 물어 봅니다. 만일 단감의 가격이 10,000원 이하라면 단감을 살 수 있지만 그렇지 않다면 단감을 살 수 없습니다. '단감 가격이 10,000원 이하인가?'에 대한 답이 참이라면 10,000원을 냅니다. 그리고 단감을 받습니다. '단감 가격이 10,000원인가?'에 대한 답이 참이라면 거스름돈을 받을 필요가 없어 끝이겠지만, 아니라면 거스름돈을 받고나서 순서도가 끝이 됩니다.

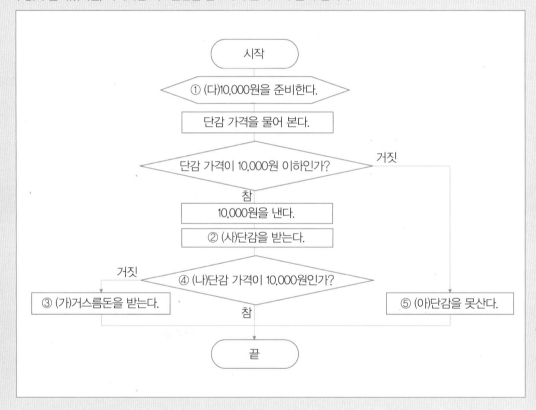

04

★ 학습 개념 순차, 조건 반복, 신호, 좌표
★ 성취 기준 3.2.2 순차, 반복 구소를 주어진 상황에 맞게 시용할 수 있디.

통영상 강믜

핵심
블록
설명

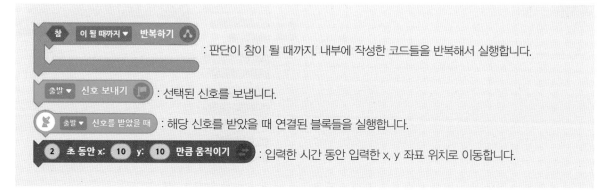

참 **이 될 때까지 ▾ 반복하기** : 판단이 참이 될 때까지, 내부에 작성한 코드들을 반복해서 실행합니다.

출발 ▾ **신호 보내기** : 선택된 신호를 보냅니다.

출발 ▾ **신호를 받았을 때** : 해당 신호를 받았을 때 연결된 블록들을 실행합니다.

2 초 동안 x: 10 y: 10 만큼 움직이기 : 입력한 시간 동안 입력한 x, y 좌표 위치로 이동합니다.

풀이 따라하기

01 엔트리가 실행되면 [파일]−[오프라인 작품 불러오기]를 선택합니다.

02 [열기] 대화 상자가 나타나면 'PART 06₩기출유형따라하기 2회' 폴더에서 '4..ent' 파일을 선택하고 [열기]를 클릭합니다.

유치원생_1 **유치원생_1 오브젝트 코딩**

03 유치원생_1(🧒) 오브젝트를 선택합니다. [시작(🏳)] 카테고리의

▶ **시작하기 버튼을 클릭했을 때** 블록을 블록 조립소로 가져오고, [시작하기(▶)] 버튼을 클릭했을 때 유치원생_1(🧒)이 x좌표 −162, y좌표 0에 위치하도록 [움직임(🔄)] 카테고리의

x: 0 y: 0 **위치로 이동하기** 블록을 연결한 뒤 x 좌표를 -162 로 입력하여 변경합니다.

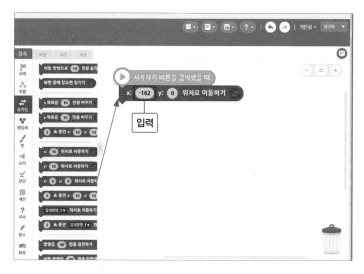

04 [생김새( )] 카테고리의

안녕! 을(를) 4 초 동안 말하기 ▼ 블록을 연결
합니다. 안녕! 을 유치원에 가야지. 로 입력하여 변경하
고, 4 는 1 로 입력하여 변경합니다.

05 [흐름( )] 카테고리의

참 이 될 때까지 ▼ 반복하기 블록을 가져와

연결하고, 참 안에 [판단( )] 카테고리의
마우스포인터 ▼ 에 닿았는가? 블록을 끼워 넣습니다.
그리고 '마우스포인터'는 '유치원생_2'로 변경합
니다.

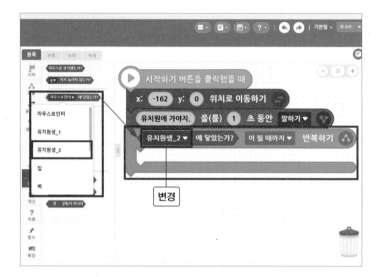

06 유치원생_1( )이 유치원생_2( )
에 닿을 때까지 조금씩 오른쪽으로 움
직이도록, [움직임( )]카테고리의

이동 방향으로 10 만큼 움직이기 블록을 연결하
고, 10 을 1 로 입력하여 변경합니다.

07 유치원생_2( )를 만나 말하도록, [생김
새( )] 카테고리의

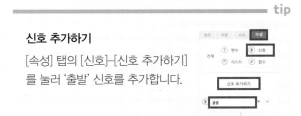 블록을 기저와
연결합니다. 안녕! 에 "유치원 같이 가자."라고 입
력해 넣습니다. 4 초는 2 초로 바꾸어 입력합니
다.

tip

신호 추가하기

[속성] 탭의 [신호]-[신호 추가하기]
를 눌러 '출발' 신호를 추가합니다.

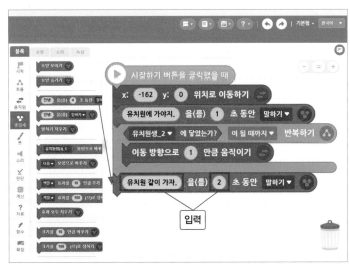

08 유치원생_1( )이 유치원생_2( )에게
신호를 보낼 수 있도록, 다음과 같이 [시작( )]
카테고리의 울릴 신호 보내기 블록을 연결합
니다.

09 [흐름( )] 카테고리의 2 초 기다리기
블록을 연결하고, 2 초를 1 초로 입력하여 변경
합니다.

why

이는 '출발' 신호를 보낸 후 그 신호를 받고 유치원
생_2( )가 1초간 대답하는 사이에 잠시 기다려 주는
시간입니다.

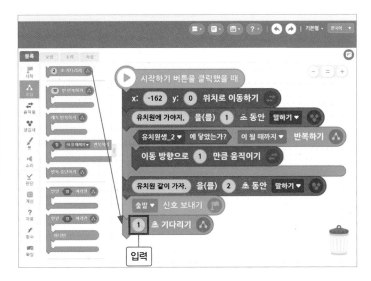

10 [움직임(⚡)] 카테고리의 2 초 동안 x: 10 y: 10 위치로 이동하기 블록을 가져와 연결합니다. 그리고 x좌표는 120 , y좌표는 -200 으로 입력하여 변경합니다. 유치원생_1(👶) 오브젝트의 블록 조립이 끝났습니다.

🧒 유치원생_2 **유치원생_2 오브젝트 코딩**

11 유치원생_2(🧒) 오브젝트를 선택합니다. 그리고 [시작(🚩)] 카테고리의 출발 ▼ 신호를 받았을 때 블록을 블록 조립소로 가져오고, [움직임(⚡)] 카테고리의 x: 0 y: 0 위치로 이동하기 블록을 연결합니다. x 좌표는 8 , y좌표는 -15 로 입력하여 변경합니다.

12 유치원생_2(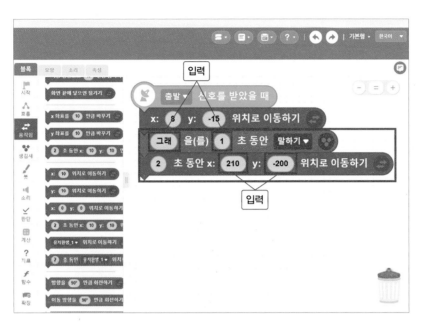)가 말하기를 하도록, [생김새( )] 카테고리의 블록을 연결합니다. 안녕! 에 그래 를 입력해 넣습니다. 4 초는 1 초로 입력하여 변경합니다. 그리고 [움직임( )] 카테 고리의 블록을 언설한 뒤 x좌표는 210 , y피표는 200 으로 입력하여 변 경합니다.

13 [시작하기(▶)] 버튼을 클릭하여, 유치원생_1( )이 유치원생_2( )를 만나 같이 가자고 말한 뒤 함께 유치원에 가는지 확인합니다.

05

★ 학습 개념 순차, 조건 반복, 조건 선택
★ 성취 기준 3.2.4 다양한 조건을 고려하여 다른 동작을 하는 프로그램을 만들 수 있다.

동영상 강의

핵심 블록 설명

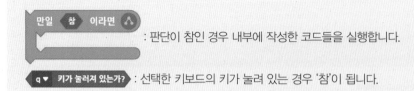

만일 [참] 이라면 : 판단이 참인 경우 내부에 작성한 코드들을 실행합니다.

[q ▼] 키가 눌러져 있는가? : 선택한 키보드의 키가 눌려 있는 경우 '참'이 됩니다.

풀이 따라하기

01 엔트리가 실행되면 [파일]-[오프라인 작품 불러오기]를 선택합니다.

02 [열기] 대화 상자가 나타나면 'PART 06₩기출유형따라하기 2회' 폴더에서 '5..ent' 파일을 선택하고 [열기]를 클릭합니다.

괴짜박사 | **괴짜박사 오브젝트 코딩**

03 괴짜박사( ) 오브젝트를 선택합니다. [시작하기(▶)] 버튼을 클릭했을 때 괴짜박사( )가 왼쪽 화살표 키와 오른쪽 화살표 키를 눌렀는지 확인하여 좌우로 움직일 수 있도록 다음과 같이 블록을 조립합니다. [시작( )] 카테고리의 (▶ 시작하기 버튼을 클릭했을 때) 블록을 블록 조립소로 가져오고, [흐름( )] 카테고리의

계속 반복하기 블록을 가져와 연결합니다.

04 [흐름()] 카테고리의

만일 참 이라면 블록을 가져와

다음과 같이 연결한 후 **참** 안에 [판단
(⚖️)] 카테고리의 **q ▼ 키가 눌러져 있는가?** 블록을

오른쪽 화살표 ▼ 키가 눌러져 있는가? 로 변경한 뒤 끼워

넣습니다.

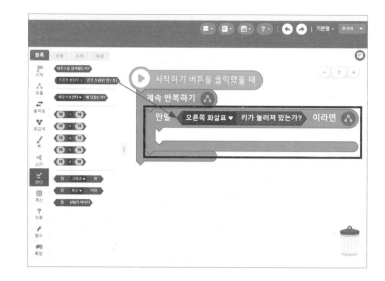

05 [움직임(🏃)] 카테고리의

x 좌표를 10 만큼 바꾸기 🔁 블록을 연결하고 **10**
을 **3** 으로 입력하여 변경합니다.

06 **04**와 **05**를 참고하여, '왼쪽 화살표' 키를
눌렀을 때, x좌표를 −3만큼 바꾸도록 만들어 줍
니다.

─────────────────────────── tip

오른쪽으로 움직이게 할 때 x좌표를 3만큼 바꾸었다면,
왼쪽으로 움직이게 할 때는 반대 방향이므로 −3만큼
바꾸게 해줍니다.

이동 방향으로 10 만큼 움직이기 🔁 블록을 사용할 때도 마찬가지
로 −10만큼 움직이기를 해주면 이동하는 방향의 반대
방향으로 움직이게 됩니다.

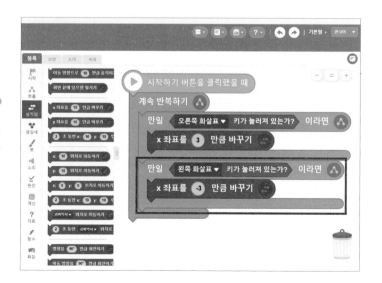

07 [흐름(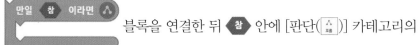)] 카테고리의 블록을 연결한 뒤 참 안에 [판단( )] 카테고리의

q▼ 키가 눌러져 있는가? 를 스페이스▼ 키가 눌러져 있는가? 라고 변경하여 끼워 넣습니다. 그 다음 [생김새( )] 카테고리의

안녕! 을(를) 4 초 동안 말하기▼ 블록을 연결하고 안녕! 을 유령을 다 잡아 버리겠다. 라고 입력하여 변경하고 4 초는 2 초로 입력하여 변경합니다.

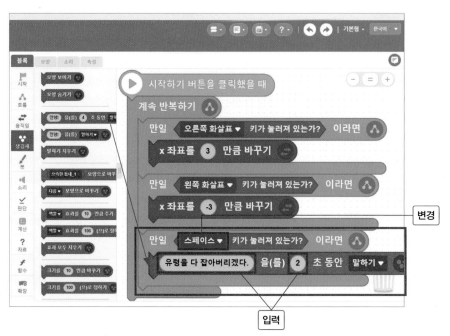

광선검 **광선검 오브젝트 코딩**

08 광선검( ) 오브젝트를 선택합니다. [시작( )] 카테고리의 시작하기 버튼을 클릭했을 때 블록을 블록 조

립소로 가져옵니다. 그리고, [흐름( )] 카테고리의 계속 반복하기 블록을 가져와 연결합니다.

09 [움직임( )] 카테고리의 괴짜박사 ▾ 위치로 이동하기 블록을 다음과 같이 연결합니다.

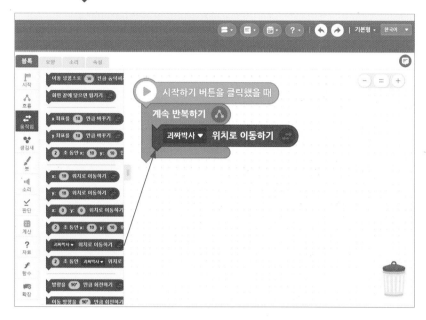

_____ **why**

[시작하기(▶)] 버튼을 눌러 실행했을 때 광선검( )이 계속 반복하여 괴짜박사( ) 위치로 이동합니다. 즉, 괴짜박사가 광선검을 들고 좌우로 이동할 수 있게 됩니다.

10 [시작하기(▶)] 버튼을 클릭하여, 괴짜박사( )가 왼쪽 화살표 키를 눌렀을 때 화면 왼쪽으로 이동하고 오른쪽 화살표 키를 눌렀을 때 화면 오른쪽으로 이동하는지, 스페이스 키를 누르면 "유령을 다 잡아 버리겠다."라고 말하는지 확인합니다. 광선검( )을 계속 들고 다니는지도 확인합니다.

06

★학습 개념 순차, 함수, 산술 연산, 묻고 기다리기, 그리기, 반복
★성취 기준 문제 해결 방법의 문제점과 개선 방법에 대해 설명할 수 있다.

동영상 강의

핵심 블록 설명

안녕! 을(를) 묻고 대답 기다리기 ? : 입력한 내용을 말풍선으로 질문을 던지고, 사용자가 입력할 수 있는 대답을 기다리는 창이 하단에 생깁니다.

함수 정의하기 도형 규칙 ⚙ : 자수 사용할 코드들이거나 복잡한 공식은 이 블록아래에 소립하여 함수를 만들고, 이름을 정의하여 새로운 함수블록을 생성합니다.

10 / 10 : 입력한 첫 번째 수를 두 번째 수로 나눈 값입니다.

그리기 시작하기 ✏ : 이 블록을 실행하면, 명령받은 이동 경로를 따라 그림을 그리기 시작합니다.

풀이 따라하기

01 엔트리가 실행되면 [파일]-[오프라인 작품 불러오기]를 선택합니다.

02 [열기] 대화 상자가 나타나면 'PART 06W기출유형따라하기 2회' 폴더에서 '6..ent' 파일을 선택하고 [열기]를 클릭합니다.

🐙 문어 **문어 오브젝트 코딩**

03 [시작하기(▶)] 버튼을 클릭했을 때 문어(🐙)가 질문을 하도록 [시작(🏁)] 카테고리의 ▶ 시작하기 버튼을 클릭했을 때 블록을 가져온 다음, [자료(?)] 카테고리의

안녕! 을(를) 묻고 대답 기다리기 ? 블록을 연결하고, 안녕! 을 몇 각형 도형을 그릴까요? 라고 입력하여 변경합니다.

04 [붓(✎)] 카테고리의

붓의 색을 ■ (으)로 정하기 ✎ 블록에서 색을 검정색으로 변경한 후 연결합니다.

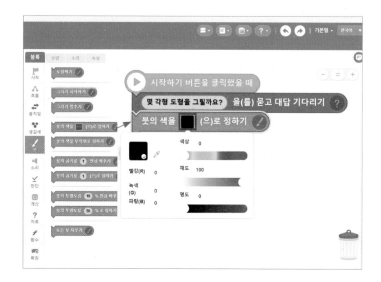

05 [붓(✎)] 카테고리의

붓의 굵기를 1 (으)로 정하기 ✎ 블록을 연결한 후 정하기 값을 5 로 입력합니다.

━━━━━━━━━━━━━━━━━━━━━━━━ tip

붓의 굵기는 숫자가 클수록 굵고, 숫자가 작을수록 얇습니다.

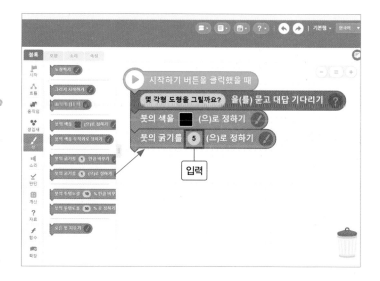

06 [붓(✎)] 카테고리의 그리기 시작하기 ✎ 블록을 연결합니다. 이 블록 이후부터 그림이 그려지기 시작합니다.

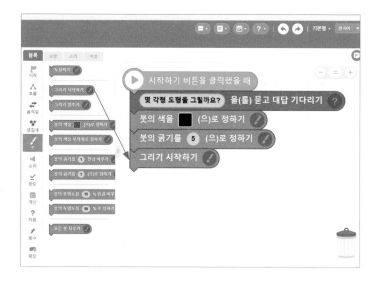

07 [흐름( )] 카테고리의 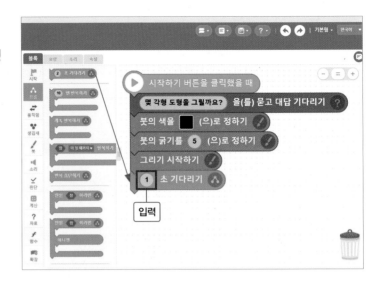 블록을 가져와 연결한 후, 1 초로 입력하여 변경합니다.

08 문제의 조건대로 함수를 추가합니다. 함수를 만들기 위해 [속성] 탭에서 [함수]-[함수 추가하기]를 클릭하고, 함수 이름을 '도형 규칙'이라고 입력합니다.

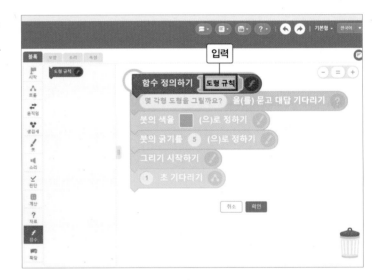

09 [흐름( )] 카테고리의 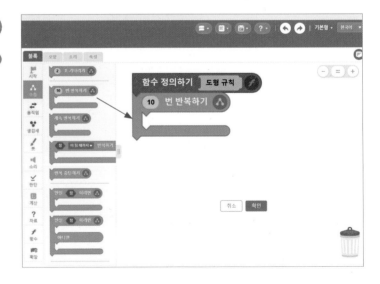 블록을 함수 정의하기 도형 규칙 블록 아래에 연결합니다.

10 [자료(?)] 카테고리의 대답 블록을  블록의 **10** 안에 끼워 넣습니다.

why

[시작하기(▶)] 버튼을 눌러 실행하면, 문어(🕷)가 "몇 각형 도형을 그릴까요?"라고 질문을 하고, 대답 입력란에 대답을 입력하게 됩니다. 이때 입력하는 '대답' 값을 받아서, 새롭게 정의한 '도형 규칙' 함수에서 사용하기 위해, 대답 을 함수 정의하는 곳에 가져와 넣어주는 것입니다.
예를 들어, '3'이라고 대답을 입력한 경우 함수는 그 값을 받아 3회 반복해 선 그리기를 하는 명령을 수행합니다.

11 [움직임(⇄)] 카테고리의 이동 방향으로 **10** 만큼 움직이기 블록을 연결한 후 **10** 을 **50** 으로 입력하여 변경합니다.

12 [움직임(🔄)] 카테고리의 〈이동 방향을 90° 만큼 회전하기 🔄〉 블록을 연결합니다.

13 [계산(🔢)] 카테고리의 〈10 / 10〉 블록을 다음과 같이 끼워 넣어준 뒤, 〈360 / 10〉과 같이 숫자를 입력하여 변경합니다.

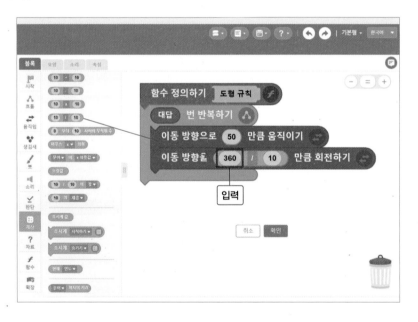

───────────────────────────────────── **why**

도형에 따라 회전하는 각이 다르므로, 그 각도를 구하여 회전하는 식을 만들어 주기 위해 연산자를 사용하여 식을 만들어 줍니다.
예 정삼각형을 그리려면, 한 외각의 크기를 구하여 그만큼 회전해 주면 됩니다. 한 외각의 크기를 구해 회전하게 정의해 주도록 합니다. 즉, 어떤 다각형이든 다각형의 외각의 크기의 합은 360°가 되므로, 360°를 다각형 수로 나누어주면 한 외각의 크기를 구할 수 있습니다.

- 다각형의 한 내각 크기 = {(각의 수 − 2) × 180} / 각의 수
- 다각형의 한 외각 크기 = 180 − 한 내각의 크기
                        = 360 / 각의 수

14 [자료(❓)] 카테고리의 대답 블록을 가져와 360 / 10 의 10 위치에 끼워 넣어줍니다. 한 외각의 크기를 구하여 그만큼 회전하도록 만들어 준 것입니다.

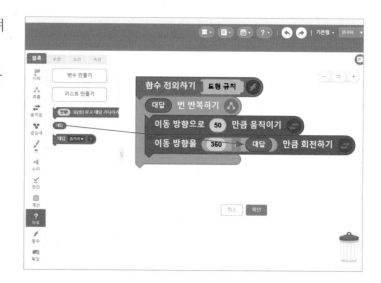

15 [흐름(❄)] 카테고리의 2 초 기다리기 블록을 가져와 다음과 같이 연결합니다. 그리고 2 초를 0.2 초로 입력하여 변경합니다. 도형 규칙에 대한 블록이 완성되었으면, [확인] 버튼을 눌러줍니다. 이제, 새롭게 정의한 함수 블록을 사용할 수 있게 됩니다.

why

0.2초 기다리기를 실행하는 이유는, 선이 차례로 그려지는 모습을 눈으로 확인할 수 있도록 잠시 쉬었다 다음 선을 그리도록 하기 위해서입니다.

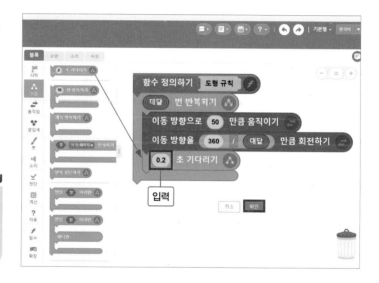

16 [함수(🔧)] 카테고리에서 도형 규칙 블록이 새롭게 만들어진 것을 확인 할 수 있습니다. 원래 있던 다른 블록들과 마찬가지로, 이 블록 역시 블록 조립소로 가져와 사용할 수 있습니다.

17 [함수(✎)] 카테고리에 새롭게 만들어진

도형 규칙 ✎ 블록을 연결합니다.

━━━━━━━━━━━━━━━━━━━━ **why**

우리가 직접 입력하는 '대답' 값을 받아서 그 다각형을
문어가 그릴 수 있도록 문어가 움직이는 동작을 '도형
규칙' 함수 블록에 정의한 것입니다.

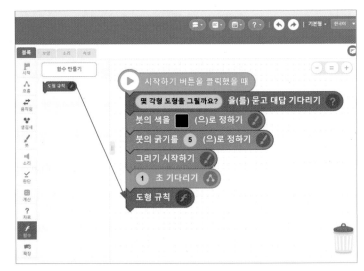

18 [붓(✎)] 카테고리의 **그리기 멈추기** ✎ 블
록을 가져와 연결합니다.

━━━━━━━━━━━━━━━━━━━━ **why**

도형 그리기가 끝난 후에 문어가 다른 위치로 움직이
도록 코딩할 때 그리기 멈추기 블록을 사용하지 않은 상태
라면 필요없이 계속 선을 그리게 됩니다.

19 [시작하기(▶   )] 버튼을 클릭하여, 문어(✲)가 "몇 각형 도형을 그릴까요?"라고 질문을 하고,
입력한 대답에 대한 도형을 그리는지 확인합니다.

07

★ 학습 개념 순차, 횟수반복, 복제
★ 성취 기준 3.2.7 신호와 복제의 차이를 알고 프로그램을 작성할 수 있다.

핵심
블록
설명

> **10 번 반복하기** : 지정한 반복횟수만큼 블록 내부의 블록들을 반복해 실행합니다.
>
> **자신▼ 의 복제본 만들기** : 자신 또는 지정한 다른 오브젝트의 복제본을 만듭니다.
>
> **복제본이 처음 생성되었을때** : 복제본이 생성되었을 때, 이 블록에 연결된 블록들을 실행합니다.
>
> **이 복제본 삭제하기** : 생성된 복제본을 삭제할 때 사용합니다.

풀이 따라하기

01 엔트리가 실행되면 [파일]−[오프라인 작품 불러오기]를 선택합니다.

02 [열기] 대화 상자가 나타나면 'PART 06₩기출유형따라하기 2회' 폴더에서 '7..ent' 파일을 선택하고 [열기]를 클릭합니다.

 **하트 오브젝트 코딩**

03 하트(♥) 오브젝트를 선택합니다. [시작하기(▶)] 버튼을 클릭했을 때 하트(♥)가 반복하여 복제하기를 할 수 있도록 다음과 같이 블록을 조립합니다. [시작(▶ 시작)] 카테고리의 ▶ 시작하기 버튼을 클릭했을 때 블록과 [흐름(⋮⋮)] 카테고리의  블록을 연결하고, **10** 을 **3** 으로 변경합니다.

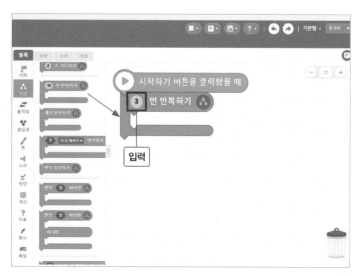

04 [흐름( )] 카테고리의

`자신 ▼ 의 복제본 만들기` 블록을 다음과 같이 연결합니다.

——————————————————— **why**

> 하트(♥)가 자신을 3회 반복하여 복제하게 됩니다.

05 [흐름( )] 카테고리의 `2 초 기다리기` 블록을 연결합니다.

——————————————————— **why**

> 하트(♥)가 자신을 3회 반복하여 복제하는 것을 시간 차를 두어 눈으로 확인할 수 있도록 기다리기 블록을 사용합니다.

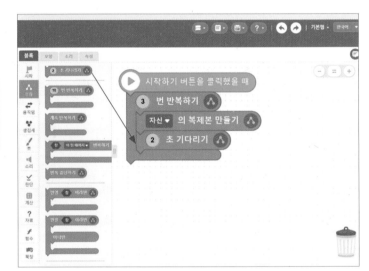

06 [흐름( )] 카테고리의

`복제본이 처음 생성되었을때` 블록을 블록 조립소로 가져옵니다.

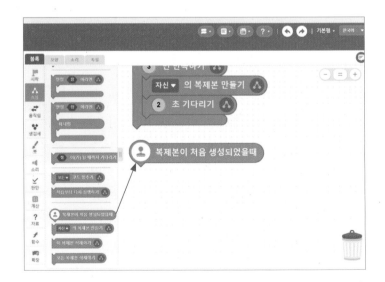

07 복제되었을 때 실행할 블록들을 조립하여 줍니다. 먼저 [흐름()] 카테고리의

 블록을 연결하고, 10 을 20 으로 입력하여 변경합니다. 그리고 [움직임( )] 카테고리의 [이동 방향으로 10 만큼 움직이기] 블록을 가져와 연결하고, 10 을 60 으로 입력하여 변경합니다.

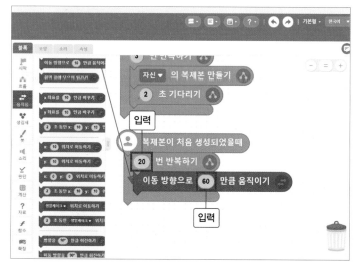

08 [생김새( )] 카테고리의

[크기를 10 만큼 바꾸기] 블록과 [색깔 ▼ 효과를 10 만큼 주기] 블록을 연결하고 두 블록의 10 을 모두 30 으로 입력하여 변경합니다. 그리고, '색깔' 효과는 '투명도' 효과로 변경합니다.

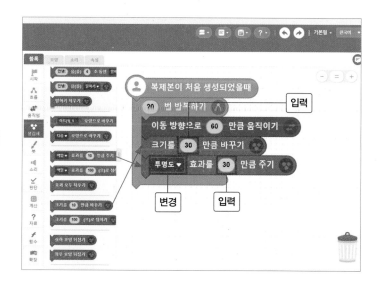

09 [흐름( )] 카테고리의 [2 초 기다리기] 블록을 연결하고, 2 초를 0.1 초로 입력하여 변경합니다. 20회 반복하는 동안의 변화하는 모습을 눈으로 확인하기 편하게 0.1초의 간격을 주는 것입니다.

──────── **why**

복제본이 생성되었을 때 이동 방향으로 60만큼 움직이면서, 30만큼 커지고 30만큼 투명해지기를 20회 반복하여 실행합니다. 즉, 하트가 발사되어 점점 커지고 투명해지며 사라지는 모습을 표현한 것입니다.

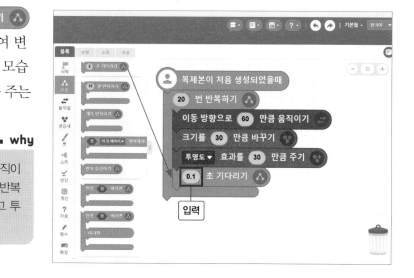

10 [흐름(⚙)] 카테고리의 　이 복제본 삭제하기 ⚙　블록을 연결해 줍니다.

─── **why**

복제본이 생성되었을 때 필요 없는 복제본을 삭제해 주지 않고 계속 실행하면, 복제본이 누적되어 프로그램을 느리게 하거나 실행을 방해하기도 합니다. 따라서, 복제하기를 한 이후에는 삭제하기도 잊지 않고 해 주는 것이 좋습니다.

11 [시작하기(　▶　)] 버튼을 클릭하여, 하트(♥)가 나와 점점 커지고 투명해지면서 사라지는지 확인합니다. 3번 반복하여 복제되는지도 확인합니다.

08

★ 학습 개념 연산, 횟수 반복, 신호, 변수, 무작위 수
★ 성취 기준 3.1.4 변수와 연산자를 이해하고 사용할 수 있다.

핵심 블록 설명

[질문값 ▼ 를 10 로 정하기 ?] : 선택한 '질문값' 변수의 값을 입력한 값으로 정합니다.

[0 부터 10 사이의 무작위 수] : 입력한 두 수의 사이에서 무작위로 고른 수입니다.

[10 / 10 의 몫 ▼] : 앞의 수에서 뒤의 수를 나누어 생긴 '몫의 값'입니다. ('나머지'로 선택하면 '나머지의 값')

[질문대기 ▼ 신호 보내고 기다리기 ▶] : '신호'를 지정하여 그 신호를 보내고, 그 '신호'를 받은 블록이 실행을 완료하기를 기다렸다가, 이 블록 아래에 연결된 다음 블록들을 실행합니다.

풀이 따라하기

01 엔트리가 실행되면 [파일]–[오프라인 작품 불러오기]를 선택합니다.

02 [열기] 대화 상자가 나타나면 'PART 06₩기출유형따라하기 2회' 폴더에서 '8..ent' 파일을 선택하고 [열기]를 클릭합니다.

03 [시작하기(▶)] 버튼을 클릭했을 때 선생님( )이 '선생님_1' 모양으로 보이도록 다음과 같이 블록을 조립합니다. [시작( )] 카테고리의 ▶ 시작하기 버튼을 클릭했을 때 블록과 [생김새( )] 카테고리의 선생님_1 모양으로 바꾸기 블록을 연결하고 '선생님_1'로 설정합니다.

─────────────────────────── tip

대개의 프로그램 언어의 경우 초기 모양을 설정해 주지 않으면, 다음 실행 시 이전 실행이 멈췄을 당시의 모습에서부터 실행하게 됩니다. 처음 보이는 모양이나 위치 등이 실행 중 바뀐다면 초기 모양을 설정하는 것이 좋습니다.

04 [흐름( )] 카테고리의 10 번 반복하기 블록을 연결하고, 10 을 3 으로 입력하여 변경합니다.

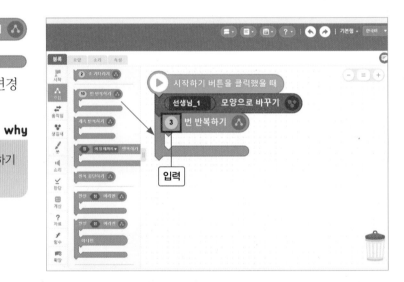

─────────────────────────── why

선생님( )이 질문을 3번 반복하기 위해 3회 반복하기를 해 줍니다.

05 [생김새( )] 카테고리의 안녕! 을(를) 4 초 동안 말하기▼ 블록을 연결하고 안녕! 을 질문하는 수를 2로 나눈 나머지 값은? 으로 입력하여 변경합니다. 4 초도 2 초로 입력하여 변경합니다.

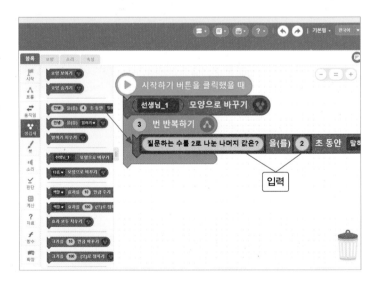

06 [자료(**?**)] 카테고리의

질문값 ▼ 를 10 로 정하기 **?** 블록을 가져와 연결
합니다.

─────────────────────────── tip

'질문값' 변수 추가하기

[속성] 탭에서 [변수]-[변수 추가
하기]를 클릭하고 '질문값'이라고
변수 이름을 입력한 후 [확인] 버
튼을 클릭합니다.

07 질문값 ▼ 를 10 로 정하기 **?** 블록
의 10 위치에 [계산( )] 카테고리의

0 부터 10 사이의 무작위 수 블록을 끼위 넣습니
다. 그리고, 2 부터 100 사이의 무작위 수 로 숫자를
입력합니다.

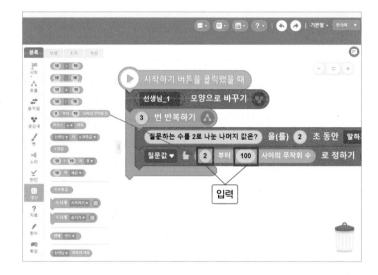

08 [생김새( )] 카테고리의

안녕! 을(를) 4 초 동안 말하기 ▼ 블록을 연
결합니다. 그리고, [계산( )] 카테고리의

안녕! 과(와) 엔트리 를 합치기 블록을 가져옵니다.

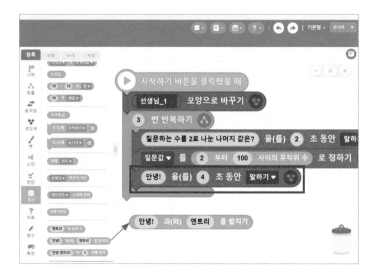

09 [자료(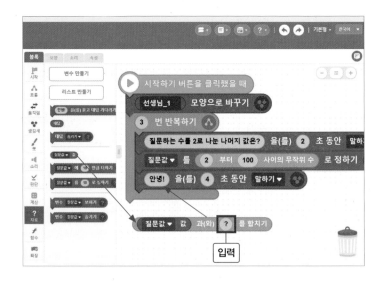)] 카테고리의 질문값 ▼ 값
블록을 안녕! 과(와) 엔트리 를 합치기 블록의
안녕! 위치에 끼워 넣습니다. 그리고, 엔트리
를 ? 로 입력하여 변경합니다. 이렇게 완성된
질문값 ▼ 값 과(와) ? 를 합치기 블록을 앞서 연결
해둔 안녕! 을(를) 4 초 동안 말하기 ▼ 블록의
안녕! 위치에 끼워 넣습니다.

── **why**

'질문값'은 변수이고, '?'는 문자입니다. 이처럼 형태가 다른 자료 값을 붙여서 말하도록 할 때 합치기 블록을 사용합니다. 합치기 블록을 사용하여 무작위 수로 정한 '질문값' 변수를 선생님이 학생에게 물음표를 뒤에 붙여 질문할 수 있게 됩니다. 예 "47?"

10 '질문대기' 신호를 만들어 신호를 추가한
후 [시작( )] 카테고리의

질문대기 ▼ 신호 보내고 기다리기 블록을 다음과 같
이 연결합니다.

────────────────────── **tip**

'질문대기' 신호 추가하기

[속성] 탭에서 [신호]–[신호 추가하기]를 클릭한 후 '질문대기'라고 신호 이름을 입력고 확인을 눌러 '질문대기' 신호를 추가합니다.

── **why**

만일 질문대기 ▼ 신호 보내기 블록을 연결하면. 실행했을 때 학생이 대답하는 걸 기다리지도 않고 바로 "잘했어"라고 칭찬할 것입니다. 학생( )이 신호를 받아서 대답을 할 때까지 기다렸다가. "잘했어"라고 칭찬할 있도록 질문대기 ▼ 신호 보내고 기다리기 블록을 사용하도록 합니다.

11 [생김새( )] 카테고리의 「안녕! 을(를) 4 초 동안 말하기」 블록을 「질문대기 ▼ 신호 보내고 기다리기」 블록 아래에 연결한 후 「안녕!」은 「잘했어!」로, 「4」초는 「2」초로 입력하여 변경합니다. 그리고 「3 번 반복하기」 블록 아래에 [생김새( )] 카테고리의 「선생님_1 모양으로 바꾸기」 블록을 가져와 연결하고 '선생님_2' 모양으로 설정합니다. [생김새( )] 카테고리의 「안녕! 을(를) 4 초 동안 말하기」 블록을 연결하고, 「안녕!」은 「대단한 걸~」로, 「4」초는 「2」초로 입력하여 변경합니다.

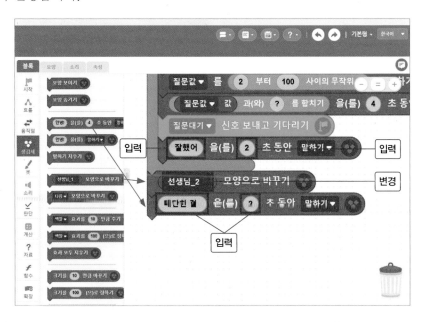

_____ **why**

질문의 정답을 맞출 때마다 기다렸다가, "잘했어!"라고 말하고, 3번 모두 맞추면 선생님이 포즈도 바꾸어 학생을 가리키며 "대단한 걸~"이라고 칭찬해 줍니다.

[학생] **학생 오브젝트 코딩**

12 학생( ) 오브젝트를 선택하고, [시작( )] 카테고리의 「질문대기 ▼ 신호를 받았을 때」 블록을 블록 조립소로 가져옵니다.

13 [생김새( )] 카테고리의

안녕! 을(를) 4 초 동안 말하기 블록을 가져와
연결하고, 4 초는 2 초로 입력하여 변경합니다.

14 [계산( )] 카테고리의

10 / 10 의 몫 블록을 가져와
10 / 10 의 나머지 처럼 변경해 줍
니다. 그리고 [계산( )] 카테고리의

안녕! 과(와) 엔트리 를 합치기 블록도 블록 조립소
로 가져옵니다.

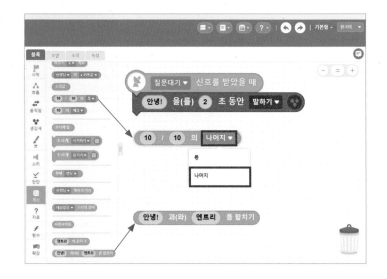

15 10 / 10 의 나머지 블록을
안녕! 과(와) 엔트리 를 합치기 블록의 안녕! 위치에
끼워 넣습니다. 그리고, 엔트리 위치에 입니다. 를
입력해 넣습니다. 결합된 블록을 앞선 만들어 둔
블록의 안녕! 위치에 끼워 넣습니다.

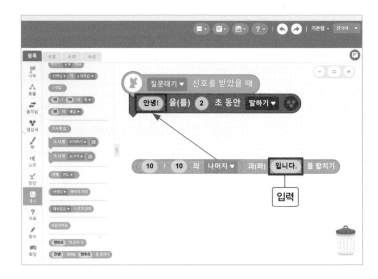

16 [자료(?)] 카테고리의 질문값 ▼ 값 블록을 앞서 만든 10 / 10 의 나머지 ▼ 과(와) 입니다. 를 합치기 블록의 앞쪽 10 의 위치에 끼워넣고, 뒤쪽의 10 은 2 로 변경합니다.

━━━ **why**

선생님이 질문한 '질문값'을 받아서, 2로 나눈 나머지 값을 학생이 말하는 것입니다.

17 [시작하기(▶)] 버튼을 클릭하여, 선생님( )이 질문한 수에 대해 학생( )이 2로 나눈 나머지 값을 대답하는지 확인합니다. 그리고 학생이 대답할 때마다 선생님이 "잘했어!"라고 칭찬하고, 3번을 다 맞추면 학생을 가리키며 "대단한 걸~"이라고 칭찬하는지도 확인합니다.

09

★ 학습 개념 슬라이드 센서
★ 성취 기준 4.2.2 각 센서별 특징을 이해할 수 있다.

핵심 정리

센서의 종류에는 버튼과 같은 디지털 센서와 아날로그 값을 지니는 아날로그 센서가 있습니다. 슬라이드는 아날로그 센서로서, 이것은 0~1023까지의 값을 필요한 숫자범위로 바꾸어 사용할 수 있습니다.

풀이

정답 ① 슬라이드, ② 1023

해설 손잡이를 좌우로 이동하여 아날로그 값의 변화를 주는 피지컬 센서도구는 슬라이드입니다. 여기 게임화면에서는 x 좌표 값 범위인 –200~199까지의 범위를 슬라이드로 사용하고 있습니다.
슬라이드를 좌우로 밀어서 사용할 때 화면 끝까지 게임주인공이 이동하면 화면에서의 값은 199이지만, 이때 슬라이드가 실제 갖는 값은 1023입니다.

10

★ 학습 개념 온도 센서, LED
★ 성취 기준 4.2.2 각 센서별 특징을 이해할 수 있다

핵심 정리

온도센서는 주변의 온도 변화를 감지하여 그 정보를 전해 줍니다. 그 정보를 전해 받아 여러 가지 유용한 도구들을 만들 수 있습니다. 또한 LED는 각 센서들의 상황에 따라 제어에 의해 불빛을 켜거나 꺼서 사용합니다.

풀이

정답 ① (나), ② (다)

해설 텀블러 안쪽에서 커피의 온도를 확인하는 것은, 온도 센서입니다. 또한 온도 센서의 정보를 확인하여, 마시기 좋은 65도 이하의 온도이면 LED 불빛이 들어오게 합니다.

"

꿋꿋하게 자신의 목표를 향해
걸어가기만 하면 돼.
그러면 그 목표에 도달하게 될 거야.
일하고 노력하는 것에는
그 나름의 이유가 있어.

"

– 레프 톨스토이, 〈안나 카레니나〉 –

PART 7

최신 기출 유형
문제

SW코딩자격(2급)
- Software Coding Qualification Test -

SW	시험 시간	급수	응시일	수험 번호	성명
엔트리 2.0 이상	45분	2	년 월 일		

시험자 유의 사항

- 수험자는 감독관의 안내에 따라 문제지와 시험용 SW 등의 이상 여부를 확인해야 합니다.

- 문제지는 시험이 끝난 후 답안지와 함께 제출해야 하며, 미제출 시 실격 처리 됩니다.

- 제한된 시간 내에 시험을 완료하여야 합니다.

- 시험 시작 후에는 화장실 출입이 불가하며, 시험 시간 중에는 퇴실할 수 없습니다.

- 시험 시간 중 고사실 내에서 휴대 전화기, 디지털카메라, MP3 등 전자 기기를 소지한 경우, 해당자의 시험을 무효로 처리하오니 절대 휴대하지 않도록 합니다.

- 부정 응시 및 문제 유출에 해당하는 행위 즉, 답안을 타인에게 전달 및 외부로 반출하는 경우, 자격기본법 제 32조에 의거 부정행위로 간주되어 해당자의 시험을 무효처리하며 민/형사상의 책임을 물을 수 있습니다.

답안 작성 요령

- 답안 작성 절차
  - 바탕화면(Desktop) / SW2–시험 / 수험번호–성명 / 파일에 답안을 작성 또는 작업 후 저장
- 시험을 완료한 수험자는 감독관의 안내에 따라 ①시험지를 제출하고 ②답안 파일을 저장한 후 퇴실합니다.

한 국 생 산 성 본 부

선우가 사물함의 비밀번호를 정하려고 한다. 〈보기〉를 참고하여 〈문제〉의 빈 칸을 완성하시오. (10점)

보기

〈사물함 인식 코드〉

사용할 스마트 사물함은 선우의 집게손가락부터 새끼손가락 각각의 지문을 이용하여 4개의 판에 터치하는 방법으로 인식된다. 인식된 코드는 아래와 같은 표현 방법으로 변환된 숫자가 입력된다.

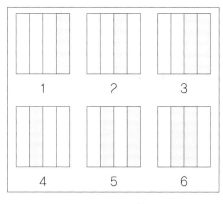

문제

※ 답안 작성 요령 : 〈보기〉를 참고하여, 빈칸 ①과 ②를 채워 넣으시오.

〈선우 사물함의 비밀번호〉

– 선우의 비밀번호 숫자 4자리 수는 (①)이다.
– 사물함 인식 코드를 분석하여 집게손가락부터 새끼손가락을 판에 터치하여 인식된 코드 중에서 변환된 숫자가 10 이상인 수를 찾아보면 (②)가지이다.

정답	① ( )	② ( )

문제 02 수연이가 학교에서 상상공작소를 찾아가려고 한다. 〈보기〉를 참고하여 〈문제〉의 빈 칸을 완성하시오. (10점)

보기

〈상상공작소 길찾기〉

수연이는 상상공직소를 찾아가기 위해 길찾기 검색을 하였다.

버스	지하철	+

집
상상공작소   ×🔍   길찾기

〈검색 결과〉

	대중교통	환승 횟수	소요 시간	비용
(가)	버스	직행	1시간 32분	2,600원
(나)	지하철	2회	1시간 36분	2,050원
(다)	버스, 지하철	1회 (버스→지하철)	1시간 38분	2,450원
(라)	버스, 지하철	2회 (버스→지하철→ 버스)	1시간 50분	1,950원

문제

※ 답안 작성 요령 : 〈보기〉를 참고하여, 빈칸 ①과 ②를 채워 넣으시오.

수연이가 상상공작소를 가기 위한 방법 중 가장 빨리 갈 수 있는 방법은 (①)이고, 가장 적은 비용으로 갈 수 있는 방법은 (②) 이다.

정답	① ( )	② ( )

문제 03 서율이가 도서관에서 무인 도서 대출 기기를 이용하여 책을 빌리려고 한다. 아래 〈보기〉를 참고하여 〈문제〉의 빈 칸을 완성하시오. (10점)

보기

〈 도서 대출하기 〉

(가) 도서 대출증을 스캔하여 사용자를 입력하기   (라) 도서 대출증 챙겨가기
(나) 대출할 도서가 있는가?   (마) 대출 확인증 출력하기
(다) 대출할 도서 스캔하여 등록하기

문제

※ 답안 작성 요령 : 〈보기〉를 참고하되, 〈도서 대출하기〉에서 적절한 내용을 골라 (가)〜(마)의 기호로 빈칸 ①〜⑤를 채워 넣으시오.

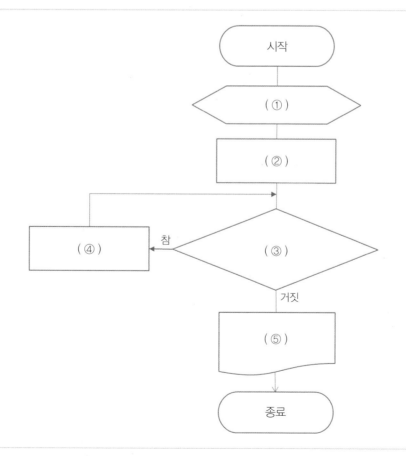

정답   답안 파일에 ①〜⑤까지 작성해 넣으시오.

프로그래밍 작업 가이드

– 문제 파일 위치 : PART07₩기출유형문제 1회

– [수험번호–성명] 폴더를 마우스 오른쪽 버트으로 클릭한 후 [이름 바꾸기]를 클릭

   → 본인의 [수험번호–성명]으로 수정하시오.(예: 10041004–홍길동)

– 본인의 [수험번호–성명]으로 수정된 폴더 안의 파일을 문항 별로 더블클릭하여 프로그램을 실행합니다.

– 문항 별 조건에 따라 작업을 완료하였으면, 파일〉저장하기 버튼을 클릭하여 저장합니다.

문제 **04** 엔트리봇이 궁전에 들어가서 왕관을 찾도록, 아래 〈조건〉에 맞게 코딩하시오. (10점)

조건
– 엔트리 프로그램 화면 [블록 꾸러미]에서 필요한 블록을 가져다 사용한다. – 시작하기([　　▶　　]) 버튼을 클릭하면 엔트리봇은 초시계를 시작하고 크기를 50으로 정하고 x좌표 –170, y 좌표 –80의 위치로 이동한다. – 시작하기([　　▶　　]) 버튼을 클릭하면 왕관, 궁전2, 궁전3은 화면에 보이지 않도록 하고, 궁전1은 화면에 보이도록 한다. – 엔트리봇은 10만큼씩 30번 반복하여 이동하고 0.5초 기다린 후 '궁전2로' 신호를 보낸다. – '궁전2로' 신호를 받으면 궁전1은 화면에 보이지 않도록 하고, 궁전2는 화면에 보이도록 한다. – '궁전2로' 신호를 받으면 엔트리봇은 크기를 20만큼 바꾸고, x좌표 –170, y좌표 –60 위치로 이동한 다음 이동 방향으로 10만큼씩 30번 반복하여 움직인 후 0.5초 기다리고 '궁전3으로' 신호를 보낸다. – '궁전3으로' 신호를 받으면 궁전3과 왕관은 화면에 보이도록 하고 궁전2는 화면에 보이지 않도록 한다. – '궁전3으로' 신호를 받으면 엔트리봇은 크기를 20만큼 바꾸고, x좌표 –170, y좌표 –40 위치로 이동한 다음 왕관에 닿을 때까지 이동 방향으로 10만큼씩 움직인 후 '찾았다' 신호를 보내고 초시계를 멈춘 후 "(초시계 값)만에 드디어 왕관을 찾았다!"라고 4초 동안 말한다. – '찾았다' 신호를 받으면 왕관은 '엔트리봇' 위치로 이동한다.

05 나는 변신을 하면서 스케이트를 타도록, 아래 〈조건〉에 맞게 코딩하시오. (10점)

조건
– 엔트리 프로그램 화면 [블록 꾸러미]에서 필요한 블록을 가져다 사용한다. – 시작하기(▶) 버튼을 클릭하면 나는 '변신' 변수를 0으로 정한다. – 나는 계속 반복하여 이동 방향으로 2만큼씩 움직이고 화면에 닿으면 튕기도록 한다. – 나는 '변신' 변수가 0이면 '말' 모양으로, 1이면 '소' 모양으로, 2이면 '돼지' 모양으로 바꾸고, '변신'이 1 또는 2 이면   서 시계에 닿으면 "좀 쉬어야겠다!"라고 1초 동안 말하고 자신의 다른 코드를 멈춘다. – 나를 클릭하면 '변신' 변수에 1만큼 더하고, 변신버튼을 클릭하면 '변신' 변수를 1만큼 더한다. – 변신버튼은 '변신' 변수가 2보다 클 때까지 기다린 후 '변신' 변수를 0으로 정하기를 반복한다.

06 느돈이 택배물을 배달하도록, 아래 〈조건〉에 맞게 코딩하시오. (10점)

조건

– 엔트리 프로그램 화면 [블록 꾸러미]에서 필요한 블록을 가져다 사용한다.
– 시작하기(▶) 버튼을 클릭하면 '목적지' 변수를 1부터 2사이의 무작위 수로 정한다.
– 드론이 2초 동안 x좌표 70, y좌표 70의 위치로 이동하고 크기를 –1만큼씩 20번 반복하여 바꾸고 (1)~(3)을 차례로
  실행한다.
  (1) '목적지'가 1이면 '주소' 변수를 '기와집'으로 정하고 그렇지 않으면 '초가집'으로 정한다.
  (2) "이 택배는 (주소 값)으로 배달됩니다."라고 2초 동안 말한다.
  (3) '목적지'가 1이면 2초 동안 x좌표 –100, y좌표 –60 위치로 이동하고, 그렇지 않으면 2초 동안 x좌표 180, y좌표
    –105 위치로 이동한다.
– 택배물은 드론 위치로 이동하며 함께 움직인다.
– 택배물은 2초 기다린 후 크기를 –1만큼씩 30번 반복하여 바꾼다.

07 청년이 스케이트보드를 타도록, 아래 〈조건〉에 맞게 코딩하시오. (10점)

조건
– 엔트리 프로그램 화면 [블록 꾸러미]에서 필요한 블록을 가져다 사용한다.
– 시작하기(▶) 버튼을 클릭하면 경고등은 '빨간LED_꺼짐' 모양으로 바꾸고 스케이트보드는 x좌표 35, y좌표 −80 위치로 이동한다.
– 청년은 x좌표를 2만큼씩 반복하여 움직인다.
– 청년은 '뛰는 사람1'과 '뛰는 사람2'의 모양을 0.1초마다 바꾸기를 3번 반복하고 '뛰는 사람3' 모양으로 바꾼 후 벽에 닿을 때까지 '스케이트보드' 위치로 이동하기를 반복한다.
– 스케이트보드는 청년에 닿으면 '경고' 신호를 보내고 x좌표를 2만큼씩 바꾸기를 반복한다.
– '경고' 신호를 받으면 경고등은 '빨간LED_켜짐'으로 모양을 바꾸고 "헬멧을 착용해주세요!"라고 2초 동안 말한다.

 08 친구들과 스피드 퀴즈 게임을 하도록, 아래 〈조건〉에 맞게 코딩하시오. (10점)

조건
– 엔트리 프로그램 화면 [블록 꾸러미]에서 필요한 블록을 가져다 사용한다.
– 시작하기(▶) 버튼을 클릭하면 초시계를 초기화한 뒤 다시 시작하며, 대답을 화면에 보이지 않게 숨기고, '정답수' 변수를 0으로 정한다.
– 친구1은 "더울 때 트는 전자제품, 빙글빙글 도는 것〜"이라고 묻고 대답을 기다린다.
– 입력한 대답이 '퀴즈단어' 리스트의 1번째 항목과 같다면 "딩동댕!"이라고 0.5초 동안 말한 후 '정답수'에 1을 더하고, 같지 않다면 "땡!"을 0.5초 동안 말한다.
– 친구1은 "달콤한 것. 우리 생일 때 먹는 것〜"이라고 묻고 대답을 기다린다.
– 입력한 대답이 '퀴즈단어' 리스트의 2번째 항목과 같다면 "딩동댕!"이라고 0.5초 동안 말한 후 '정답수'에 1을 더하고, 같지 않다면 "땡!"을 0.5초 동안 말한다.
– 친구1은 "우리가 공부하러 가는 곳〜"이라고 묻고 대답을 기다린다.
– 입력한 대답이 '퀴즈단어' 리스트의 3번째 항목과 같다면 "딩동댕"이라고 0.5초 동안 말한 후 '정답수'에 1을 더하고, 같지 않다면 "땡!"을 0.5초 동안 말한다.
– 문제가 끝나면 초시계를 정지한다.

09 리안이가 스탠드 조명을 제어하려고 한다. 아래 〈보기〉를 보고 질문에 답하시오. (10점)

보기

〈스탠드 조명 제어〉

버튼 2개를 이용하여 스탠드의 조명을 끄고 켜도록 제어하려고 한다. 버튼은 디지털 5번 핀과 6번 핀에 연결하고, LED는 디지털 13번 핀에 연결하였다. 버튼을 누르면 LED가 켜지고, 버튼을 누르지 않으면 LED가 꺼진 상태로 있다.

〈회로도 구성〉

필요한 부품	핀 번호
• 버튼 • LED	• 디지털 5번 • 디지털 6번 • 디지털 13번

용도	논리연산자
• 입력 • 출력	• 그리고 (and) • 또는 (or) • ~가 아니다 (not)

문제

※ 답안 작성 요령 : 〈보기〉를 참고하여, 빈칸 ①과 ②를 채워넣으시오.

– 버튼의 용도는 입력과 출력 중 (　①　)이다.

– 버튼 2개를 모두 눌렀을 때 불이 켜지도록 하기 위해 필요한 논리연산자는 (　②　)이다.

정답	① (　　　　　　　　　　)	② (　　　　　　　　　　)

수현이가 자동차 후방 감지기를 만들려고 한다. 아래 〈보기〉를 보고 질문에 답하시오. (10점)

보기

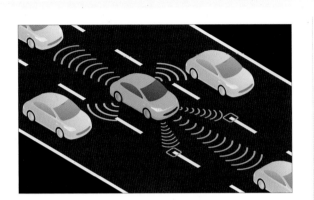

〈후방 감지기의 조건〉

자동차 후방 감지 센서값이 20보다 작으면 소리를 내고, 그렇지 않으면 소리가 나지 않도록 코드를 설계하려고 한다.

센서의 종류
(가) 온도 센서
(나) 초음파 거리 센서
(다) 소리 센서
(라) 빛 센서

필요한 부품
(a) LED
(b) 부저
(c) 버튼
(d) 모터

문제

※ 답안 작성 요령 : 〈보기〉를 참고하여, 빈칸 ①과 ②를 채워 넣으시오. ①은 (가)~(라)의 기호로, ②는 (a)~(d)의 기호로 적으시오.

– 후방 감지기는 〈센서의 종류〉 중 (①)에 물체가 감지되면 소리의 속도에 따라 근접 정도를 알려준다.

– 자동차의 후방 감지 센서가 동작하여, 다른 물체와의 근접 정도를 운전자가 알기 위해서는 〈필요한 부품〉 중 (②)가(이) 필요하다.

정답	① ( )	② ( )

시험 종료 전

– 본인의 수험번호–성명 폴더 내에 작업한 답안 파일이 정상적으로 저장되었는지 확인합니다.

　→ 시험 종료 후, 감독관이 답안파일을 수거합니다.

– 수험번호, 성명을 잘못 기재하였거나, 답안 파일을 잘못 저장하여 발생한 문제나 불이익에 대한 일체의 책임은 수험자에게 있습니다.

– 감독관의 안내에 따라 시험지를 제출하고 퇴실합니다.

SW코딩자격(2급)
- Software Coding Qualification Test -

SW	시험 시간	급수	응시일	수험 번호	성명
엔트리 2.0 이상	45분	2	년 월 일		

시험자 유의 사항

- 수험자는 감독관의 안내에 따라 문제지와 시험용 SW 등의 이상 여부를 확인해야 합니다.
- 문제지는 시험이 끝난 후 답안지와 함께 제출해야 하며, 미제출 시 실격 처리 됩니다.
- 제한된 시간 내에 시험을 완료하여야 합니다.
- 시험 시작 후에는 화장실 출입이 불가하며, 시험 시간 중에는 퇴실할 수 없습니다.
- 시험 시간 중 고사실 내에서 휴대 전화기, 디지털카메라, MP3 등 전자 기기를 소지한 경우, 해당자의 시험을 무효로 처리하오니 절대 휴대하지 않도록 합니다.
- 부정 응시 및 문제 유출에 해당하는 행위 즉, 답안을 타인에게 전달 및 외부로 반출하는 경우, 자격기본법 제 32조에 의거 부정행위로 간주되어 해당자의 시험을 무효처리하며 민/형사상의 책임을 물을 수 있습니다.

답안 작성 요령

- 답안 작성 절차
  - 바탕화면(Desktop) / SW2-시험 / 수험번호-성명 / 파일에 답안을 작성 또는 작업 후 저장
- 시험을 완료한 수험자는 감독관의 안내에 따라 ①시험지를 제출하고 ②답안 파일을 저장한 후 퇴실합니다.

한 국 생 산 성 본 부

문제 01 승재가 휴대폰을 잃어버려서 휴대폰을 찾으려고 한다. 〈보기〉를 참고하여 〈문제〉의 빈 칸을 완성하시오. (10점)

보기	
〈승재의 이동 경로〉	**〈문제 상황〉**

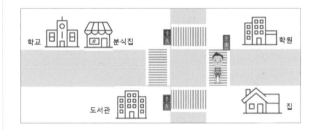

승재는 학교가 끝나고 분식집에서 김밥을 먹고 도서관에 갔다가 5시 수업에 맞춰 학원에 갔다. 학원에서 친구에게 연락하려하니 휴대폰이 없는 것을 알았다.	승재가 휴대폰을 찾아야 하는 시점에 또 다른 문제가 발생한다. 지금 당장 휴대폰을 찾느라 학원 수업을 듣지 못하는 상황이 충돌하기 때문이다.

문제

※ 답안 작성 요령 : 〈보기〉를 참고하여, 빈칸 ①과 ②를 채워 넣으시오.

– 승재가 휴대폰을 찾기 위해 왔던 길을 돌아가기 위해서는 (학원) → (도서관) → (①) → (학교) 순서로 되돌아가야 한다.

– 〈문제 상황〉을 정의하기 위해 육하원칙으로 정리해보자.

승재가	②	5시에	학원에서	수업을	듣지 못했다.
[누가]	[왜]	[언제]	[어디서]	[무엇을]	[어떻게]

정답	① ( )	② ( )

형준이는 논리연산 기호를 배우고 있다. 〈보기〉를 참고하여 〈문제〉의 빈 칸을 완성하시오. (10점)

보기

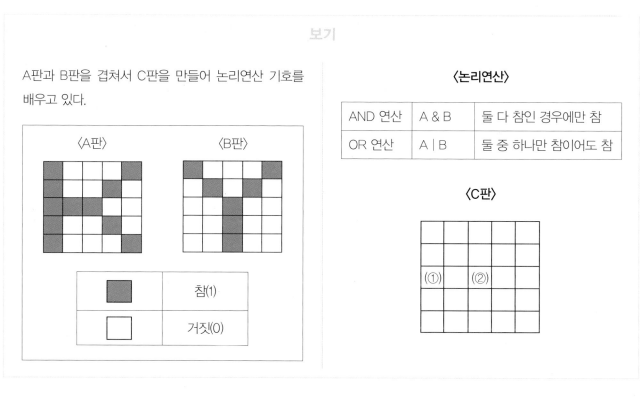

A판과 B판을 겹쳐서 C판을 만들어 논리연산 기호를 배우고 있다.

〈A판〉　〈B판〉

| | 참(1) |
| | 거짓(0) |

〈논리연산〉

| AND 연산 | A & B | 둘 다 참인 경우에만 참 |
| OR 연산 | A \| B | 둘 중 하나만 참이어도 참 |

〈C판〉

문제

※ 답안 작성 요령 : 〈보기〉를 참고하여, 빈칸 ①과 ②를 채워 넣으시오.

C판의 결과는 1과 0으로 표현한다.
〈A판〉과 〈B판〉을 AND 연산한 경우 〈C판〉의 결과는 (①)이고, 〈A판〉과 〈B판〉을 OR 연산한 경우 〈C판〉의 결과는 (②)이다.

정답　① (　　　　　　　　　　　　) 　② (　　　　　　　　　　　　)

문제 03 승재가 강당에서 줄넘기를 연습하려고 한다. 아래 〈보기〉를 참고하여 〈문제〉의 빈 칸을 완성하시오. (10점)

보기
승재가 줄넘기를 한다.   가볍게 줄넘기 번갈아 뛰기를 50번하여 몸을 푼 후 줄넘기 2단 뛰기를 30번 하려고 한다.   〈 줄넘기하기 〉   (가) 2단 뛰기   (라) 30회 반복   (나) 번갈아 뛰기   (마) 50회 반복   (다) 줄넘기 잡고 서기

문제
※ 답안 작성 요령 : 〈보기〉를 참고하되, 〈줄넘기하기〉에서 적절한 내용을 골라 (가)~(마)의 기호로 빈칸 ①~⑤를 채워 넣으시오.

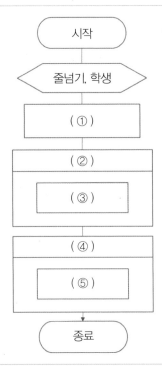

정답	답안 파일에 ①~⑤까지 작성해 넣으시오.

프로그래밍 작업 가이드

– 문제 파일 위치 : PART07₩기출유형문제 2회
– [수험번호–성명] 폴더를 마우스 오른쪽 버튼으로 클릭한 후 [이름 바꾸기]를 클릭
  → 본인의 [수험번호–성명]으로 수정하시오.(예: 10041004–홍길동)
– 본인의 [수험번호–성명]으로 수정된 폴더 안의 파일을 문항 별로 더블클릭하여 프로그램을 실행합니다.
– 문항 별 조건에 따라 작업을 완료하였으면, 파일>저장하기 버튼을 클릭하여 저장합니다.

04 엔트리봇이 선풍기 바람을 쐬도록, 아래 〈조건〉에 맞게 코딩하시오. (10점)

조건
– 엔트리 프로그램 화면 [블록 꾸러미]에서 필요한 블록을 가져다 사용한다. – 시작하기(▶) 버튼을 클릭하면 선풍기는 '바람세기' 변수를 1부터 50사이의 무작위 수로 정하고, 엔트리봇 표정을 '엔트리봇 표정_당당' 모양으로 바꾼다. – 선풍기의 방향은 바람세기 값만큼 회전한다. – 엔트리봇은 1초 기다린 후 '바람세기'가 25 미만이면 '엔트리봇 표정_실망' 모양으로 바꾸고 "더워~"라고 2초 동안 말하고, '바람세기'가 25 이상이면 '엔트리봇 표정_웃는' 모양으로 바꾸고, "시원해~"라고 2초 동안 말한다.

05 내가 마법모자를 쓰고 투명인간이 되도록, 아래 〈조건〉에 맞게 코딩하시오. (10점)

조건
– 엔트리 프로그램 화면 [블록 꾸러미]에서 필요한 블록을 가져다 사용한다. – 시작하기(▶) 버튼을 클릭하면 나는 '나' 모양으로 바꾸고 x좌표 165, y좌표 25 위치로 이동하며, 마법모자는 x좌표 90, y좌표 –90 위치로 이동한다. – 나는 "내가 만약 투명인간이 된다면...."이라고 2초 동안 말한다. – 마법 모자는 2초 후 0.2초마다 화면에 보이고 보이지 않기를 3번 반복한 후 "마법모자를 클릭하세요!"라고 1초 동안 말한다. – 마법모자를 클릭하면 '투명인간' 신호를 보내고 마법모자가 '나' 위치로 이동하여 함께 움직이도록 한다. – '투명인간' 신호를 받으면 나는 '투명인간' 모양으로 바꾸고, "놀이공원에 가서 놀이기구를 마음껏 타야지!"라고 2초 동안 말한 후 놀이동산에 닿을 때까지 2만큼씩 움직이기를 반복한다.

06 하트 도장에 물감을 묻혀서 도장을 찍도록, 아래 〈조건〉에 맞게 코딩하시오. (10점)

조건
– 엔트리 프로그램 화면 [블록 꾸러미]에서 필요한 블록을 가져다 사용한다.
– 시작하기(▶) 버튼을 클릭하면 히트가 '마우스포인터' 위치로 이동하여 함께 움직이도록 한다.
– 하트가 빨강물감에 닿은 상태에서 마우스를 클릭하면, 하트는 '하트_빨강' 모양으로 바꾼다.
– 하트가 노랑물감에 닿은 상태에서 마우스를 클릭하면, 하트는 '하트_노랑' 모양으로 바꾼다.
– 하트가 파랑물감에 닿은 상태에서 마우스를 클릭하면, 하트는 '하트_파랑' 모양으로 바꾼다.
– 스페이스 키를 누르면 하트는 도장을 찍는다.

 07 아이가 마법양탄자를 따라 움직이도록, 아래 〈조건〉에 맞게 코딩하시오. (10점)

조건
– 엔트리 프로그램 화면 [블록 꾸러미]에서 필요한 블록을 가져다 사용한다.
– 시작하기(▶) 버튼을 클릭하면 별똥별이 보이지 않도록 한다.
– 마법양탄자는 '마우스포인터' 위치로 이동하여 함께 움직이도록 한다.
– 아이가 마우스포인터에 닿지 않으면 계속하여 '마법양탄자' 쪽을 바라보고, 이동 방향으로 1만큼씩 움직인다.
– 아이가 마법양탄자에 닿으면 '별똥별' 신호를 보내고 1초 기다린다.
– '별똥별' 신호를 받았을 때 별똥별이 화면에 보이고, x좌표는 0부터 200사이의 무작위수, y좌표는 240 위치에 나타나도록 한다.
– 별똥별이 아래쪽 벽에 닿을 때까지 이동 방향으로 10만큼씩 계속 움직이고, 아래쪽 벽에 닿으면 화면에 보이지 않도록 한다.

문제 08 화살표 키 방향으로 토끼가 움직이도록, 아래 〈조건〉에 맞게 코딩하시오. (10점)

조건

- 엔트리 프로그램 화면 [블록 꾸러미]에서 필요한 블록을 가져다 사용한다.
- 시작하기(▶) 버튼을 클릭하면 작동을 시작한다.
- '깡총깡총' 함수는 벽에 닿을 때까지 이동 방향으로 2만큼씩 움직이도록 정의한다.
- '깡총깡총' 함수를 이용하여 (1)~(4)의 명령을 실행하도록 한다.
  (1) 오른쪽 화살표 키를 누르면 토끼는 '토끼-오른쪽' 모양으로 바뀌고, 이동 방향을 90°로 정한 후 '깡총깡총' 뛴다.
  (2) 왼쪽 화살표 키를 누르면 토끼는 '토끼-왼쪽' 모양으로 바뀌고, 이동 방향을 270°로 정한 후 '깡총깡총' 뛴다.
  (3) 위쪽 화살표 키를 누르면 토끼는 '토끼-뒤' 모양으로 바뀌고, 이동 방향을 0°로 정한 후 '깡총깡총' 뛴다.
  (4) 아래쪽 화살표 키를 누르면 토끼는 '토끼-앞' 모양으로 바뀌고, 이동 방향을 180°로 정한 후 '깡총깡총' 뛴다.
- 스페이스 키를 누르면 y좌표를 20만큼 바꾼 뒤 0.1초 후에 y좌표를 −20만큼 바꾸기하여 토끼가 깡총깡총 뛰는 모습을 표현한다.

문제 09 성찬이는 친구들과 K-POP 콘서트에서 사용할 야광봉을 만드려고 한다. 아래 〈보기〉를 보고 질문에 답하시오. (10점)

보기

〈야광봉〉

시중에 파는 야광봉 제품은 한 가지 색만 나타내므로 빛의 3원색으로 바꿀 수 있도록 3색 LED를 사용하려고 한다.

〈빛의 3원색〉

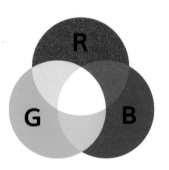

- R : 빨간색, G : 초록색, B : 파란색
- RGB 예 : 초록색을 나타내기 위한 RGB 색상값은 (0, 255, 0)이다.

문제

※ 답안 작성 요령 : 〈보기〉를 참고하여, 빈칸 ①과 ②를 채워 넣으시오.

야광봉에서 노란색 빛이 나타나기 위한 RGB 색상값은 (①), 255 , (②)이다.

정답	① (	)	② (	)

문제 10 지효가 전동 블라인드를 만들려고 한다. 아래 〈보기〉를 보고 질문에 답하시오. (10점)

보기

〈센서의 종류〉	〈부품의 종류〉
– 온도 센서	– 부저
– 조도 센서	– 스위치
– 소리 센서	– 서보 모터
– 적외선 센서	– LED
– 초음파 거리 센서	

문제

※ 답안 작성 요령 : 〈보기〉를 참고하여, 빈칸 ①과 ②를 채워 넣으시오.

전동 블라인드를 만들 때 필요한 재료 중 주변 빛의 밝기를 측정하는 것은 (①) 센서이며, 블라인드의 각도를 조절하여 햇빛을 가리기 위해 필요한 부품은 (②) 이다.

정답	① ( )	② ( )

시험 종료 전

– 본인의 수험번호–성명 폴더 내에 작업한 답안 파일이 정상적으로 저장되었는지 확인합니다.

　→ 시험 종료 후, 감독관이 답안파일을 수거합니다.

– 수험번호, 성명을 잘못 기재하였거나, 답안 파일을 잘못 저장하여 발생한 문제나 불이익에 대한 일체의 책임은 수험자에게 있습니다.

– 감독관의 안내에 따라 시험지를 제출하고 퇴실합니다.

SW코딩자격(2급)
- Software Coding Qualification Test -

SW	시험 시간	급수	응시일	수험 번호	성명
엔트리 2.0 이상	45분	2	년 월 일		

시험자 유의 사항

- 수험자는 감독관의 안내에 따라 문제지와 시험용 SW 등의 이상 여부를 확인해야 합니다.
- 문제지는 시험이 끝난 후 답안지와 함께 제출해야 하며, 미제출 시 실격 처리 됩니다.
- 제한된 시간 내에 시험을 완료하여야 합니다.
- 시험 시작 후에는 화장실 출입이 불가하며, 시험 시간 중에는 퇴실할 수 없습니다.
- 시험 시간 중 고사실 내에서 휴대 전화기, 디지털카메라, MP3 등 전자 기기를 소지한 경우, 해당자의 시험을 무효로 처리하오니 절대 휴대하지 않도록 합니다.
- 부정 응시 및 문제 유출에 해당하는 행위 즉, 답안을 타인에게 전달 및 외부로 반출하는 경우, 자격기본법 제 32조에 의거 부정행위로 간주되어 해당자의 시험을 무효처리하며 민/형사상의 책임을 물을 수 있습니다.

답안 작성 요령

- 답안 작성 절차
  - 바탕화면(Desktop) / SW2-시험 / 수험번호-성명 / 파일에 답안을 작성 또는 작업 후 저장
- 시험을 완료한 수험자는 감독관의 안내에 따라 ①시험지를 제출하고 ②답안 파일을 저장한 후 퇴실합니다.

한 국 생 산 성 본 부

문제 01 꿀벌이 자신의 집을 찾아가려고 한다. 〈보기〉를 참고하여 〈문제〉의 빈 칸을 완성하시오. (10점)

보기

〈꿀벌의 집 찾아가기〉

꿀벌이 A부터 H까지의 집 중 자신의 집인 F를 찾아가려고 한다. 자신의 집인 F를 찾아가기 위해 꿀벌은 다른 집을 들르게 되는데 각 집에서 선택할 수 있는 경로는 정해져있다.

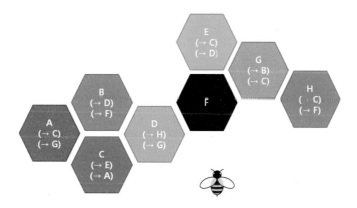

예를 들어 A에서는 C와 G를 선택하여 갈 수 있다. A에서 B까지 가기 위해서는 (A→C→E→D→G→B)로 가는 길과 (A→G→B)로 가는 길 등 여러 길이 있다.

문제

※ 답안 작성 요령 : 〈보기〉를 참고하여, 빈칸 ①과 ②를 채워 넣으시오.

시작 위치가 C라면 꿀벌이 자신의 집인 F까지 찾아가는 경로는 C→E→(①)→(②)→B→F 이다.

정답	① ( )	② ( )

문제 02 라율이는 친구들에게 선물할 액자를 박스에 담고 있다. 〈보기〉를 참고하여 〈문제〉의 빈 칸을 완성하시오. (10점)

보기

라율이는 생일파티에서 함께 찍은 사진이 들어있는 액자를 10명의 친구에게 선물하기 위해 박스에 넣고 있다. 액자에는 친구 이름의 영문 이니셜을 적어두었으며, 액자를 나누어 줄 때 첫 번째 영문 이니셜의 알파벳 순으로 나눠줄 것이다.

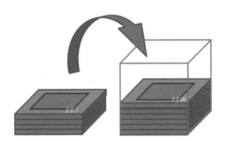

라율이는 친구들에게 액자를 빠르게 나눠주기 위해 친구들의 영문 이니셜 알파벳의 역순으로 박스에 넣어두었다.

〈친구 목록〉	
L.M.K	M.C.H
S.S.J	B.J.W
L.Y.D	P.K.M
Y.S.W	N.H.D
K.J.H	H.S.B

문제

※ 답안 작성 요령 : 〈보기〉를 참고하여, 빈칸 ①과 ②를 채워 넣으시오.

라율이가 박스에 가장 먼저 넣은 액자의 영문 이니셜은 (①)이고, 라율이가 액자를 가장 먼저 나눠주려는 친구의 영문 이니셜은 (②)이다.

정답	① ( )	② ( )

문제 03 예나가 친구에게 전화를 하려고 한다. 아래 〈보기〉를 참고하여 〈문제〉의 빈 칸을 완성하시오. (10점)

보기

〈 친구에게 전화하기 〉

(가) 친구가 전화를 받았는가?　　　　　　　(라) 전화를 건다.
(나) 친구가 맞는가?　　　　　　　　　　　(마) 전화를 끊는다.
(다) 친구와 통화한다.

문제

※ 답안 작성 요령 : 〈보기〉를 참고하되, 〈친구에게 전화하기〉에서 적절한 내용을 골라 (가)~(마)의 기호로 빈칸 ①~
⑤를 채워 넣으시오.

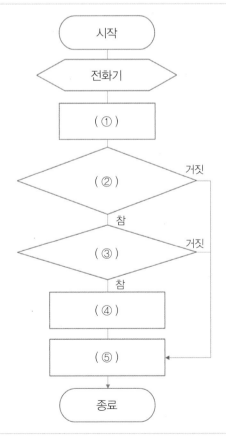

정답	답안 파일에 ①~⑤까지 작성해 넣으시오.

프로그래밍 작업 가이드

– 문제 파일 위치 : PART07₩기출유형문제 3회

– [수험번호–성명] 폴더를 마우스 오른쪽 버트으로 클릭한 후 [이름 바꾸기]를 클릭

　→본인의 [수험번호–성명]으로 수정하시오.(예: 10041004-홍길동)

– 본인의 [수험번호–성명]으로 수정된 폴더 안의 파일을 문항 별로 더블클릭하여 프로그램을 실행합니다.

– 문항 별 조건에 따라 작업을 완료하였으면, 파일〉저장하기 버튼을 클릭하여 저장합니다.

 문제 04 엔트리봇이 거실로 들어가면 전등이 켜지도록, 아래 〈조건〉에 맞게 코딩하시오.(10점)

조건
– 엔트리 프로그램 화면 [블록 꾸러미]에서 필요한 블록을 가져다 사용한다.   – 시작하기(▶) 버튼을 클릭하면 엔트리봇은 x좌표 –180, y좌표 –115 위치로 이동하고 '엔트리봇2' 모양 으로 바꾼다. 전등은 '전등_꺼짐' 모양으로 바꾼다.   – 엔트리봇이 (1)~(2)를 3번 반복한 후 '센서등' 신호를 보낸다.   　(1) 이동 방향으로 10만큼 움직인다.   　(2) 다음 모양으로 바꾸고 1초 기다린다.   – '센서등' 신호를 받으면 전등은 '전등_켜짐' 모양으로 바꾼다.

 문제 05 숨은 그림을 찾도록, 아래 〈조건〉에 맞게 코딩하시오.(10점)

조건
– 엔트리 프로그램 화면 [블록 꾸러미]에서 필요한 블록을 가져다 사용한다.   – 시작하기(▶) 버튼을 클릭하면 숨은그림찾기를 '숨은그림찾기' 모양으로, 하트는 '하트' 모양으로, 돛 단배는 '돛단배' 모양으로, 전구는 '전구' 모양으로 바꾼다.   – 시작하기(▶) 버튼을 클릭하면 초시계를 초기화하고 초시계를 다시 시작하며, '찾은 그림' 변수가 3보 다 크거나 같을 때까지 기다린 후 초시계를 멈추고 "(초시계값)초만에 숨은그림찾기 성공!"이라고 화면에 나타낸다.   – 하트를 클릭하면 '하트_정답' 모양으로 바꾸고, '찾은 그림' 변수에 1만큼 더한다.   – 돛단배를 클릭하면 '돛단배_정답' 모양으로 바꾸고, '찾은 그림' 변수에 1만큼 더한다.   – 전구를 클릭하면 '전구_정답' 모양으로 바꾸고, '찾은 그림' 변수에 1만큼 더한다.

06 원숭이의 에너지에 따라 원숭이의 투명도가 조절되도록, 아래 〈조건〉에 맞게 코딩하시오. (10점)

조건
− 엔트리 프로그램 화면 [블록 꾸러미]에서 필요한 블록을 가져다 사용한다. − 시작하기(▶) 버튼을 클릭하면 '에너지' 변수를 0으로 초기화한다. − 원숭이가 투명도 효과를 '50−(에너지값)'으로 정하기를 반복한다. − 도넛은 1초마다 x좌표 −200부터 200사이의 무작위 수, y좌표 −100부터 0사이의 무작위 수의 위치로 반복 이동한다. − 도넛을 클릭하면 '에너지'를 −5만큼 더한다. − 바나나는 1~2초 사이의 무작위 초마다 x좌표 −200부터 200사이의 무작위 수, y좌표 −100부터 0사이의 무작위 수의 위치로 반복 이동한다. − 바나나를 클릭하면 '에너지'를 5만큼 더한다.

 07 학생이 콜라와 우유 중 하나를 선택하여 마시도록, 아래 〈조건〉에 맞게 코딩하시오.(10점)

조건
− 엔트리 프로그램 화면 [블록 꾸러미]에서 필요한 블록을 가져다 사용한다. − 시작하기(▶) 버튼을 클릭하면 작동을 시작한다. − 학생은 "우유와 콜라 중 어느 것을 먹을거니?"라고 묻고 대답을 기다린 후 '마실 것' 신호를 보내고, 학생이 콜라에 닿거나 우유에 닿을 때까지 x좌표를 10만큼씩 반복하여 움직이도록 한다. − 콜라가 '마실 것' 신호를 받았을 때 대답이 '콜라'라면 화면에 콜라가 보이도록 하고, 그렇지 않으면 화면에서 보이지 않도록 한다. − 우유가 '마실 것' 신호를 받았을 때 대답이 '우유'라면 화면에 우유가 보이도록 하고, 그렇지 않으면 화면에서 보이지 않도록 한다.

08 잠수부가 바닷속에서 잠수하도록, 아래 〈조건〉에 맞게 코딩하시오. (10점)

조건

– 엔트리 프로그램 화면 [블록 꾸러미]에서 필요한 블록을 가져다 사용한다.
 	
– 시작하기(▶) 버튼을 클릭하면 물방울이 보이지 않도록 한다.
 	
– 물방울이 2초마다 복제되고 x좌표 −240부터 240 사이의 무작위 수, y좌표 −135의 위치로 이동하기를 반복한다.
 	
– 복제본이 생성되면 물방울 복제본이 화면에 보이고, 물방울의 크기를 5로 정한다.
 	
– 물방울이 위쪽 벽에 닿을 때까지 (1)~(3)을 반복한다.
 	
  (1) 크기를 0.1만큼씩 바꾼다.
 	
  (2) 방향을 2°만큼 회전한다.
 	
  (3) y좌표를 2만큼 바꾼다.
 	
– 물방울이 위쪽 벽에 닿으면 화면에 보이지 않도록 하고, 복제본을 삭제한다.
 	
– 잠수부는 계속 반복하여 이동 방향으로 2만큼 움직이고 화면 끝에 닿으면 튕긴다.

문제
09 은율이가 아파트 현관에 들어가려고 한다. 아래 〈보기〉를 보고 질문에 답하시오. (10점)

보기

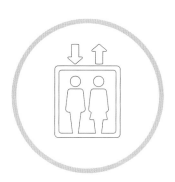

은율이가 사는 아파트는 현관으로 들어가면 자동으로 올라가는 엘리베이터 버튼이 눌려진다.

〈실생활의 예〉

(가) 미세먼지 측정기
(나) 불을 켜고 끄는 전등 스위치
(다) 도어락의 키패드
(라) 자동차 후진시 장애물 감지벨
(마) 근처에 가면 자동으로 열리는 휴지통

문제

※ 답안 작성 요령 : 〈보기〉를 참고하여, 빈칸 ①과 ②를 채워 넣으시오.

은율이가 사는 아파트의 엘리베이터 버튼과 비슷한 원리를 이용한 버튼이 사용된 가장 적합한 실생활의 예로 (가)~(마) 중 (①), (②)가(이) 있다.

정답	① (	)	② (	)

민선이가 드론을 만들려고 한다. 아래 〈보기〉를 보고 질문에 답하시오. (10점)

보기

〈드론〉

〈부품의 종류〉

(가) 피에조 부저
(나) 스위치
(다) LED
(라) 서보 모터
(마) DC 모터

민선이는 교육용 드론을 조립하고, 속도를 조절하도록
프로그래밍하여 드론을 조정하려고 한다.

문제

※ 답안 작성 요령 : 〈보기〉를 참고하여, 빈칸 ①과 ②를 채워 넣으시오. ①은 (가)~(마)의 기호로 적으시오.

– 〈부품의 종류〉 중 (　①　) 부품을 이용하여 드론의 날개가 움직이도록 만들었다.

– 모터의 속도를 제어하기 위해서는 아날로그와 디지털 출력 중 (　②　) 출력을 사용한다.

정답	① (　　　　　　　　　　　　)	② (　　　　　　　　　　　　)

시험 종료 전

– 본인의 수험번호–성명 폴더 내에 작업한 답안 파일이 정상적으로 저장되었는지 확인합니다.
　→ 시험 종료 후, 감독관이 답안파일을 수거합니다.
– 수험번호, 성명을 잘못 기재하였거나, 답안 파일을 잘못 저장하여 발생한 문제나 불이익에 대한 일체의 책임은 수험자에
　게 있습니다.
– 감독관의 안내에 따라 시험지를 제출하고 퇴실합니다.

SW코딩자격(2급)

- Software Coding Qualification Test -

SW	시험 시간	급수	응시일	수험 번호	성명
엔트리 2.0 이상	45분	2	년 월 일		

시험자 유의 사항

- 수험자는 감독관의 안내에 따라 문제지와 시험용 SW 등의 이상 여부를 확인해야 합니다.
- 문제지는 시험이 끝난 후 답안지와 함께 제출해야 하며, 미제출 시 실격 처리 됩니다.
- 제한된 시간 내에 시험을 완료하여야 합니다.
- 시험 시작 후에는 화장실 출입이 불가하며, 시험 시간 중에는 퇴실할 수 없습니다.
- 시험 시간 중 고사실 내에서 휴대 전화기, 디지털카메라, MP3 등 전자 기기를 소지한 경우, 해당자의 시험을 무효로 처리하오니 절대 휴대하지 않도록 합니다.
- 부정 응시 및 문제 유출에 해당하는 행위 즉, 답안을 타인에게 전달 및 외부로 반출하는 경우, 자격기본법 제 32조에 의거 부정행위로 간주되어 해당자의 시험을 무효처리하며 민/형사상의 책임을 물을 수 있습니다.

답안 작성 요령

- 답안 작성 절차
  - 바탕화면(Desktop) / SW2-시험 / 수험번호-성명 / 파일에 답안을 작성 또는 작업 후 저장
- 시험을 완료한 수험자는 감독관의 안내에 따라 ① 시험지를 제출하고 ② 답안 파일을 저장한 후 퇴실합니다.

한 국 생 산 성 본 부

문제 01 재성이는 완두콩으로 유전 실험을 해 보았다. 〈보기〉를 참고하여 〈문제〉의 빈 칸을 완성하시오. (10점)

보기

첫 번째 자손과 두 번째 자손에서 나타나는 우성과 열성 형질의 비율을 파악하여 문제를 푸시오.

콩의 생김새를 관찰한 실험기록

실험A	동글 완두콩의 개수	쭈글 완두콩의 개수
부모	1	1
자손 : 첫 번째	1	0
자손 : 두 번째	3	1

콩에 피는 꽃의 색을 관찰한 실험기록

실험B	흰색 꽃 개수	붉은색 꽃 개수
부모	3	3
자손 : 첫 번째	3	0
자손 : 두 번째	(②)	4

〈기록을 단순화하여 정리〉

부모 : RR (동글) — rr (쭈글)

자손 : 첫 번째 : Rr (동글 1개) — Rr

자손 : 두 번째 : RR Rr Rr (동글 3개)   rr (쭈글 1개)

문제

※ 답안 작성 요령 : 〈보기〉를 참고하여, 빈칸 ①과 ②를 채워 넣으시오.

〈보기〉를 바탕으로 아래 문장을 완성하시오.

콩에는 꽃이 피는데, 흰색과 붉은색 두 종류가 있다. 순종 흰색과 순종 붉은색을 교배해, 첫 번째 자손에서 흰색이 나왔다. 만일 두 번째 전체 자손의 수가 (①)송이라면 그 중 흰색 꽃은 (②)송이 정도 필 것이다.

| 정답 | ① (|) | ② (|) |

문제 02 성후는 컴퓨터에서 파일을 찾다가 편리한 기능을 발견했다. 〈보기〉를 참고하여 〈문제〉의 빈 칸을 완성하시오. (10점)

보기

〈자료의 정렬기준〉

열려져 있는 멋쟁이 폴더 위쪽 [보기]에서 [정렬 기준]을 클릭하면, 파일을 순서대로 보여주는 규칙을 여러 가지로 바꿀 수 있다.

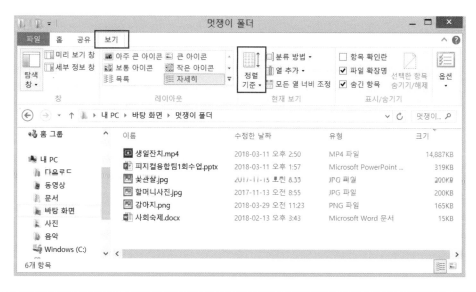

문제

※ 답안 작성 요령 : 〈보기〉를 참고하여, 빈칸 ①과 ②를 채워 넣으시오.

정렬 기준을 '크기, 내림차순'으로 설정하면, 크기가 제일 큰 '생일잔치.mp4' 동영상 파일이 제일 위에 나타나고 순서대로 점점 크기가 작은 자료들을 보여준다.

– 정렬 기준을 '수정한 날짜, 내림차순'으로 설정하면, 파일 이름이 (①)인 자료가 제일 위에 나타난다.
– 이 폴더 안에 있는 자료들을 유형별로 정렬해 보면, 문서파일 2개, 동영상 파일 1개, 그림(이미지) 파일 (②)개이다.

정답	① ( )	② ( )

문제 03 10개의 화살을 쏘고 그중 3개 이상 명중이면 예선전을 통과한다. 〈보기〉를 참고하여 〈문제〉의 빈칸을 완성하시오. (10점)

보기

〈 활쏘기 예선전 〉

(가) 예선전 통과
(나) 예선전 통과 못함
(다) 화살 10개를 쐈는가?

(라) 화살 10개를 준비한다.
(마) 화살을 쏜다.
(바) 3개 이상 명중했는가?

문제

※ 답안 작성 요령: 〈보기〉를 참고하여 작성하되, 〈활쏘기 예선전〉에서 적절한 내용을 골라 빈칸 (가)~(바)의 기호로
①~⑤를 채워 넣으시오.

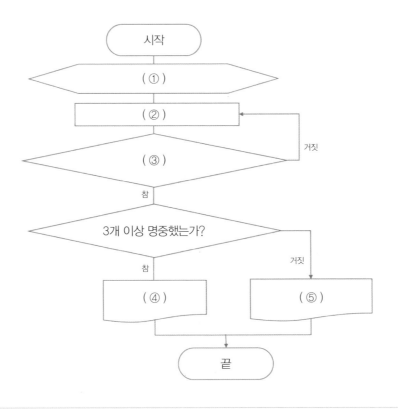

| 정답 | 답안 파일에 ①~⑤까지 작성해 넣으시오. |

프로그래밍 작업 가이드

– 문제 파일 위치 : PART07₩기출유형문제 4회

– [수험번호–성명] 폴더를 마우스 오른쪽 버튼으로 클릭한 후 [이름 바꾸기]를 클릭

   →본인의 [수험번호–성명]으로 수정하시오.(예: 10041004–홍길동)

– 본인의 [수험번호–성명]으로 수정된 폴더 안의 파일을 문항 별로 더블클릭하여 프로그램을 실행합니다.

– 문항 별 조건에 따라 작업을 완료하였으면, 파일〉저장하기 버튼을 클릭하여 저장합니다.

04 선비가 한국 무용수에게 다가가 칭찬하도록, 아래 〈조건〉에 맞게 코딩하시오.(10점)

조건
– 엔트리프로그램 화면 [블록 꾸러미]에서 필요한 블록을 가서나 사용한다.
– 시작하기(▶   ) 버튼을 클릭하면, 선비는 x좌표 –134, y좌표 –27에 위치해 있고 한국 무용수는 0.2초 간격으로 다음 모양으로 바꾸기를 12회 반복한다.
– 한국 무용수가 '다가감' 신호를 보내고 기다린다.
– 선비가 '다가감' 신호를 받고, 개나리에 닿을 때까지 이동 방향으로 3만큼 움직이기를 반복한다.
– 선비가 "춤을 잘 추시는군요."라고 2초 동안 말한다.
– 선비의 말이 끝난 후 한국 무용수가 "감사합니다."라고 2초 동안 말한다.

문제 05

20일이 지나면 계란이 부화하도록, 아래 〈조건〉에 맞게 코딩하시오.(10점)

조건
– 엔트리프로그램 화면 [블록 꾸러미]에서 필요한 블록을 가져다 사용한다. – 시작하기(　▶　) 버튼을 클릭하면, 어린이가 "20일 후 부화한다던데."라고 2초 동안 말하고, 부화용 계란은 아래의 명령들을 실행한다. – '날짜' 변수를 0으로 정하고 숨기기 한다. – '날짜' 변수 값이 20이 될 때까지 (1)~(3)을 반복한다. 　(1) '날짜' 변수에 1만큼 더한다. 　(2) 날짜 값을 말한다. 　(3) 0.5초를 기다린다. – 부화용 계란이 병아리 모양으로 바꾸고, "삐약"이라고 1초 동안 말한다. – '부화' 신호를 보낸다. – 어린이가 '부화' 신호를 받았을 때 "우아! 병아리다."라고 2초 동안 말한다.

문제 06

입력한 수만큼 노란 새를 복제하도록, 아래 〈조건〉에 맞게 코딩하시오.(10점)

조건
– 엔트리프로그램 화면 [블록 꾸러미]에서 필요한 블록을 가져다 사용한다. – 시작하기(　▶　) 버튼을 클릭하면, 노란 새가 "몇마리 복제할까?"라고 묻고 기다린다. – 노란 새가 다음과 같이 대답한 횟수만큼 반복하여 (1)~(4)를 실행한다. 　(1) 자신의 복제본을 만든다. 　(2) −100부터 100사이의 무작위 수의 위치로 y좌표를 이동한다. 　(3) 이동 방향으로 70만큼 움직인다. 　(4) 화면 끝에 닿으면 팅긴다. – 반복하기가 끝나면 "원본"이라고 말한다. – 노란새 복제본이 생성되었을 때 계속 반복하여 0.2초 간격으로 다음 모양으로 바꾼다.

07 등장 인물들이 액션 번호에 맞게 나타나 대사를 말하도록, 아래 〈조건〉에 맞게 코딩하시오.(10점)

조건

- 엔트리프로그램 화면 [블록 꾸러미]에서 필요한 블록을 가져다 사용한다.
- 시작하기(▶) 버튼을 클릭하면, '액션넘버' 변수는 0으로 정한다. 왕비와 왕자는 보이지 않고, 공주는 '공주_1' 모양으로 보인다.
- '액션넘버' 변수는 5초마다 1씩 더한다.
- 공주가 "연극을 시작하겠습니다."라고 2초 동안 말하기 한다.
- 왕비가 '액션넘버'가 1이 될 때까지 기다린 후 보이게 되며 "사과를 먹어봐."라고 2 초 동안 말한 후 모양을 숨긴다.
- 공주가 '액션넘버'가 2가 될 때까지 기다린 후 "냠냠"이라고 2초 동안 말한 뒤 모양을 '공주_2'로 바꾼다.
- 왕자가 '액션넘버'가 3이 될 때까지 기다린 후 보이게 되며 "부디 깨어나 주시오."라고 2초 동안 말한다.
- 공주가 '액션넘버'가 4가 될 때까지 기다린 후 '공주_3'으로 모양을 바꾸고 "저를 살려주셨나요? 감사해요."라고 2 초 동안 말하고 난 뒤 모든 코드를 멈춘다.

08 학생이 3번 버스를 타고 갈 수 있도록, 아래 〈조건〉에 맞게 코딩하시오.(10점)

조건

- 엔트리프로그램 화면 [블록 꾸러미]에서 필요한 블록을 가져다 사용한다.
- 시작하기(▶) 버튼을 클릭하면, 학생은 '학생_1' 모양으로 보인다.
- 학생은 버스의 모양 번호가 3이고 키보드 스페이스 키가 눌러져 있다면 다음 (1)~(3)을 실행한다.
  (1) '학생_2'로 모양을 바꾼다.
  (2) '버스스톱' 신호를 보낸다.
  (3) 1초 후 모양을 숨긴다.
- 버스는 계속 반복하여 (1)~(5)를 실행한다.
  (1) 모양이 보인다.
  (2) 왼쪽 벽에 닿을 때까지 이동 방향을 270°로 2만큼씩 계속 움직인다.
  (3) 왼쪽 벽에 닿은 후 모양을 숨긴다.
  (4) 2초 기다린 후 x좌표 300, y좌표 −30 위치로 이동한다.
  (5) 1부터 3사이의 무작위 수 모양으로 바꾼다.
- 버스는 '버스스톱' 신호를 받았을 때 자신의 다른 코드를 멈추고 2초 기다린 뒤, 3초 동안 x좌표 −300, y좌표 −30 위치로 이동한 후 모양을 숨긴다.

문제 09 강아지를 데리고 산책을 나갈 때 알람 신발을 신겼다. 아래 〈보기〉를 보고 질문에 답하시오. (10점)

보기

〈조건〉

날씨가 너무 추운 겨울날, 눈이 펑펑 내리자 강아지가 산책을 나가고 싶어 한다. 하지만 추위가 걱정이 되어 강아지에게 알람 신발을 신겨서 나가려 한다.

문제

※ 답안 작성 요령 : 〈 보기 〉를 참고하여, 빈칸 ①과 ②를 채워 넣으시오. ①은 아래 제시된 센서의 종류 중에서 골라 적고, ②는 이상 또는 이하로 표기하시오.

센서의 종류	
초음파 센서	초음파를 발사하고, 반사해서 되돌아오는 시간을 측정하여 거리 확인
빛 센서	빛의 세기를 값으로 확인
온도 센서	온도에 따라 값을 확인
버튼	버튼이 눌렸는지 눌리지 않는지 확인

강아지 알람 신발 안의 (①) 센서가 강아지의 체온을 체크한다.

강아지 발의 체온이 일정 수치 (②)이면, 부저의 알람이 울린다.

알람이 울리면 너무 추워서, 강아지가 힘들어 할 수 있으니 집으로 데리고 들어간다.

정답	① ( )	② ( )

10 빛이 나는 아름다운 조형물을 도심에 세우려 한다. 아래 〈보기〉를 보고 질문에 답하시오. (10점)

보기

〈조건〉

환한 낮에는 LED를 켜지 않다가, 햇빛이 줄어드는 저녁에는 흰하고 희려힌 LCD를 빛나게 하고,
아주 깜깜한 밤에는 주변에 빛 공해가 되지 않도록 은은하고 약하게 빛나는 LED 조형물로 만들 것이다.

문제

※ 답안 작성 요령 : 〈보기〉를 참고하여, 빈칸 ①과 ②를 채워 넣으시오. ②는 '강/중/약' 중에서 골라 적으시오.

(①) 센서를 사용하여, 센서 값의 범위를 '강/중/약'으로 구분하여 만든다. 환한 대낮에 센서 값이 '(②)'일 때는 LED 출력을 '0'으로 하고, 어스름한 저녁인 '중'일 때는 LED 출력을 '5'로 하고, 깜깜한 밤인 '약'일 때는 LED 출력을 '3'로 한다.

정답	① ( )	② ( )

시험 종료 전

– 본인의 수험번호–성명 폴더 내에 작업한 답안 파일이 정상적으로 저장되었는지 확인합니다.

   → 시험 종료 후, 감독관이 답안파일을 수거합니다.

– 수험번호, 성명을 잘못 기재하였거나, 답안 파일을 잘못 저장하여 발생한 문제나 불이익에 대한 일체의 책임은 수험자에게 있습니다.

– 감독관의 안내에 따라 시험지를 제출하고 퇴실합니다.

SW코딩자격(2급)

- Software Coding Qualification Test -

SW	시험 시간	급수	응시일	수험 번호	성명
엔트리 2.0 이상	45분	2	년 월 일		

시험자 유의 사항

- 수험자는 감독관의 안내에 따라 문제지와 시험용 SW 등의 이상 여부를 확인해야 합니다.
- 문제지는 시험이 끝난 후 답안지와 함께 제출해야 하며, 미제출 시 실격 처리 됩니다.
- 제한된 시간 내에 시험을 완료하여야 합니다.
- 시험 시작 후에는 화장실 출입이 불가하며, 시험 시간 중에는 퇴실할 수 없습니다.
- 시험 시간 중 고사실 내에서 휴대 전화기, 디지털카메라, MP3 등 전자 기기를 소지한 경우, 해당자의 시험을 무효로 처리하오니 절대 휴대하지 않도록 합니다.
- 부정 응시 및 문제 유출에 해당하는 행위 즉, 답안을 타인에게 전달 및 외부로 반출하는 경우, 자격기본법 제 32조에 의거 부정행위로 간주되어 해당자의 시험을 무효처리하며 민/형사상의 책임을 물을 수 있습니다.

답안 작성 요령

- 답안 작성 절차
  - 바탕화면(Desktop) / SW2-시험 / 수험번호-성명 / 파일에 답안을 작성 또는 작업 후 저장
- 시험을 완료한 수험자는 감독관의 안내에 따라 ① 시험지를 제출하고 ② 답안 파일을 저장한 후 퇴실합니다.

한 국 생 산 성 본 부

문제 01 다음은 효율적인 분석을 위해 두 도시의 인구수를 그래프로 나타낸 것이다. 〈보기〉를 참고히여 〈문제〉의 빈 칸을 완성하시오. (10점)

보기

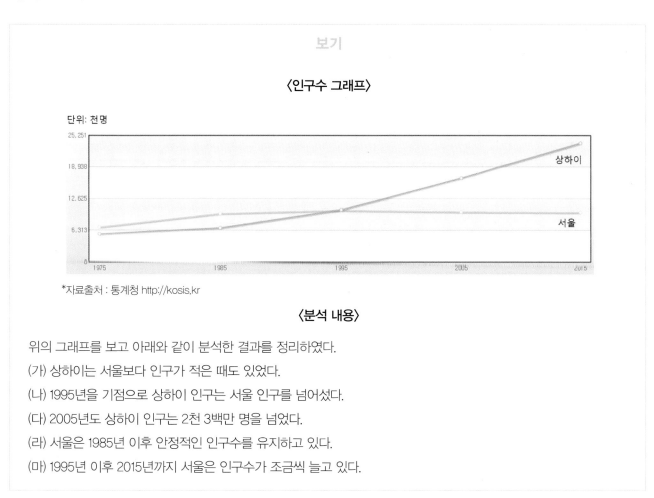

〈인구수 그래프〉

*자료출처 : 통계청 http://kosis.kr

〈분석 내용〉

위의 그래프를 보고 아래와 같이 분석한 결과를 정리하였다.

(가) 상하이는 서울보다 인구가 적은 때도 있었다.

(나) 1995년을 기점으로 상하이 인구는 서울 인구를 넘어섰다.

(다) 2005년도 상하이 인구는 2천 3백만 명을 넘었다.

(라) 서울은 1985년 이후 안정적인 인구수를 유지하고 있다.

(마) 1995년 이후 2015년까지 서울은 인구수가 조금씩 늘고 있다.

문제

※ 답안 작성 요령 : 〈보기〉를 참고하여, 빈칸 ①과 ②를 채워 넣으시오.

〈분석내용〉에서 옳지 않게 정리 된 정보들을 두 가지 골라 (가)~(마)의 기호로 적으시오.

(①), (②)

정답	① ( )	② ( )

문제 02 소리 자료를 컴퓨터로 표현하기 위해 디지털 정보로 바꾸고 있다. 〈보기〉를 참고하여 〈문제〉의 빈 칸을 완성하시오. (10점)

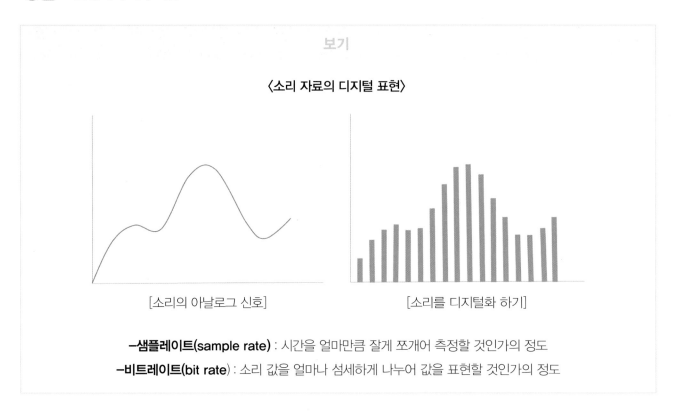

보기

〈소리 자료의 디지털 표현〉

[소리의 아날로그 신호]　　　　　　　[소리를 디지털화 하기]

-**샘플레이트(sample rate)** : 시간을 얼마만큼 잘게 쪼개어 측정할 것인가의 정도
-**비트레이트(bit rate)** : 소리 값을 얼마나 섬세하게 나누어 값을 표현할 것인가의 정도

문제

※ 답안 작성 요령 : 〈보기〉를 참고하여, 빈칸 ①과 ②를 (가)〜(라) 중 골라서 넣으시오.

컴퓨터는 아날로그 신호를 디지털화하여 자료를 저장한다. 소리를 디지털로 저장할 때 샘플레이트와 비트레이트가 클수록 음질은 더욱 자연스럽고 좋아진다.

	샘플레이트	비트레이트
(가)	48Khz	16비트
(나)	48Khz	24비트
(다)	96Khz	16비트
(라)	96Khz	24비트

표에 제시된 (가)〜(라) 중 비교하여 고른다면, 음질이 가장 좋은 것은 (　①　)이고, 음질이 가장 덜 좋은 것은
(　②　)이다.

정답	① (　　　　　　　　　　　　　)	② (　　　　　　　　　　　　　)

문제 03 성후와 예찬이가 놀이터에서 10번씩 그네 밀어주기 놀이를 하고 있다. 〈보기〉를 참고하여 〈문제〉의 빈 칸을 완성하시오. (10점)

보기

〈그네 밀기〉

(가) 계속 민다.
(나) 그네 밀기 완료
(다) 가위 바위 보로 이긴 사람을 정한다.

(라) 10번 밀었는가?
(마) 이긴 사람이 그네를 탄다.
(바) 진 사람이 밀기 시작한다.

문제

※ 답안 작성 요령 : 〈보기〉를 참고하여 작성하되, 〈그네 밀기〉에서 적절한 내용을 골라 (가)~(바)의 기호로 빈칸 ①~
⑤를 채워 넣으시오.

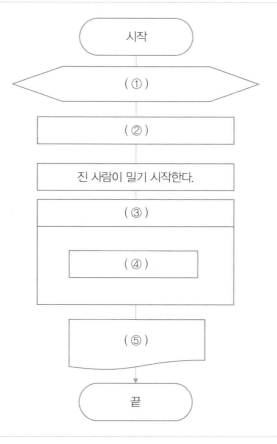

| 정답 | 답안 파일에 ①~⑤까지 작성해 넣으시오. |

프로그래밍 작업 가이드

– 문제 파일 위치 : PART07₩기출유형문제 5회

– [수험번호–성명] 폴더를 마우스 오른쪽 버튼으로 클릭한 후 [이름 바꾸기]를 클릭

　→본인의 [수험번호–성명]으로 수정하시오.(예: 10041004–홍길동)

– 본인의 [수험번호–성명]으로 수정된 폴더 안의 파일을 문항 별로 더블클릭하여 프로그램을 실행합니다.

– 문항 별 조건에 따라 작업을 완료하였으면, 파일〉저장하기 버튼을 클릭하여 저장합니다.

문제 04　TV가 손까지의 거리를 인식해 자동으로 켜지도록, 아래 〈조건〉에 맞게 코딩하시오.(10점)

조건
– 엔트리프로그램 화면 [블록 꾸러미]에서 필요한 블록을 가져다 사용한다. – 시작하기(▶) 버튼을 클릭하면, 손이 계속 반복하여 마우스 포인터 위치로 이동한다. – TV는 "거리가 얼마나 가까울 때 TV를 켤까?"라고 묻고 대답을 기다린다. – 대답을 입력하면 TV는 (1)과 (2)를 계속 반복한다. 　(1) '손까지 거리를 10으로 나눈 몫'을 말한다. 　(2) 만일 '손까지 거리를 10으로 나눈 몫'이 대답보다 작거나 같다면, 모양을 'TV_밝음'으로 바꾼다.

문제 05　스마트폰 화면에 할 일 목록을 추가하거나 삭제할 수 있도록, 아래 〈조건〉에 맞게 코딩하시오.(10점)

조건
– 엔트리프로그램 화면 [블록 꾸러미]에서 필요한 블록을 가져다 사용한다. – 시작하기(▶) 버튼을 클릭하면, 대답을 숨긴다. – 더하기 버튼을 클릭했을 때 "어떤 스케줄을 추가할까요?"라고 묻고 대답을 기다린다. – 대답한 내용을 '할일목록' 리스트에 추가한다. – 결정 버튼을 클릭했을 때, "어떤 목록을 뺄까요?(숫자로입력)"을 묻고 대답을 기다린다. – 대답으로 입력한 항목을 '할일목록' 리스트에서 삭제한다.

06 4월 달력에 월요일마다 바나나 우유라고 표시하도록, 아래 〈조건〉에 맞게 코딩하시오.(10점)

조건

- 엔트리프로그램 화면 [블록 꾸러미]에서 필요한 블록을 가져다 사용한다.
- 시작하기(▶) 버튼을 클릭하면, 우유확인 오브젝트는 x좌표 −202, y좌표 46에 위치하고, 아이는 "월요일마다 바나나우유 급식이야."라고 2초 동안 말한다.
- 아이가 "첫번째 월요일 몇일?"이라고 묻고 대답을 기다린다.
- 우유확인은 키보드의 스페이스 키를 눌렀을 때, '날짜' 변수 값이 30이 될 때까지 다음 (1)~(4)를 반복한다.
  (1) 자신의 복제본을 만들고, x좌표를 45만큼 바꾼다.
  (2) '날짜' 변수에 1만큼 더한다.
  (3) 만일 '날짜' 값이 10이면 x는 −200, y는 −20 위치로 이동한다.
  (4) 만일 '날짜' 값이 20이면 x는 −200, y는 −80 위치로 이동한다.
- 반복하기가 끝나면 우유확인의 모양을 숨긴다.
- 우유확인의 복제본이 생성되었을 때, '날짜' 값을 7로 나눈 후 나머지의 값이 대답과 같다면, 우유확인은 '바나나우유' 모양으로 바꾼다.

07 사자에게 사자밥을 주도록, 아래 〈조건〉에 맞게 코딩하시오.(10점)

조건

- 엔트리프로그램 화면 [블록 꾸러미]에서 필요한 블록을 가져다 사용한다.
- 시작하기(▶) 버튼을 클릭하면, 사자밥은 '고기' 모양으로 바꾸고, 계속하여 사자 쪽을 바라본다.
- 사자는 다음 (1)~(4)를 계속 반복하여 실행한다.
  (1) 이동 방향으로 1만큼씩 움직인다.
  (2) 화면 끝에 닿으면 튕긴다.
  (3) 만일 '사자밥'에 닿으면 '사자밥주기' 변수를 1만큼 더한다.
  (4) 만일 '사자밥주기' 변수 값이 5와 같다면, "어흥! 그만 먹을래."라고 4초 동안 말한 후 이 코드를 멈춘다.
- 사자밥은 스페이스 키를 눌렀을 때 다음 모양으로 바꾼 후 자신의 복제본을 만든다.
- 복제본이 처음 생성되었을 때 (1)~(3)을 실행한다.
  (1) 맨 앞으로 보이게 한다.
  (2) 사자에 닿을 때까지 이동 방향으로 5만큼씩 움직이기를 반복한다.
  (3) 사자에 닿은 후 이 복제본을 삭제한다.

선생님 질문에 맞게 엔트리봇이 답을 말하고 선생님이 정답과 오답을 알려주도록, 아래 〈조건〉에 맞게
코딩하시오.(10점)

조건
– 엔트리프로그램 화면 [블록 꾸러미]에서 필요한 블록을 가져다 사용한다. – 시작하기(▶) 버튼을 클릭하면, 선생님은 '수' 변수를 2부터 9사이의 무작위 수로 정한다. – 선생님이 "'수'의 제곱 값은?"이라고 묻고 대답을 기다린다. (예: "3의 제곱 값은?") – '답 입력' 신호를 보내고 기다린다. – 엔트리봇은 '답 입력' 신호를 받았을 때, 대답을 2초 동안 말한다. – 선생님은 만일 대답이 '수' 값을 제곱한 값과 같다면 "정답"이라고 말한다. – 아니면 "오답"이라고 말한다.

실내 놀이공원에 자동 놀이기계를 설치하려 한다. 아래 〈보기〉를 보고 질문에 답하시오. (10점)

보기

〈조건〉

공 나와라~

아이들이 기구 앞에서 고함을 외치면,
공을 우르르 쏟아내는 자동 놀이기계이다.

문제

※ 답안 작성 요령 : 〈보기〉를 참고하여, 빈칸 ①과 ②를 채워 넣으시오. ①은 (가)~(라) 중에서 골라서 적고, ②는 a~c 중에서 골라 적으시오.

센서를 사용하여 센서 값의 변화를 감지하여, 문이 열리며 공을 쏟아낸다. 센서의 값에 따라 동작을 실행하도록 하려고 부품을 준비한다면, 적합한 항목은 (①)이다.

	입력	결과 동작
(가)	소리 센서	모터
(나)	빛 센서	모터
(다)	자이로 센서	스피커
(라)	거리 센서	LED

결과 동작을 하는 모터, 스피커, LED 등과 같은 부품을 (②)이라 한다.

a. 센서   b. 회로   c. 액추에이터

정답	① ( )	② ( )

사람이 다가오면 사탕 자동판매기가 말을 걸게 하려한다. 아래 〈보기〉를 보고 질문에 답하시오. (10점)

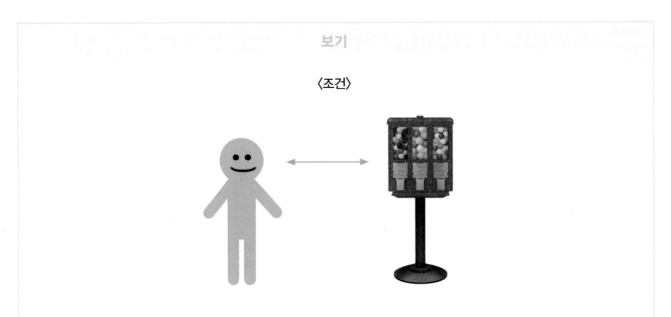

보기

〈조건〉

길에 서있는 사탕 자동판매기가 사람이 근처에 다가오면, 음악소리와 함께 "맛있는 사탕 드세요."라고 말을 걸게 하려고 한다.

문제

※ 답안 작성 요령 : 〈보기〉를 참고하여, 빈칸 ①과 ②를 채워 넣으시오. ①은 (가)~(다) 중에서 골라서 적고, ②는 이상/이하 중 골라 적으시오.

(①) 센서를 부착하여, 사탕 자동판매기가 주변에 사람이 다가오는지 확인한다. 1미터 미만으로 다가오면 사탕 자동판매기가 음악 소리를 내며 말을 한다. 그리고 계속 거리를 감지하여 센서 값이 50cm 미만으로 3초 이상 유지되면, 어떤 종류의 사탕이 있는지 안내하는 말을 내보낸다.

(가) 자이로 센서　　(나) 온도 센서　　(다) 거리 센서

사람이 사탕 자동판매기 앞을 떠나 센서 값이 1미터 (②)되면 음악 소리와 안내 말을 멈춘다.

정답	① ( )	② ( )

시험 종료 전

– 본인의 수험번호–성명 폴더 내에 작업한 답안 파일이 정상적으로 저장되었는지 확인합니다.

　→ 시험 종료 후, 감독관이 답안파일을 수거합니다.

– 수험번호, 성명을 잘못 기재하였거나, 답안 파일을 잘못 저장하여 발생한 문제나 불이익에 대한 일체의 책임은 수험자에게 있습니다.

– 감독관의 안내에 따라 시험지를 제출하고 퇴실합니다.

SW코딩자격(2급)

- Software Coding Qualification Test -

SW	시험 시간	급수	응시일	수험 번호	성명
엔트리 2.0 이상	45분	2	년 월 일		

시험자 유의 사항

- 수험자는 감독관의 안내에 따라 문제지와 시험용 SW 등의 이상 여부를 확인해야 합니다.
- 문제지는 시험이 끝난 후 답안지와 함께 제출해야 하며, 미제출 시 실격 처리 됩니다.
- 제한된 시간 내에 시험을 완료하여야 합니다.
- 시험 시작 후에는 화장실 출입이 불가하며, 시험 시간 중에는 퇴실할 수 없습니다.
- 시험 시간 중 고사실 내에서 휴대 전화기, 디지털카메라, MP3 등 전자 기기를 소지한 경우, 해당자의 시험을 무효로 처리하오니 절대 휴대하지 않도록 합니다.
- 부정 응시 및 문제 유출에 해당하는 행위 즉, 답안을 타인에게 전달 및 외부로 반출하는 경우, 자격기본법 제 32조에 의거 부정행위로 간주되어 해당자의 시험을 무효처리하며 민/형사상의 책임을 물을 수 있습니다.

답안 작성 요령

- 답안 작성 절차
  - 바탕화면(Desktop) / SW2-시험 / 수험번호-성명 / 파일에 답안을 작성 또는 작업 후 저장
- 시험을 완료한 수험자는 감독관의 안내에 따라 ① 시험지를 제출하고 ② 답안 파일을 저장한 후 퇴실합니다.

한 국 생 산 성 본 부

문제
01

엄마와 아들이 단어 만들기 놀이를 하고 있다. 〈보기〉를 참고하여 〈문제〉의 빈 칸을 완성하시오. (10점)

보기

〈아스키코드표〉

알파벳	이진수	알파벳	이진수
A	1000001	N	1001110
B	1000010	O	1001111
C	1000011	P	1010000
D	1000100	Q	1010001
E	1000101	R	1010010
F	1000110	S	1010011
G	1000111	T	1010100
H	1001000	U	1010101
I	1001001	V	1010110
J	1001010	W	1010111
K	1001011	X	1011000
L	1001100	Y	1011001
M	1001101	Z	1011010

※ 위의 표는 아스키코드 중 알파벳 대문자에 대한 내용만 가져와 정리한 것이다.

〈단어 만들기 놀이규칙〉

여름 날 모래사장에서 엄마와 아들이 나란히 발자국을 찍어서 단어 만들기 놀이를 한다.

- 각자 발자국을 일곱 번 찍는다.
- 한발은 1, 두발은 0을 표현한다.
- 각자 만든 글자가 무엇인지 아스키코드표에서 찾는다.
- 둘이 만든 글자를 연결해 의미 있는 단어가 되는지 확인한다.

문제

※ 답안 작성 요령 : 〈보기〉를 참고하여, 빈칸 ①과 ②를 채워 넣으시오.

〈단어 만들기 놀이규칙〉을 참고하여, 엄마와 아들은 각각 무슨 글자를 찍었는지 찾으시오.

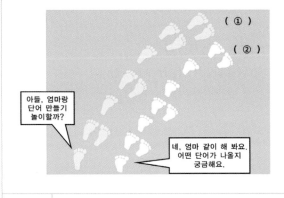

(①)

(②)

아들, 엄마랑 단어 만들기 놀이할까?

네, 엄마 같이 해 봐요. 어떤 단어가 나올지 궁금해요.

정답	① ( )	② ( )

민형이가 친구들과 보드게임을 하고 있다. 〈보기〉를 참고하여 〈문제〉의 빈 칸을 완성하시오. (10점)

보기

〈보드게임 점수판〉

원석 모으기 보드게임에서 미션을 완료하기 위해 얻어야 할 점수 항목은 '다이아몬드', '황금', '체력' 세 가지이다. 아래 5명의 친구가 득점한 결과를 확인하여 미션을 완료한 사람을 찾아보시오.

	다이아몬드	황금	체력
민형	6	5	55
동혁	3	5	50
지호	0	7	40
기붕	1	0	10
우빈	0	1	90

〈조건〉

가) 다이아몬드 개수가 5개 이상이면 무조건 미션 완료, 황금 개수 상관없음, 체력 50 미만이어도 됨

나) 다이아몬드를 5개 모으지 못한 경우라도, 황금 3개 이상, 체력 50 이상인 사람은 미션 완료

다) 다이아몬드를 하나도 얻지 못하고, 황금 3개 미만인 경우 체력과 상관없이 탈락

문제

※답안 작성 요령 : 〈보기〉를 참고하여, 빈칸 ①과 ②를 채워 넣으시오.

〈보드게임 점수판〉에 5명에 대하여 〈조건〉에 따라 확인해 보면, 미션완료한 사람은 (①   ) 명이다.
또한, 탈락한 사람들의 공통된 탈락 요인이 된 점수 항목은 (②   )이다.

정답	① ( )	② ( )

문제 03 밀가루와 재료들을 섞어 식빵을 만들려고 합니다. 〈보기〉를 참고하여 〈문제〉의 빈칸을 완성하시오. (10점)

보기

〈식빵 만들기〉

(가) 우유와 계란을 넣어 반죽한다.
(나) 식빵 완성
(다) 밀가루, 버터, 우유, 계란, 설탕, 소금, 이스트를 준비한다.
(라) 반죽에 녹인 버터를 넣고 섞는다.
(마) 발효 시킨다.
(바) 오븐에 굽는다.
(사) 그릇에 밀가루, 설탕, 소금, 이스트를 넣는다.

문제

※ 답안 작성 요령 : 〈보기〉를 참고하여 작성하되, 〈식빵 만들기〉에서 적절한 내용을 골라 (가)~(사)의 기호로 빈칸 ①~⑤를 채워 넣으시오.

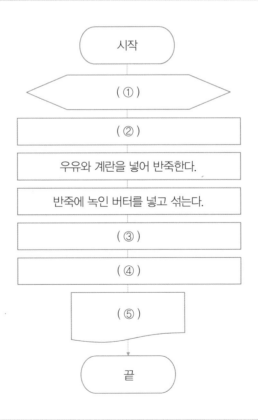

정답	답안 파일에 ①~⑤까지 작성해 넣으시오.

프로그래밍 작업 가이드

– 문제 파일 위치 : PART07₩기출유형문제 6회

– [수험번호–성명] 폴더를 마우스 오른쪽 버트으로 클릭한 후 [이름 바꾸기]를 클릭

　→본인의 [수험번호–성명]으로 수정하시오.(예: 10041004–홍길동)

– 본인의 [수험번호–성명]으로 수정된 폴더 안의 파일을 문항 별로 더블클릭하여 프로그램을 실행합니다.

– 문항 별 조건에 따라 작업을 완료하였으면, 파일〉저장하기 버튼을 클릭하여 저장합니다.

문제 04 야옹이가 주인 말을 듣고 램프 불을 켜도록, 아래 〈조건〉에 맞게 코딩하시오.(10점)

조건
– 엔트리 프로그램 화면 [블록 꾸러미]에서 필요한 블록을 가져다 사용한다. – 시작하기(　▶　) 버튼을 클릭하면, 야옹이 주인이 "우리 야옹이 불좀 켜 볼까?"라고 2초 동안 말하고, 야옹이는 x좌표 –42, y좌표 –110에 위치한다. 그리고 램프는 '램프_꺼짐' 모양으로 바꾼다. – 야옹이가 2초 기다렸다가 "야옹"이라고 2초 동안 말한 후 다음 (1)〜(4)를 실행한다. 　(1) 0.5초 동안 x는 110, y는 –70 위치로 이동한다. 　(2) 0.2초 동안 x는 110, y는 –40 위치로 이동한 후 1초 기다린다. 　(3) '램프켜기' 신호를 보낸다. 　(4) 0.2초 간격으로 x좌표를 5만큼 바꿨다가, 다시 x좌표를 –5만큼 바꾸기를 두 번 반복한다. – 램프는 '램프켜기' 신호를 받았을 때 다음을 실행한다. 　(1) 0.2초 간격으로 x좌표를 5만큼 바꿨다가, 다시 x좌표를 –5만큼 바꾸기를 두 번 반복한다. 　(2) '램프_켜짐'으로 모양을 바꾼다.

05 길을 가던 당나귀가 비를 피하기 위해 빨리 이동하도록, 아래 〈조건〉에 맞게 코딩하시오.(10점)

조건

– 엔트리 프로그램 화면 [블록 꾸러미]에서 필요한 블록을 가져다 사용한다.

– 시작하기(▶) 버튼을 클릭하면, 빗방울은 보이지 않고 당나귀는 x좌표 −202, y좌표 −15에 위치한다.

– 빗방울은 5초 기다린 후 '비온다'신호를 보낸다.

– 빗방울은 다음 (1)~(4)를 실행한다.

  (1) x 좌표 −200부터 200 사이의 무작위 수, y좌표 −150부터 150 사이의 무작위 수 위치로 이동한다.

  (2) 자신의 복제본을 만든다.

  (3) (1)~(2)를 7번 반복한다.

  (4) (3)을 0.2초 간격으로 계속 반복한다.

– 빗방울의 복제본이 생성되었을 때, 빗방울은 모양을 보이고 아래쪽 벽에 닿을 때까지 이동 방향으로 3만큼 움직인다.

– 빗방울이 아래쪽 벽에 닿으면 빗방울 모양을 숨기고, 이 복제본을 삭제한다.

– 당나귀는 0.2초 간격으로 다음 모양으로 바꾸며 이동 방향으로 3만큼씩 계속 반복하여 움직인다.

– '비온다' 신호를 받았을 때 자신의 다른 코드를 멈춘 후, "앗, 비오네! 빨리 가야지."를 2초 동안 말하기 한다.

– 당나귀가 0.1초 간격으로 다음 모양으로 바꾸며 이동 방향으로 15 만큼씩 계속 반복하여 움직인다.

06 백조가 입력되는 키보드마다 다르게 반응하도록, 아래 〈조건〉에 맞게 코딩하시오.(10점)

조건

– 엔트리 프로그램 화면 [블록 꾸러미]에서 필요한 블록을 가져다 사용한다.

– 시작하기(▶) 버튼을 클릭하면, 백조가 x좌표 13, y좌표 −14 위치에 있다.

– 백조는 효과를 모두 지우고, '백조_1'로 모양을 바꾼다.

– 계속 반복하여 다음 (1), (2), (3) 각 조건에 대해 판단 값이 참인 경우 해당 명령을 실행한다.

  (1) 키보드의 1번 키가 눌려져 있다면, 색깔 효과를 5로 정한다.

  (2) 키보드의 2번 키를 누르면 다음 모양으로 바꾸고 0.1초 기다리기를 4번 반복한다.

  (3) 키보드의 스페이스 키를 누르면 '백조_2'로 모양을 바꾼 후, 방향을 15°로 정한다. 그리고 0.5초 동안 x좌표 −10, y좌표 30으로 이동한 뒤, 0.5초 동안 x좌표 −30, y좌표 −10으로 이동한 다음 방향을 0°로 정한다.

문제 07 열두 띠 동물 리스트를 완성하도록, 아래 〈조건〉에 맞게 코딩하시오.(10점)

조건
– 엔트리 프로그램 화면 [블록 꾸러미]에서 필요한 블록을 가져다 사용한다. – 시작하기(▶) 버튼을 클릭하면, 선비가 "열두번째 들어갈 동물은?"이라고 묻고 대답을 기다린다. – 이미 '열두띠' 리스트에 있는 동물 이름을 대답했다면, "이미 들어 있어요."라고 2초 동안 말한다. – 대답이 '열두띠' 리스트에 있는 동물이 아니라면, 대답이 돼지인 경우 "정답이예요."라고 2초 동안 말하고, 대답한 항목을 '열두띠' 리스트에 추가한다. – 대답이 '열두띠' 리스트에 있는 동물이 아니지만, 대답이 돼지가 아니라면 "아니예요."라고 2초 동안 말한다.

문제 08 엔트리봇의 질문에 답하고 정답개수를 확인하도록, 아래 〈조건〉에 맞게 코딩하시오.(10점)

조건
– 엔트리 프로그램 화면 [블록 꾸러미]에서 필요한 블록을 가져다 사용한다. – 시작하기(▶) 버튼을 클릭하면, 엔트리봇은 다음과 같이 질문을 5번 반복한다. 　(1) '수' 변수를 1부터 99사이의 무작위 수로 정한다. 　(2) " '수' 짝수일까요? 홀수일까요? "라고 묻고 대답을 기다린다.('수'는 변수이다.) 　(3) 만일 '수'를 2로 나눈 나머지 값이 0이면 '답' 변수를 '짝수'로 정하고, 0이 아니면 '홀수'로 정한다. 　(4) 입력한 대답이 '답'과 같다면 '정답개수' 변수에 1만큼 더하고, "정답이예요."라고 2초 동안 말한다. 　(5) 입력한 대답이 '답'과 같지 않다면 "틀린 답이예요."라고 2초 동안 말한다. – 위처럼 질문을 5번 반복한 후, "'정답개수'개 맞췄어요."라고 4초 동안 말한다.('정답개수'는 변수이다.)

문제
09 센서로 꽃이 피고 지는 센서 화분을 만들고 있다. 아래 〈보기〉를 보고 질문에 답하시오. (10점)

보기

〈조건〉

밝을 때   어두울 때

밝을 때는 활짝 꽃이 피고, 어두워지면 꽃을 오므린다.

문제

※ 답안 작성 요령 : 〈보기〉를 참고하여, 빈칸 ①과 ②를 채워 넣으시오. ①은 (가)~(다) 중에서 골라서 적고, ②는 '감아서/풀어서' 중에 골라서 적는다.

꽃잎들에 연결된 선이 모터에 감겨 있다. (①) 센서가 어두워지면 이를 감지하여 모터를 돌려 꽃을 지도록 하고, 밝아지면 이를 감지하여 모터를 반대 방향으로 돌려 선을 (②) 꽃잎을 활짝 피게 한다.

(가) 온도 센서   (나) 빛 센서   (다) 거리 센서

| 정답 | ① (|) | ② (|) |

문제 10 액자에 부착된 버튼으로 LED를 켜거나 끄려합니다. 아래 〈보기〉를 보고 질문에 답하시오. (10점)

보기

〈조건〉

버튼을 눌러 전기가 통할 때는 LED 불을 켜고, 버튼을 누르지 않아 전기가 통하지 않을 때는
LED 불을 끄려고 한다.

문제

※ 답안 작성 요령 : 〈보기〉를 참고하여, 빈칸 ①과 ②를 채워 넣으시오.

디지털 센서인 버튼은 0과 1 두 가지 신호를 사용합니다. 전기가 통할 때는 1신호를 보내고 통하지 않을 때는 0신호
를 보냅니다.
버튼을 눌러 (①) 신호를 보냈을 때 LED가 켜지고,
버튼을 누르지 않은 때는 (②) 신호를 받아 LED가 꺼집니다.

정답	① (	)	② (	)

시험 종료 전

– 본인의 수험번호–성명 폴더 내에 작업한 답안 파일이 정상적으로 저장되었는지 확인합니다.
  → 시험 종료 후, 감독관이 답안파일을 수거합니다.
– 수험번호, 성명을 잘못 기재하였거나, 답안 파일을 잘못 저장하여 발생한 문제나 불이익에 대한 일체의 책임은 수험자에
  게 있습니다.
– 감독관의 안내에 따라 시험지를 제출하고 퇴실합니다.

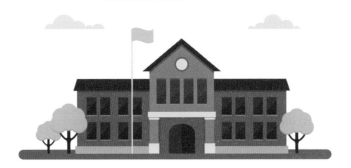

PART 8

최신 기출 유형
문제 풀이

1 : 최신 기출 유형 문제 1회 풀이

문제 → 문제 풀이

01

★학습 개념 컴퓨팅 사고력

★성취 기준 1.3.3 반복되는 일정한 경향 및 규칙을 탐색하여 패턴을 찾아 공식화할 수 있다.

풀이

> 정답 ① 9268, ② 6
>
> 해설 컴퓨터는 데이터를 처리하는 이진수인 0과 1로 표현합니다. 비트는 최소의 정보 저장 단위이며, 하나의 비트는 0
> 이나 1의 값을 가질 수 있습니다.
>
> 사물함 인식 코드의 판을 살펴보면 오른쪽에서부터 첫 번째 칸은 1, 두 번째 칸은 2, 세 번째 칸은 4, 네 번째 칸은 8을
> 의미합니다. 비밀번호 첫 번째 수는 첫 번째 칸과 네 번째 칸이 채워진 경우이므로 해당 칸이 의미하는 숫자를 더하여
> 1+8=9입니다. 마찬가지 방법으로 비밀번호 두 번째 수를 확인해보면 2, 비밀번호의 세 번째 수는 2+4=6, 비밀번
> 호의 네 번째 수는 8로 비밀번호 4자리 수는 9268임을 알 수 있습니다.
>
> 사물함 인식 코드는 4개의 판으로 구성되어 있으므로, 변환된 숫자는 1~15까지 표현되므로 10 이상인 숫자는 10~15
> 로 6가지입니다.

문제 → 문제 풀이

02

★학습 개념 자료와 정보

★성취 기준 1.1.1 자료와 정보의 개념을 이해하고 표현할 수 있다.

풀이

> 정답 ① (가), ② (라)
>
> 해설 자료는 단순한 관찰이나 측정을 통해 얻어지는 값이며, 정보는 그 자료를 활용할 수 있도록 의미가 부여된 것입
> 니다. 그 정보를 자신의 기준에 따라 분석하여 최적의 방법을 찾아 문제를 해결합니다.
>
> 버스와 지하철에 따라 환승 횟수와 소요 시간, 비용을 조건에 맞게 적절하게 선택하여 최적의 방법을 찾습니다. 수연
> 이가 상상공작소를 가기 위한 방법 중 가장 빨리 갈 수 있는 방법은 소요 시간이 가장 적은 것을 찾으면 되므로 (가)임
> 을 알 수 있으며, 가장 적은 비용으로 갈 수 있는 방법은 (라)임을 확인할 수 있습니다.

03

★학습 개념 알고리즘

★성취 기준 2.1.3 알고리즘을 표현할 수 있다.

풀이

정답 ① (라), ② (가), ③ (나), ④ (다), ⑤ (마)

해설 조건 선택에 대한 알고리즘 순서도입니다. 도서관에 가서 책을 빌리는 상황을 생각해보면 됩니다. 도서관에 갈 때 ① 도서 대출증 챙겨갑니다. ② 도서 대출기기에 도서 대출증을 스캔하여 사용자를 입력합니다. 조건 선택은 '참'과 '거짓' 상황에 따라 처리되는 방법이 다릅니다. ③ 대출할 도서가 있는가? 조건에 참이면 ④ 대출할 도서 스캔하여 등록하고 또 다른 대출할 도서가 있는지 확인하기 위해 다시 조건 선택문으로 돌아갑니다. 조건에 거짓이면 ⑤ 대출 확인증 출력하고 빌린 사용자와 도서명이 맞는지 확인합니다.

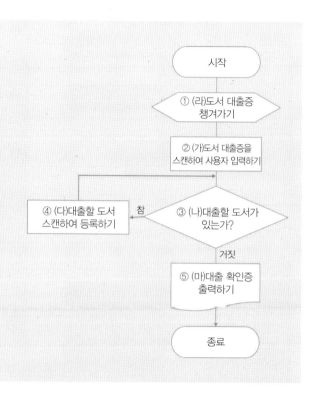

정답 파일 PART08₩기출유형문제 1회(정답)

04

★학습 개념 순차, 횟수 반복, 신호, 초시계

★성취 기준 3.3.7 신호와 복제의 차이를 알고 프로그램을 작성할 수 있다.

동영상 강의

 : 엔트리봇 오브젝트

❶ 블록으로 시작합니다.

❷ 초시계를 시작합니다.

❸ 엔트리봇의 크기를 50으로 정하고, 위치를 x좌표 −170, y좌표 −80로 정합니다.

❹ 엔트리봇이 10만큼씩 30번 반복하여 움직입니다.

❺ 0.5초 기다린 후 '궁전2로' 신호를 보냅니다.

① '궁전2로' 신호를 받았을 때 아래에 연결된 블록들을 실행합니다.

② '궁전2로' 신호를 받으면 엔트리봇의 크기를 20만큼 바꾸고, x좌표 −70, y좌표 −60 위치로 이동합니다.

③ 10만큼씩 30번 반복하여 움직입니다.

④ 0.5초 기다린 후 '궁전3으로' 신호를 보냅니다.

① '궁전3으로' 신호를 받았을 때 아래에 연결된 블록들을 실행합니다.

② '궁전3으로' 신호를 받으면 엔트리봇의 크기를 20만큼 바꾸고, x좌표 −170, y좌표 −40 위치로 이동합니다.

③ 엔트리봇이 왕관에 닿을 때까지 10만큼씩 반복하여 움직입니다.

④ 엔트리봇이 왕관에 닿으면 '찾았다' 신호를 보냅니다.

⑤ 초시계값을 정지하고, "(초시계 값)만에 드디어 왕관을 찾았다!"라고 4초 동안 말합니다.

🏰 : 궁전1 오브젝트

① ▶ 시작하기 버튼을 클릭했을 때 블록으로 시작합니다.

② 궁전1이 화면에 보이도록 합니다.

❶ '궁전2로' 신호를 받았을 때 아래에 연결된 블록들을 실행합니다.

❷ '궁전2로' 신호를 받으면 궁전1이 화면에 보이지 않도록 합니다.

: 궁전2 오브젝트

❶ 블록으로 시작합니다.

❷ 궁전2가 화면에 보이지 않도록 합니다.

❶ '궁전2로' 신호를 받았을 때 아래에 연결된 블록들을 실행합니다.

❷ '궁전2로' 신호를 받으면 궁전2가 화면에 보이도록 합니다.

❶ '궁전3으로' 신호를 받았을 때 아래에 연결된 블록들을 실행합니다.

❷ '궁전3으로' 신호를 받으면 궁전2가 화면에 보이지 않도록 합니다.

: 궁전3 오브젝트

❶ 블록으로 시작합니다.

❷ 궁전3이 화면에 보이지 않도록 합니다.

❶ '궁전3으로' 신호를 받았을 때 아래에 연결된 블록들을 실행합니다.

❷ '궁전3으로' 신호를 받으면 궁전3이 화면에 보이도록 합니다.

❶ 블록으로 시작합니다.

❷ 왕관이 화면에 보이지 않도록 합니다.

❶ '궁전3으로' 신호를 받았을 때 아래에 연결된 블록들을 실행합니다.

❷ '궁전3으로' 신호를 받으면 왕관이 화면에 보이도록 합니다.

❶ '찾았다' 신호를 받았을 때 아래에 연결된 블록들을 실행합니다.

❷ '찾았다' 신호를 받으면 왕관이 엔트리봇 위치로 이동합니다.

문제 ┈┈➤ **코딩 풀이**

정답 파일 PART08₩기출유형문제 1회(정답)

05

★학습 개념 순차, 반복, 조건, 변수, 관계 연산, 무작위수
★성취 기준 3.2.5 변수와 상수를 이해하고, 이를 이용하여 입출력 프로그램을 작성할 수 있다.

 동영상 강의

🐾 : 나 오브젝트

❶ 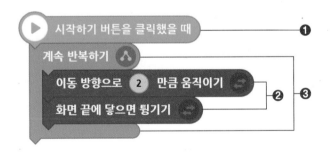 블록으로 시작합니다.

❷ 나 오브젝트가 이동 방향으로 2만큼씩 움직이고, 화면 끝에 닿으면 튕기도록 합니다.

❸ ❷를 계속 반복합니다.

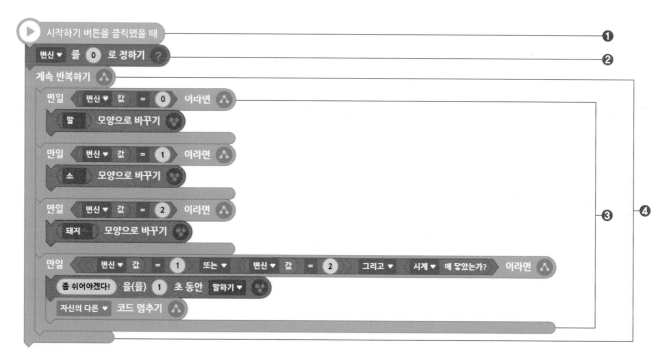

❶ 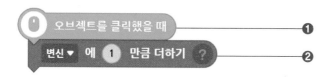 블록으로 시작합니다.

❷ '변신' 변수를 0으로 정합니다.

❸ '변신'이 0이면 '말' 모양으로, '변신'이 1이면 '소' 모양으로, '변신'이 2이면 '돼지' 모양으로 바꾸고, '변신'이 1 또는 2이면서 시계에 닿으면 "좀 쉬어야겠다!"라고 1초 동안 말한 뒤 자신의 다른 코드로 멈춥니다.

❹ ❸을 계속 반복합니다.

---

❶ 나 오브젝트를 클릭했을 때 아래에 연결된 블록들을 실행합니다.

❷ 나를 클릭하면 '변신' 변수에 1만큼 더합니다.

⬤ : 변신버튼 오브젝트

❶ 변신버튼 오브젝트를 클릭했을 때 아래에 연결된 블록들을 실행합니다.

❷ 변신버튼을 클릭하면 '변신' 변수에 1만큼 더합니다.

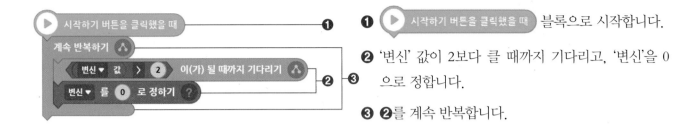

❶ 시작하기 버튼을 클릭했을 때 블록으로 시작합니다.

❷ '변신' 값이 2보다 클 때까지 기다리고, '변신'을 0 으로 정합니다.

❸ ❷를 계속 반복합니다.

문제 ---> **코딩 풀이**

정답 파일 PART08₩기출유형문제 1회(정답)

06 ★학습 개념 순차, 횟수 반복, 좌표값
★성취 기준 순차, 반복 구조를 주어진 상황에 맞게 사용할 수 있다.

동영상 강의

: 드론 오브젝트

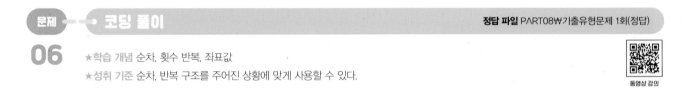

❶ 시작하기 버튼을 클릭했을 때 블록으로 시작합니다.

❷ '목적지' 변수를 1부터 2사이의 무작위 수로 정합니다.

❸ 드론이 2초 동안 x좌표 70, y좌표 70의 위치로 이동하고 크기를 −1만큼씩 20번 반복하여 바꿉니다.

❹ '목적지'가 1이면 '주소'를 '기와집'으로 정하고, 그렇지 않으면 '주소'를 '초가집'으로 정합니다.

❺ "이 택배는 (주소 값)으로 배달됩니다."라고 2초 동안 말합니다.

❻ '목적지'가 1이면 2초 동안 x좌표 −100, y좌표 −60 위치로 이동하여 기와집을 가고, 그렇지 않으면 2초 동안 x좌표 180, y좌표 −105 위치로 이동하여 초가집으로 갑니다.

: 택배물 오브젝트

❶ 블록으로 시작합니다.

❷ 택배물이 드론의 위치로 계속 반복하여 이동합니다.

❶ 블록으로 시작합니다.

❷ 택배물이 2초 기다립니다.

❸ 택배물의 크기를 −1만큼씩 30번 반복하여 바꿔 드론이 작아질 때 함께 작아지도록 합니다.

 코딩 풀이

정답 파일 PART08₩기출유형문제 1회(정답)

07 ★학습 개념 순차, 반복, 횟수 반복
★성취 기준 순차, 반복 구조를 주어진 상황에 맞게 사용할 수 있다.

동영상 강의

 : 청년 오브젝트

❶ 블록으로 시작합니다.

❷ 청년이 x좌표로 2만큼씩 반복하여 이동합니다.

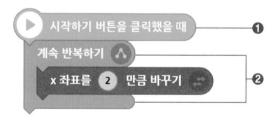

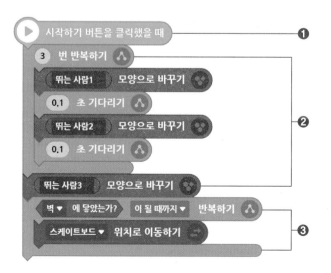

❶ 블록으로 시작합니다.

❷ 청년이 '뛰는 사람1', '뛰는 사람2'의 모양으로 0.1초마다 바꾸기를 3번 반복하고, '뛰는 사람3' 모양으로 변경합니다.

❸ 청년이 벽에 닿을 때까지 스케이트보드 위치로 이동하기를 반복합니다.

━ : 스케이트보드 오브젝트

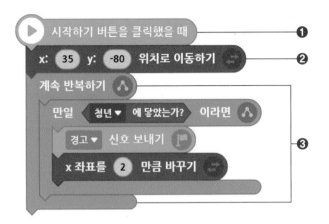

❶ ![시작하기 버튼을 클릭했을 때] 블록으로 시작합니다.

❷ 스케이트보드가 x좌표 35, y좌표 −80 위치로 이동합니다.

❸ 스케이트보드가 청년에 닿으면 '경고' 신호를 보내고 x좌표를 2만큼씩 바꾸기를 반복합니다.

☀ : 경고등 오브젝트

❶ 시작하기 버튼을 클릭했을 때 ❶
빨간LED_꺼짐 모양으로 바꾸기 ❷

❶ ![시작하기 버튼을 클릭했을 때] 블록으로 시작합니다.

❷ 시작하기 버튼을 클릭했을 때 경고등의 모양을 '빨간LED_꺼짐'으로 바꿉니다.

경고▼ 신호를 받았을 때 ❶
빨간LED_켜짐 모양으로 바꾸기 ❷
헬멧을 착용해주세요! 을(를) 2 초 동안 말하기▼ ❸

❶ '경고' 신호를 받았을 때 아래에 연결된 블록들을 실행합니다.

❷ '경고' 신호를 받으면 '빨간LED_켜짐' 모양으로 바꿉니다.

❸ "헬멧을 착용해주세요!"라고 2초 동안 말합니다.

문제 ━▶ **코딩 풀이**

정답 파일 PART08₩기출유형문제 1회(정답)

08
★학습 개념 순차, 조건, 관계 연산, 묻고 기다리기, 초시계, 변수, 리스트
★성취 기준 3.2.10 리스트를 사용하여 프로그램을 작성할 수 있다.

동영상 강의

: 친구1 오브젝트

❶ 시작하기 버튼을 클릭했을 때 블록으로 시작합니다.

❷ 초시계를 초기화하고, 작동을 시작합니다.

❸ 대답이 화면에 보이지 않도록 숨깁니다.

❹ '정답수' 변수를 0으로 정합니다.

❶ 시작하기 버튼을 클릭했을 때 블록으로 시작합니다.

❷ "더울 때 트는 전자제품, 빙글빙글 도는 것~"이라고 묻고 대답을 기다립니다.

❸ 입력한 대답이 '퀴즈단어' 리스트의 1번째 항목과 같다면 "딩동댕!"이라고 0.5초 동안 말한 후 '정답수'에 1을 증가시키고, 같지 않다면 "땡!"이라고 0.5초 동안 말합니다.

❹ "달콤한 것, 우리 생일 때 먹는 것~"이라고 묻고 대답을 기다립니다.

❺ 입력한 대답이 '퀴즈단어' 리스트의 2번째 항목과 같다면 "딩동댕!"이라고 0.5초 동안 말한 후 '정답수'에 1을 증가시키고, 같지 않다면 "땡!"이라고 0.5초 동안 말합니다.

❻ "우리가 공부하러 가는 곳~"이라고 묻고 대답을 기다립니다.

❼ 입력한 대답이 '퀴즈단어' 리스트의 3번째 항목과 같다면 "딩동댕!"이라고 0.5초 동안 말한 후 '정답수'에 1을 증가시키고, 같지 않다면 "땡!"이라고 0.5초 동안 말합니다.

❽ 문제가 끝나면 초시계를 정지합니다.

09

★학습 개념 버튼
★성취 기준 4.2.2 각 센서별 특징을 이해할 수 있다.

풀이

정답 ① 입력, ② 그리고(and)

해설 버튼은 전기의 흐름을 연결해 주거나 차단해 주는 부품입니다. 버튼을 누르면 끊어져 있던 연결이 이어져서 전기가 흐르게 됩니다. 버튼을 누를 때 0인 LOW 값이 나오고, 버튼을 누르지 않을 때 1인 HIGH 값이 나옵니다.

스탠드 조명을 회로로 구성해보면 두 개의 버튼 값을 ① 입력받아 LED로 출력합니다. 두 개의 버튼이 모두 눌러진 경우에만 LED가 출력되기 위해서 버튼이 연결된 디지털 5번 핀과 디지털 13번 핀을 ② 논리연산자 '그리고(and)'를 사용하여 설계합니다.

10

★학습 개념 초음파 거리 센서
★성취 기준 4.2.2 각 센서별 특징을 이해할 수 있다.

풀이

정답 ① (나) 초음파 거리 센서, ② (b) 부저

해설 초음파 거리 센서는 초음파가 대상 물체에 부딪히고 반사되어 되돌아오는 시간으로 거리를 측정하는 센서입니다. 실생활에서는 차량 후방 감지기나 로봇 청소기 등에서 활용되고 있습니다. 따라서 물체가 감지되면 소리의 속도에 따라 근접 정도를 알려주는 센서는 ① 초음파 거리 센서입니다. 자동차 후방 감지기에 초음파 센서값이 20보다 작으면 소리를 내라는 조건이 주어졌으므로 조건에 만족하면 ② 부저에서 소리를 내도록 코드를 설계하면 됩니다

Chapter

2 : 최신 기출 유형 문제 2회 풀이

문제 → **문제 풀이**

01

★학습 개념 컴퓨팅 사고력
★성취 기준 1.3.1 주어진 문제를 단순화 시킬 수 있다.

풀이

정답 ① 분식집, ② 휴대폰을 찾느라

해설 문제란 현재 원하는 대로 잘 안 되고 있는 현상을 말합니다. 문제를 해결하기 위해 상황을 분석하여 육하원칙으로 나누어보고, 수행되는 과정을 순서적 단계로 표현합니다.

승재가 휴대폰을 찾기 위해 돌아가는 길은 시간의 흐름의 역순을 되짚어보면 (학원)→(도서관)→(분식집)→(학교)순임을 알 수 있습니다. 그리고 승재가 왜 수업을 듣지 못했는지 문제를 분석해보면 휴대폰을 잃어버려서 그것을 찾기 위함임을 알 수 있습니다.

문제 → **문제 풀이**

02

★학습 개념 디지털 표현
★성취 기준 1.1.3 다양한 유형의 정보를 디지털로 표현할 수 있다.

풀이

정답 ① 0, ② 1

해설 논리 연산 중 AND 연산은 둘 다 참인 경우에만 참을 나타내며, OR 연산은 둘 중 하나만 참이어도 참을 나타냅니다. A판과 B판을 겹쳤을 때 AND 연산 결과는 1&0으로 둘 다 1일 때만 1이 되는데 하나만 1이므로 결과는 0이 됩니다. 그리고 OR 연산 결과는 1|1로 둘 중 하나만 1이라도 1이 되므로 결과는 1이 됩니다.

03

★학습 개념 알고리즘
★성취 기준 2.1.3 알고리즘을 표현할 수 있다.

풀이

정답 ① (다), ② (마), ③ (나), ④ (라), ⑤ (가)

해설 반복에 대한 알고리즘 순서도입니다. 반복되는 상황 동안 똑같은 처리 명령을 계속 반복해서 실행하도록 설계된 것을 확인할 수 있습니다.

강당에 가서 줄넘기를 한다고 생각해 봅시다. 강당에 줄넘기를 가지고 가서 ① 줄넘기를 잡고 서서 준비를 합니다. ②③ 줄넘기 번갈아 뛰기를 50번 반복합니다. 이어서 ④⑤ 줄넘기 2단 뛰기를 30번 반복하고 줄넘기를 마칩니다.

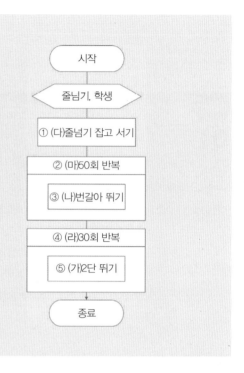

문제 ━━● **코딩 풀이**

정답 파일 PART08₩기출유형문제 2회(정답)

04

★학습 개념 순차, 반복, 조건, 관계연산, 변수, 무작위수
★성취 기준 3.2.5 변수와 상수를 이해하고, 이를 이용하여 입출력 프로그램을 작성할 수 있다.

동영상 강의

∗ : **선풍기 오브젝트**

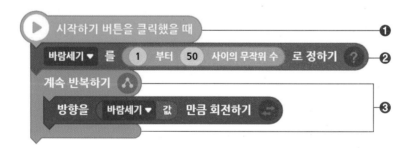

❶ 블록으로 시작합니다.

❷ 선풍기의 '바람세기'를 1부터 50사이의 무작위 수로 정합니다.

❸ 선풍기의 방향을 '바람세기' 값만큼씩 반복하여 회전합니다.

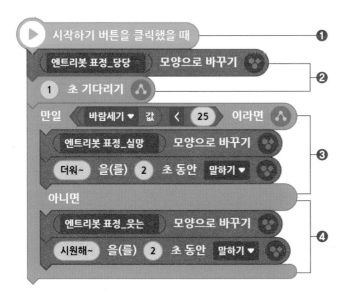

❶ [▶ 시작하기 버튼을 클릭했을 때] 블록으로 시작합니다.

❷ 엔트리봇의 표정을 '엔트리봇 표정_당당' 모양으로 바꾸고 1초 기다립니다.

❸ '바람세기' 변수가 25 미만이면 '엔트리봇 표정_실망'으로 바꾸고, "더워~"라고 2초 동안 말합니다.

❹ '바람세기' 변수가 25 이상이면 '엔트리봇 표정_웃는'으로 바꾸고, "시원해~"라고 2초 동안 말합니다.

문제 ━━● 코딩 풀이

정답 파일 PART08₩기출유형문제 2회(정답)

05
★학습 개념 순차, 조건 반복, 횟수 반복, 신호
★성취 기준 3.2.7 신호와 복제의 차이를 알고 프로그램을 작성할 수 있다.

동영상 강의

 : 나 오브젝트

❶ [▶ 시작하기 버튼을 클릭했을 때] 블록으로 시작합니다.

❷ '나' 모양으로 정하고, x좌표 165, y좌표 25의 위치로 이동합니다.

❸ "내가 만약 투명인간이 된다면...."이라고 2초 동안 말합니다.

❶ '투명인간' 신호를 받았을 때 아래에 연결된 블록들을 실행합니다.

❷ '투명인간' 모양으로 변경합니다.

❸ "놀이공원에 가서 놀이기구를 마음껏 타야지!"라고 2초 동안 말합니다.

❹ 놀이동산에 닿을 때까지 이동 방향으로 2만큼씩 반복하여 움직입니다.

🎩 : 마법모자 오브젝트

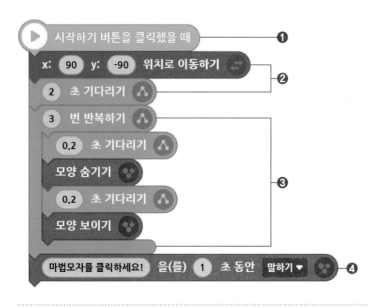

❶ 블록으로 시작합니다.

❷ 마법모자의 위치를 x좌표 90, y좌표 −90의 위치로 이동하고, 2초 기다립니다.

❸ 마법모자가 0.2초마다 화면에 보이고 보이지 않기를 3번 반복합니다.

❹ "마법모자를 클릭하세요!"라고 1초 동안 말합니다.

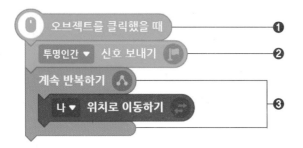

❶ '마법모자' 오브젝트를 클릭했을 때 아래에 연결된 블록들을 실행합니다.

❷ '투명인간' 신호를 보냅니다.

❸ 마법모자를 '나'와 계속 반복하여 함께 움직이도록 합니다.

06

★학습 개념 순차, 반복, 조건, 논리 연산

★성취 기준 3.2.4 다양한 조건을 고려하여 다른 동작을 하는 프로그램을 만들 수 있다.

동영상 강의

♡ : 하트 오브젝트

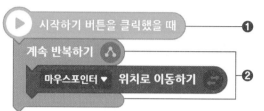

❶ 　[▶] 시작하기 버튼을 클릭했을 때 　블록으로 시작합니다.

❷ 하트가 계속하여 마우스포인터와 같이 움직입니다.

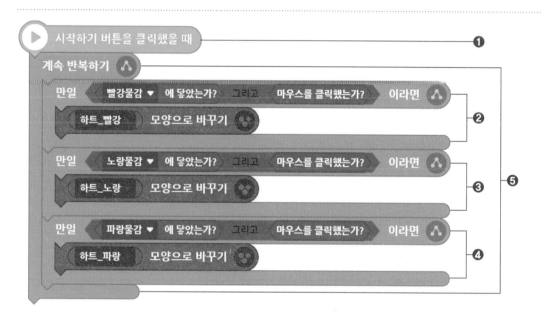

❶ 　[▶] 시작하기 버튼을 클릭했을 때 　블록으로 시작합니다.

❷ 하트가 '빨강물감'에 닿고, 마우스를 클릭하면 '하트_빨강'으로 모양을 바꿉니다.

❸ 하트가 '노랑물감'에 닿고, 마우스를 클릭하면 '하트_노랑'으로 모양을 바꿉니다.

❹ 하트가 '파랑물감'에 닿고, 마우스를 클릭하면 '하트_파랑'으로 모양을 바꿉니다.

❺ ❷~❹를 계속 반복합니다. 계속하기 블록을 사용해야 ❷❸❹의 조건을 지속적으로 판단하여 명령을 실행하게 됩니다.

❶ 스페이스 키를 눌렀을 때 아래에 연결된 블록을 실행합니다.

❷ 하트가 도장을 찍습니다.

tip

참 그리고▼ 참 블록은 논리 연산의 블록입니다. 왼쪽 조건과 오른쪽 조건 모두 참인 경우 실행하는 블록으로

빨강물감▼ 에 닿았는가? 그리고 마우스를 클릭됐는가? 블록은 빨강 물감이 닿고, 마우스를 클릭한 경우에 참이 되어 실행됩니다.

문제 ── 코딩 풀이

정답 파일 PART08₩기출유형문제 2회(정답)

07

★학습 개념 순차, 조건 반복, 조건, 논리 연산, 신호, 무작위 수
★성취 기준 3.3.7 신호와 복제의 차이를 알고 프로그램을 작성할 수 있다.

동영상 강의

✦ : 마법양탄자 오브젝트

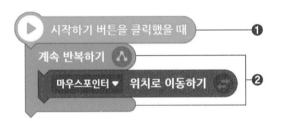

❶ 블록으로 시작합니다.

❷ 마법양탄자가 마우스포인터와 함께 움직이도록 마우스포인터 위치로 계속 반복하여 이동합니다.

: 아이 오브젝트

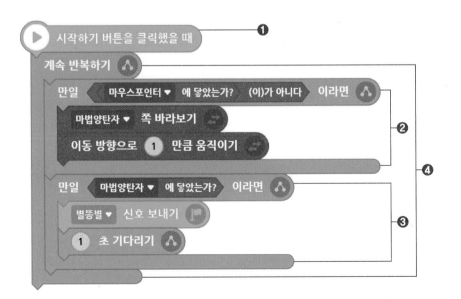

❶ 시작하기 버튼을 클릭했을 때 블록으로 시작합니다.

❷ 아이가 마우스포인터에 닿지 않으면 마법양탄자 쪽을 바라보며 이동 방향으로 1만큼씩 계속 이동합니다.

❸ 아이가 마법양탄자에 닿으면 '별똥별' 신호를 보내고 1초 기다립니다.

❹ ❷~❸을 계속 반복합니다.

❶ 시작하기 버튼을 클릭했을 때

❷ 모양 숨기기

❶ ▶ 시작하기 버튼을 클릭했을 때 블록으로 시작합니다.

❷ 별똥별이 화면에 보이지 않도록 모양을 숨깁니다.

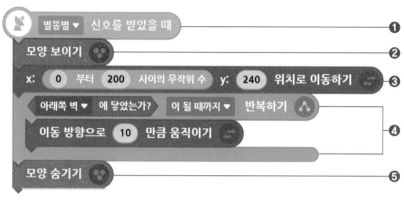

별똥별 ▼ 신호를 받았을 때 ❶

모양 보이기 ❷

x: 0 부터 200 사이의 무작위 수 y: 240 위치로 이동하기 ❸

아래쪽 벽 ▼ 에 닿았는가? 이 될 때까지 ▼ 반복하기

이동 방향으로 10 만큼 움직이기 ❹

모양 숨기기 ❺

❶ '별똥별' 신호를 받았을 때 아래에 연결된 블록들을 실행합니다.

❷ '별똥별' 신호를 받으면 별똥별이 화면에 보이도록 합니다.

❸ x좌표는 0부터 200사이의 무작위 수, y좌표는 240의 위치로 이동합니다.

❹ 별똥별이 아래쪽 벽에 닿을 때까지 이동 방향으로 10만큼씩 반복 이동합니다.

❺ 별똥별이 화면에 보이지 않도록 합니다.

문제 ▶ 코딩 풀이

정답 파일 PART08\기출유형문제 2회(정답)

동영상 강의

08 ★학습 개념 순차, 조건 반복, 함수
★성취 기준 3.2.9 함수를 사용하여 프로그램을 작성할 수 있다.

 : 토끼 오브젝트

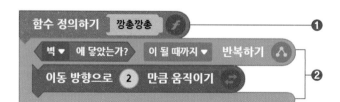

함수 정의하기 깡총깡총 ❶

벽 ▼ 에 닿았는가? 이 될 때까지 ▼ 반복하기

이동 방향으로 2 만큼 움직이기 ❷

❶ [함수 정의하기] 블록으로 '깡총깡총' 함수를 만듭니다.

❷ 벽에 닿을 때까지 이동 방향으로 2만큼씩 움직입니다.

❶ 오른쪽 화살표 키를 눌렀을 때 아래에 연결된 블록들을 실행합니다.

❷ 토끼의 모양을 '토끼-오른쪽'으로 바꾸고, 이동 방향을 90°로 정합니다.

❸ 토끼가 '깡총깡총' 함수를 이용하여 벽에 닿을 때까지 이동 방향으로 2만큼씩 움직입니다.

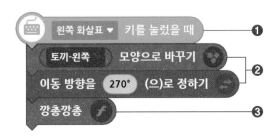

❶ 왼쪽 화살표 키를 눌렀을 때 아래에 연결된 블록들을 실행합니다.

❷ 토끼의 모양을 '토끼-왼쪽'으로 바꾸고, 이동 방향을 270°로 정합니다.

❸ 토끼가 '깡총깡총' 함수를 이용하여 벽에 닿을 때까지 이동 방향으로 2만큼씩 움직입니다.

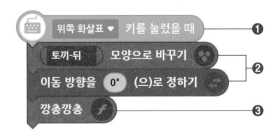

❶ 위쪽 화살표 키를 눌렀을 때 아래에 연결된 블록들을 실행합니다.

❷ 토끼의 모양을 '토끼-뒤'로 바꾸고, 이동 방향을 0°로 정합니다.

❸ 토끼가 '깡총깡총' 함수를 이용하여 벽에 닿을 때까지 이동 방향으로 2만큼씩 움직입니다.

❶ 아래쪽 화살표 키를 눌렀을 때 아래에 연결된 블록들을 실행합니다.

❷ 토끼의 모양을 '토끼-앞'으로 바꾸고, 이동 방향을 180°로 정합니다.

❸ 토끼가 '깡총깡총' 함수를 이용하여 벽에 닿을 때까지 이동 방향으로 2만큼씩 움직입니다.

❶ 스페이스 키를 눌렀을 때 아래에 연결된 블록들을 실행합니다.

❷ 토끼가 y좌표로 20만큼 이동하고 0.1초 후 y좌표를 −20만큼 움직입니다.

[속성] 탭의 [함수]를 클릭한 후 [함수 추가하기]를 누르면 블록 조립소에 함수를 새롭게 정의할 수 있는 창이 생깁니다. 함수를 새로 만들 수 있는 블록 조립소 창에서 다음과 같은 함수를 새롭게 만듭니다.

문제 ••► **문제 풀이**

09

★학습 개념 LED

★성취 기준 4.2.2 각 센서별 특징을 이해할 수 있다.

풀이

정답 ① 255, ② 0

해설 3색 LED는 빛의 3원색인 빨간색(Red), 초록색(Green), 파란색(Blue) LED가 각각 한 개씩 들어있는 RGB LED를 말합니다.

RGB를 이용한 색은 'RGB(빨간색의 단계, 초록색의 단계, 파란색의 단계)'와 같은 방법으로 표시할 수도 있습니다. 만일 RGB(255,0,0)라는 값을 가진다면 어떤 색이 나올까요? 초록색, 파란색은 0이기 때문에 오직 빨간색이 나오게 됩니다. RGB(255, 100, 0)이라면 초록색이 조금 섞인 연한 빨간색으로 표현할 수 있습니다. 따라서 RGB 색상표를 참고하면 정확한 RGB 16진수 값을 확인할 수 있으며, RGB값을 조절하여 원하는 색깔로 표현할 수도 있습니다.

따라서 빛의 3원색을 보면 노란색은 빨간색과 초록색이 교집합이므로 노란색을 나타내기 위해서는 빨간색을 나타내는 R을 255로, 초록색을 나타내는 G를 255로, 파란색을 나타내는 B를 0으로 표현하면 됩니다.

문제 ••► **문제 풀이**

10

★학습 개념 조도 센서(빛 감지 센서), 서보 모터

★성취 기준 4.2.2 각 센서별 특징을 이해할 수 있다.

풀이

정답 ① 조도 센서, ② 서보 모터

해설 조도 센서는 빛의 세기에 따라 저항값이 바뀌는 부품입니다. 다시 말하면 빛이 밝은지 어두운지를 구분하는 센서입니다. 휴대폰이나 네비게이션 액정의 밝기를 주변의 밝기에 따라 자동으로 조절해주거나 날이 어두워지면 자동으로 가로등이 켜지는 등 실생활 속에서 많이 사용하고 있습니다.

이처럼 주변 빛의 밝기를 측정하는 전동 블라인드는 조도 센서를 이용한 것입니다. 이 센서를 이용하여 측정한 결과에 따라 블라인드의 각도를 변경하ㅈ여 햇빛을 차단하기 위해서는 서보 모터를 활용할 수 있습니다.

서보 모터는 각도를 바꿀 수 있는 모터여서 각도 모터라고도 불립니다. 회전각에 맞는 신호를 주도록 프로그램을 작성하여 서보 모터를 원하는 각도로 움직일 수 있습니다.

Chapter

3 : 최신 기출 유형 문제 3회 풀이

문제 → **문제 풀이**

01

★학습 개념 컴퓨팅 사고력
★성취 기준 1.3.5 다양한 문제해결 방법을 찾아 적합한 방법을 선택할 수 있다.

풀이

정답 ① D ② G

해설 조건에 따라 몇 개의 동작만을 반복하는 기계를 유한 상태 기계라고 하며, 유한 상태 기계는 내부 상태 이외의 저장 공간을 갖지 않는 오토마타입니다. 실생활에서 자판기를 예로 들어 500원짜리 동전 한 개로는 물을 선택할 수 있고, 두 개로는 커피와 콜라를 선택할 수 있습니다. 이와 같이 입력의 상태와 선택하는 조건에 따라 결과가 달라집니다.

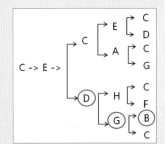

꿀벌의 집 찾아가기는 컴퓨터의 오토마타 원리를 적용한 것입니다. 문제에서 주어진 경로(C→E→( )→( )→B→F)를 가기 위해 선택 가능한 집을 도식화하여 만들어보면 쉽게 찾을 수 있습니다. ?과 ?를 지나 B의 집으로 갈 수 있는 길을 찾으면 됩니다. 집 찾아가기 경로의 시작점을 (C)로 두면 C에서 갈 수 있는 경로는 E로 가는 길과 A로 가는 길이 있습니다. 〈문제〉에서 제시한 대로 (E)로 가면 또 다시 C로 가는 길과 D로 가는 길 중 선택할 수 있습니다. 만약 (D)로 간다면 H나 G의 길로 갈 수 있고, (G)의 길로 간다면 B와 C의 길 중 (B)의 길로 갈 수 있습니다. 마지막으로 B는 D와 F의 길을 갈 수 있으므로 (F)를 선택하여 꿀벌이 자신의 집에 도착할 수 있습니다.

문제 → **문제 풀이**

02

★학습 개념 선형 구조 / 비선형 구조
★성취 기준 1.2.3 선형 구조, 비선형 구조의 개념을 이해하고 구조화 할 수 있다.

풀이

정답 ① Y.S.W, ② B.J.W

해설 자료 구조는 형태에 따라 선형 구조와 비선형 구조로 나눌 수 있습니다. 선형 구조는 비슷한 자료들이 일정한 순서에 따라 연속적으로 연결되어 있는 일직선 모양으로 구조화한 것이고, 비선형 구조는 트리, 그래프 등과 같이 일정한 순서없이 자료들이 연결되어 있는 구조입니다.

박스에 액자를 담는 자료 구조는 선형 구조의 스택(Stack) 형태입니다. 즉, 먼저 넣은 액자가 가장 나중에 꺼내는 구조이므로 라율이가 박스에 가장 먼저 넣은 액자의 영문이니셜은 Y.S.W이고, 라율이가 액자를 가장 먼저 나눠주려는 친구의 영문이니셜은 B.J.W입니다.

03

★학습 개념 알고리즘
★성취 기준 2.1.2 알고리즘을 설계할 수 있다.

─

풀이

정답 ① (라), ② (가), ③ (나), ④ (다), ⑤ (마)

해설 조건 선택에 대한 알고리즘 순서도입니다. 조건의 판단(참/거짓)에 따라서 실행하는 처리가 달라지는 것을 확인하실 수 있습니다.

친구에게 전화를 거는 상황을 생각해보면 됩니다. 전화기를 준비하고, ① 번호를 눌러 전화를 겁니다. ② 친구가 전화를 받으면 ③ 전화 받은 사람이 친구가 맞는지를 확인합니다. ④ 친구가 맞다면 친구와 통화를 합니다. 친구가 전화를 받지 않거나 전화 받은 사람이 친구가 아니라면 ⑤ 전화를 끊습니다.

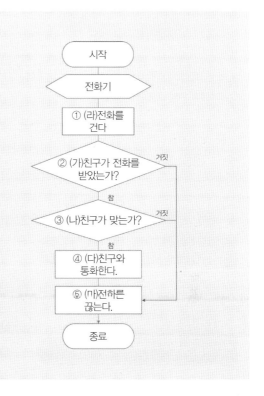

문제 → 코딩 풀이

정답 파일 PART08₩기출유형문제 3회(정답)

동영상 강의

04

★학습 개념 순차, 횟수 반복, 신호
★성취 기준 3.2.7 신호와 복제의 차이를 알고 프로그램을 작성할 수 있다.

 : 엔트리봇 오브젝트

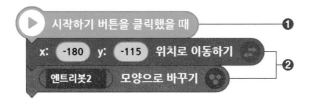

❶ 🔲 시작하기 버튼을 클릭했을 때 블록으로 시작합니다.

❷ 엔트리봇의 위치를 x좌표 −180, y좌표 −115로 정하고, 모양을 '엔트리봇2'로 변경합니다.

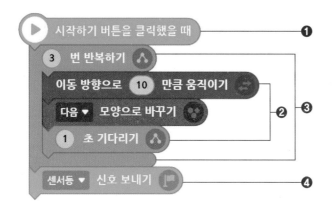

① 블록으로 시작합니다.

② 엔트리봇이 이동 방향으로 10만큼 움직이고, 다음 모양으로 바꾼 후 1초 기다립니다.

③ ②를 3번 반복합니다.

④ '센서등' 신호를 보냅니다.

▄◣ : 전등 오브젝트

① 블록으로 시작합니다.

② 전등의 모양을 '전등_꺼짐'으로 변경합니다.

① '센서등' 신호를 받았을 때 아래에 연결된 블록들을 실행합니다.

② '센서등' 신호를 받으면, 전등의 모양을 '전등_켜짐'으로 변경합니다.

문제 ┄● 코딩 풀이

정답 파일 PART08₩기출유형문제 3회(정답)

05

★**학습 개념** 순차, 조건, 관계 연산, 변수, 초시계
★**성취 기준** 3.2.5 변수와 상수를 이해하고, 이를 이용하여 입출력 프로그램을 작성할 수 있다.

동영상 강의

▶◣ : 숨은그림찾기 오브젝트

① 블록으로 시작합니다.

② '숨은그림찾기' 모양으로 변경합니다.

Text : 글상자 오브젝트

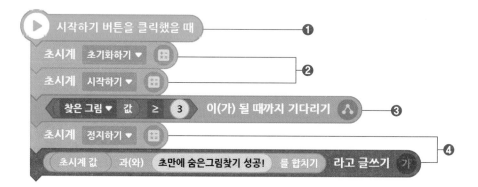

❶ 블록으로 시작합니다.

❷ 초시계를 초기화하고 작동을 시작합니다.

❸ '찾은 그림' 변수가 3보다 크거나 같아질 때까지 기다립니다.

❹ 초시계를 정지하고 "(초시계값)초 만에 숨은그림찾기 성공!"이라고 화면에 나타냅니다.

♡ : 하트 오브젝트

❶ 블록으로 시작합니다.

❷ '하트' 모양으로 변경합니다.

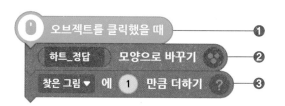

❶ 하트 오브젝트를 클릭했을 때 아래에 연결된 블록들을 실행합니다.

❷ '하트_정답' 모양으로 변경합니다.

❸ '찾은 그림' 변수에 1을 더합니다.

◺ : 돛단배 오브젝트

❶ 블록으로 시작합니다.

❷ '돛단배' 모양으로 변경합니다.

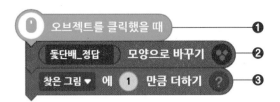

❶ 돛단배 오브젝트를 클릭했을때 아래에 연결된 블록들을 실행합니다.

❷ '돛단배_정답' 모양으로 변경합니다.

❸ '찾은 그림' 변수에 1을 더합니다.

 : 전구 오브젝트

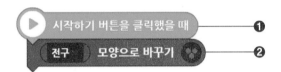

❶ 시작하기 버튼을 클릭했을 때 블록으로 시작합니다.

❷ '전구' 모양으로 변경합니다.

❶ 전구 오브젝트를 클릭했을 때 아래에 연결된 블록들을 실행합니다.

❷ '전구_정답' 모양으로 변경합니다.

❸ '찾은 그림' 변수에 1을 더합니다.

문제 ▸ **코딩 풀이**

정답 파일 PART08₩기출유형문제 3회(정답)

06 ★학습 개념 순차, 반복, 변수, 산술 연산, 투명도 효과, 무작위 수
★성취 기준 3.2.5 변수와 상수를 이해하고, 이를 이용하여 입출력 프로그램을 작성할 수 있다.

동영상 강의

 : 원숭이 오브젝트

❶ 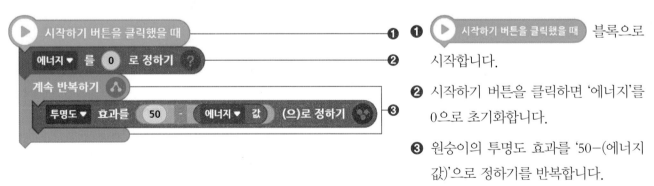 시작하기 버튼을 클릭했을 때 블록으로 시작합니다.

❷ 시작하기 버튼을 클릭하면 '에너지'를 0으로 초기화합니다.

❸ 원숭이의 투명도 효과를 '50-(에너지 값)'으로 정하기를 반복합니다.

━━━━━━━━━ **why**

투명도 효과를 50 - 에너지 값 (으)로 정하기 블록은 투명도 효과를 지정하기 위한 블록입니다. 투명도 효과의 값을 임의의 값으로 정하지 않고, 50 - 에너지 값 의 산술 연산을 이용한 이유는 원숭이의 기본 투명도를 50으로 주어 반투명하게 만들었으며, 바나나를 먹으면 점점 불투명해지고 도넛을 먹으면 점점 투명해지도록 효과를 주기 위함입니다.

 : 도넛 오브젝트

❶  블록으로 시작합니다.

❷ 도넛이 1초마다 x좌표 −200부터 200 사이의 무작위 수, y좌표 −100부터 0 사이의 무작위 수의 위치로 반복 이동합니다.

❶ 도넛 오브젝트를 클릭했을 때 아래에 연결된 블록들을 실행합니다.

❷ 도넛을 클릭하면 '에너지' 변수를 −5만큼 변경합니다.

 : 바나나 오브젝트

❶  블록으로 시작합니다.

❷ 바나나를 1~2초마다 x좌표 −200부터 200 사이의 무작위 수, y좌표 −100부터 0 사이의 무작위 수의 위치로 반복 이동합니다.

❶ 바나나 오브젝트를 클릭했을 때 아래에 연결된 블록들을 실행합니다.

❷ 바나나를 클릭하면 '에너지' 변수를 5만큼 변경합니다.

07

★학습 개념 순차, 조건 반복, 조건, 관계 연산, 논리 연산, 신호

★성취 기준 3.2.4 다양한 조건을 고려하여 다른 동작을 하는 프로그램을 만들 수 있다.

동영상 강의

: 학생 오브젝트

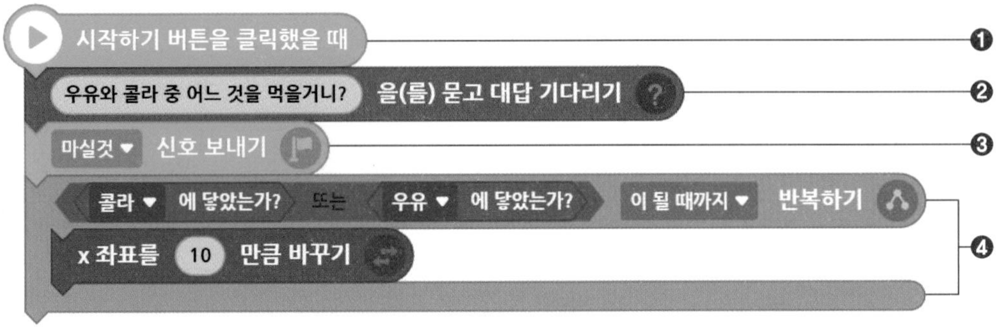

❶ 시작하기 버튼을 클릭했을 때 블록으로 시작합니다.

❷ 학생이 "우유와 콜라 중 어느 것을 먹을거니?"라고 묻고 대답을 기다립니다.

❸ 대답이 입력된 후 '마실 것' 신호를 보냅니다.

❹ 학생이 콜라나 우유에 닿을 때까지 x좌표를 10만큼씩 반복하여 움직입니다.

tip

참 또는 거짓 블록은 논리 연산의 명령입니다. 둘 중 하나의 조건만이라도 참인 경우 실행하는 명령으로 콜라 에 닿았는가? 또는 우유 에 닿았는가? 블록은 콜라에 닿았거나 우유에 닿았을 경우 참이 되어 실행됩니다.

: 콜라 오브젝트

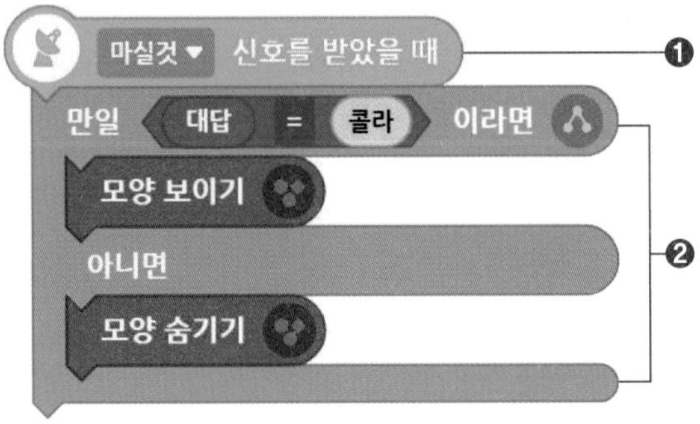

❶ '마실것' 신호를 받았을 때 아래에 연결된 블록들을 실행합니다.

❷ '마실 것' 신호를 받았을 때 작성한 대답이 콜라이면 콜라를 화면에 보이도록 하고, 콜라가 아니면 화면에 보이지 않도록 합니다.

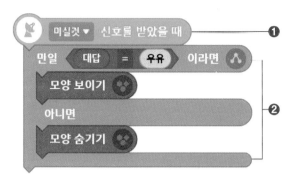

❶ '마실것' 신호를 받았을 때 아래에 연결된 블록들을 실행합니다.

❷ '마실 것' 신호를 받으면, 작성한 대답이 우유이면 우유를 화면에 보이도록 하고, 우유가 아니면 화면에 보이지 않도록 합니다.

문제 ━━ 코딩 풀이

정답 파일 PART08₩기출유형문제 3회(정답)

08

★학습 개념 순차, 조건 반복, 무작위 수, 복제

★성취 기준 3.2.7 신호와 복제의 차이를 알고 프로그램을 작성할 수 있다.

동영상 강의

 : 물방울 오브젝트

❶ 블록으로 시작합니다.

❷ 물방울이 화면에 보이지 않도록 합니다.

❸ 물방울이 2초마다 자신을 복제하여, x좌표 −240부터 240 사이의 무작위 수, y좌표 −135 위치에 나타나도록 합니다.

─────────────────────── **why**

원본 물방울을 숨기지 않으면 물방울을 복제하였을 때 원본 물방울이 보이므로 원하는 코딩 결과가 나오지 않을 수 있습니다. 따라서 원본 물방울은 화면에 보이지 않도록 설정하고, 복제본만 보이도록 코드를 완성합니다.

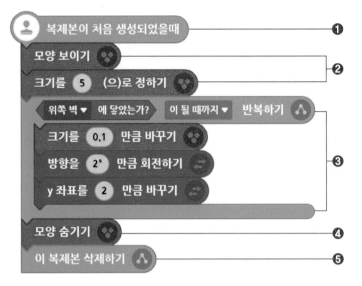

❶ 물방울 오브젝트의 복제본이 처음 생성되었을 때 아래에 연결된 블록들을 실행합니다.

❷ 물방울을 화면에 보이도록 하고, 크기를 5로 정합니다.

❸ 물방울이 위쪽 벽에 닿을 때까지 크기를 0.1 만큼씩 바꾸고, 방향을 2° 만큼씩 회전하고, y 좌표를 2만큼씩 바꿉니다.

❹ 물방울이 위쪽 벽에 닿으면 물방울이 화면에 보이지 않도록 합니다.

❺ 이 복제본을 삭제합니다.

 : 잠수부 오브젝트

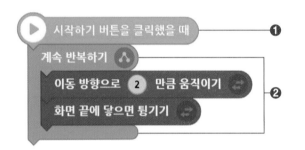

❶ 블록으로 시작합니다.

❷ 잠수부가 이동 방향으로 2만큼씩 이동하며, 화면 끝에 닿으면 튕기기를 계속 반복합니다.

09

★학습 개념 버튼
★성취 기준 4.1.2 실생활의 문제를 논리적 모델링 할 수 있다.

풀이

정답 ① (나) 불을 켜고 끄는 전등 스위치, ② (다) 도어락의 키패드

해설 버튼은 실생활에서 전화기의 숫자 다이얼 패드나 불을 켜고 끄기 위한 전등의 스위치, 세탁기, 냉장고 등의 다양한 전자 제품의 제어 버튼으로도 활용하고 있습니다.

불을 켜고 끄는 전등 스위치와 도어락의 키패드는 버튼을 활용한 실생활 예입니다. 미세먼지 측정기는 미세먼지 센서를, 자동차 후진시 장애물 감지벨은 자동차와 장애물의 거리를 감지하는 센서를 활용합니다.

10

★학습 개념 DC모터
★성취 기준 4.2.2 각 센서별 특징을 이해할 수 있다.

풀이

정답 ① (바) DC 모터, ② 아날로그

해설 DC 모터는 플레밍의 왼손 법칙에 의해 동작합니다. 전류의 방향이 바뀌면 힘의 방향이 바뀌기 때문에 모터의 회전 방향도 바뀝니다. 실생활에서 RC카의 바퀴가 동작하거나 선풍기 날개가 움직이도록 하는 것 또한 DC 모터를 활용한 예입니다. 이 DC 모터는 속도를 제어할 수 있으며, 회전 방향도 변경할 수 있습니다.

드론의 날개를 움직이기 위해 사용한 부품은 ① DC 모터입니다. DC 모터는 속도를 빠르게 혹은 느리게 제어할 수 있습니다. 디지털 출력인 경우 값은 On / Off 상태로 1과 0으로 제어하며, 아날로그 출력인 경우 0~255 범위에서 조절하여 사용합니다. 따라서 ② 아날로그 출력을 사용할 때에는 드론을 빠르거나 천천히 속도를 조절하여 날게 할 수 있습니다.

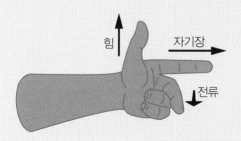

힘   자기장

전류

▲ 플레밍의 왼손 법칙

4 : 최신 기출 유형 문제 4회 풀이

문제 ⟶ 문제 풀이

01

★학습 개념 반복 패턴, 문제 단순화
★성취 기준 1.3.3 반복되는 일정한 경향 및 규칙을 탐색하여 패턴을 찾아 공식화할 수 있다.

—

풀이

정답 ① 16, ② 12

해설 이와 같은 유전실험을 할 때, 두 번째 자손 세대에서는 우성이 3개면, 열성은 1개 정도로 나옵니다. 즉, 자손 2세대에서는 3:1로 우성과 열성의 비율이 나온다는 것을 발견해야 풀 수 있습니다. 첫 번째에 흰색 꽃이 나왔다고 했으므로 흰색이 우성입니다. 만일 두 번째 자손의 수 중 열성 형질이 4송이 피었다고 한다면, 그 세배의 수로 우성의 형질인 흰색 꽃이 12송이 필 것입니다. 그러므로 두 번째 자손의 전체 수는 12와 4를 합한 16이 됩니다.

문제 ⟶ 문제 풀이

02

★학습 개념 자료 정리, 정보의 유형 구분
★성취 기준 1.2.2 다양한 방법으로 자료를 정리하여 표현할 수 있다.

—

풀이

정답 ① 강아지.png , ② 3

해설 폴더에서 [정렬기준]을 내림차순으로 정리하면, 큰 수부터 작은 수로 순서대로 보여줍니다. 날짜에 대한 정렬 순서를 확인하면 되므로, 가장 큰 수라 할 수 있는 '2018-03-29 오전 11:23' 최근 날짜가 맨 위에 보이게 됩니다. 파일이름을 물어봤으므로 '강아지.png'라고 파일이름을 적습니다. 또한 그림(이미지) 파일은 jpg나 png 확장자를 가진 파일을 찾으면 됩니다. 여기서는 '강아지.png', '꽃관찰.jpg', '할머니사진.jpg' 파일들이 그림(이미지) 파일들이므로 그림(이미지) 파일 자료의 개수는 3개입니다.

03

★학습 개념 조건 반복 알고리즘, 선택 알고리즘
★성취 기준 2.2.3 알고리즘의 제어 구조를 복합적으로 표현할 수 있다.

풀이

정답 ① (라), ② (마), ③ (다), ④ (가), ⑤ (나)
해설 ①화살을 10개 준비하여, ②화살을 쏩니다. ③화살 10개를 쐈는지 확인하여 10개를 다 쏘지 않은 경우 화살을 쏩니다. 이렇게 화살을 10개 쏠 때까지 화살을 계속 쏘도록 조건에 만족하는 상황이 될 때까지 반복하게 합니다. 또한, 선택알고리즘은 조건의 분기에 따라 실행을 다르게 처리하는 것인데, 여기서는 '3개 이상 명중했는가?'에 대해 참/거짓에 따라 ④⑤예선전 통과와 예선전 통과하지 못함으로 분기하게 됩니다.

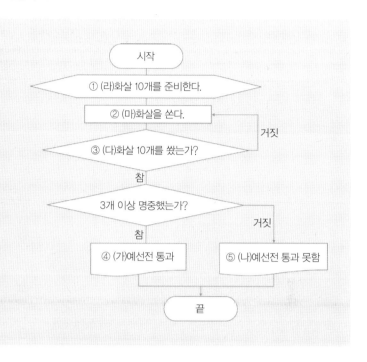

정답 파일 PART08₩기출유형문제 4회(정답)

04

★학습 개념 순차, 횟수 반복, 조건 반복, 신호.
★성취 기준 3.2.2 순차, 반복 구조를 주어진 상황에 맞게 사용할 수 있다.

동영상 강의

: 한국 무용수 오브젝트

❶ 블록으로 시작합니다.

❷ 한국 무용수가 '다음' 모양으로 바꾸고 0.2초 기다립니다.

❸ ❷를 12번 반복하여 춤추는 모습을 표현합니다.

❹ '다가감' 신호를 보내고 기다립니다. 신호를 받은 오브젝트가 신호를 받아 연결된 블록들을 다 실행한 이후 ❺번으로 넘어갑니다.

❺ "감사합니다."를 2초 동안 말합니다.

[속성] 탭의 [신호]-[신호 추가하기]를 눌러, '다가감' 신호를 만듭니다.

 : 선비 오브젝트

❶ 시작하기 버튼을 클릭했을 때 블록으로 시작합니다.

❷ 선비 오브젝트는 x좌표 −134, y좌표 −27에 위치합니다.

❶ '다가감' 신호를 받았을 때, 아래에 연결된 블록들을 실행합니다.

❷ 개나리 오브젝트에 닿을 때까지 계속 반복하여 이동 방향으로 3만큼씩 움직입니다. '개나리' 오브젝트에 닿게 되면 더 이상 움직이지 않습니다.

❸ "춤을 잘 추시는군요."라고 2초 동안 말합니다.

문제 ---● 코딩 풀이　　　　　　　　　　　**정답 파일** PART08\기출유형문제 4회(정답)

05　★학습 개념 순차, 변수, 신호, 조건 반복
　　　★성취 기준 3.2.2 순차, 반복 구조를 주어진 상황에 맞게 사용할 수 있다.

동영상 강의

 : 어린이 오브젝트

❶ 시작하기 버튼을 클릭했을 때 블록으로 시작합니다.

❷ '어린이' 오브젝트가 "20일 후 부화한다던데."라고 2초 동안 말합니다.

❶ '부화' 신호를 받았을 때 아래 연결된 블록을 실행합니다.

❷ "우아! 병아리다."라고 2초 동안 말합니다.

———————————————————————————————— tip

[속성] 탭의 [신호]–[신호 추가하기]를 눌러, '부화' 신호를 만듭니다. '부화' 신호는 '부화용 계란' 오브젝트에서 보낸 것입니다.

⬭ : 부화용 계란 오브젝트

❶ ⏵ 시작하기 버튼을 클릭했을 때 블록으로 시작합니다.

❷ '날짜' 변수를 0으로 정하고, '날짜' 변수를 숨겨 화면에서 보이지 않게 합니다.

❸ '날짜' 변수 값이 20이 될 때까지 블록 안의 명령들을 반복합니다. '날짜' 변수에 1을 더한 뒤, '날짜' 변수 값을 말하기 합니다. 그리고 0.5초 기다립니다.

———————————————————————————————— why

'날짜' 변수를 0으로 정하였으므로 '날짜' 값이 20이 될 때까지 0.5초 간격으로 1부터 20까지 말합니다. ❸번 과정에서 20을 말하고 난 후에는 더 이상 반복하지 않고 다음 ❹번을 실행합니다.

❹ '계란' 모양에서 '병아리' 모양으로 모양을 바꿉니다.

❺ "삐약"이라고 1초 동안 말합니다.

❻ '부화' 신호 보내기를 합니다. 이 신호를 받아서 어린이 오브젝트가 "우아! 병아리다."라고 말합니다.

[속성] 탭에서 [변수]-[변수 추가하기]를 눌러, '날짜' 변수를 만듭니다.

 **코딩 풀이** 정답 파일 PART08₩기출유형문제 4회(정답)

06
★학습 개념 순차, 횟수 반복, 복제, 묻고 기다리기
★성취 기준 3.2.7 신호와 복제의 차이를 알고 프로그램을 작성할 수 있다.

동영상 강의

 : 노란 새 오브젝트

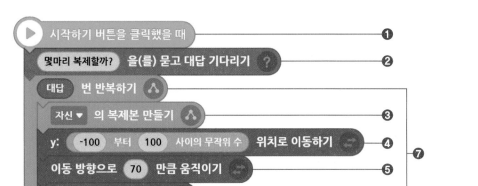

❶ (▶ 시작하기 버튼을 클릭했을 때) 블록으로 시작합니다.

❷ 노란 새 오브젝트가 "몇마리 복제할까?"라고 묻고 대답을 기다립니다. 화면 아래쪽에 나타난 대답 입력 창에 숫자를 입력합니다.

❸ 노란 새 오브젝트가 자신의 복제본을 만듭니다.

❹ 복제본을 만든 후 복제본의 y좌표를 −100부터 100 사이의 무작위 수 범위의 위치로 이동합니다.

❺ 이동 방향으로 70만큼 움직입니다. ❹와 ❺는 거의 동시에 실행되는 것처럼 보입니다.

❻ 이동하다가 화면 끝에 닿으면 튕기기 합니다.

❼ ❸~❻ 내용을 대답으로 입력한 숫자만큼 반복합니다.

❽ 복제를 다 한 후, '노란 새'는 "원본"이라고 말하게 합니다. 화면에 복제된 새들과 구별되어 원본만 "원본"이라고 말하게 됩니다.

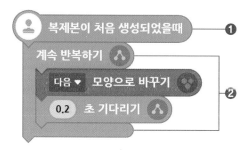

❶ 복제본이 처음 생성되었을 때 아래에 연결된 블록들을 실행합니다.

❷ '노란 새'의 복제본이 생성되었을 때 복제본은 0.2초마다 다음 모양으로 계속 바꾸기 합니다. 즉, 원본과 달리 복제본은 날개를 퍼덕이는 행동을 합니다.

정답 파일 PART08\기출유형문제 4회(정답)

문제 ─────● **코딩 풀이**

07
★학습 개념 순차, 반복, 모양, 변수
★성취 기준 3.2.5 변수와 상수를 이해하고, 이를 이용하여 입출력 프로그램을 작성할 수 있다.

동영상 강의

 : 공주 오브젝트

---

❶ 시작하기 버튼을 클릭했을 때 블록으로 시작합니다.

❷ '액션넘버' 변수를 0으로 정합니다.

❸ 5초 기다린 후 '액션넘버' 값을 1만큼 더합니다.

❹ ❸를 계속 반복합니다.

―――――――――――――――――――――――― tip

[속성] 탭에서 [변수]−[변수 추가하기]를 눌러, '액션넘버' 변수를 만듭니다.

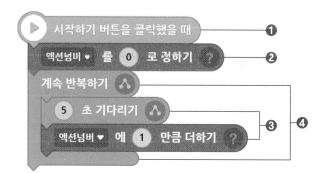

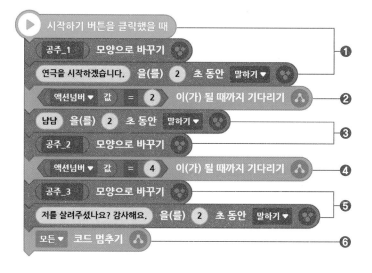

❶ 시작하기 버튼을 클릭하면 '공주_1' 모양으로 바꾸고, "연극을 시작하겠습니다."라고 2초 동안 말하기 합니다.

❷ '액션넘버' 변수 값이 2가 될 때까지 기다립니다.

❸ "냠냠"이라고 2초 동안 말하고, '공주_2'로 모양을 바꿉니다.(사과를 먹고 쓰러집니다.)

❹ '액션넘버' 변수 값이 4가 될 때까지 기다립니다.

❺ '공주_3' 모양으로 바꾸고, "저를 살려주셨나요? 감사해요."라고 2초 동안 말합니다.

❻ 모든 코드를 멈춥니다.

: 왕비 오브젝트

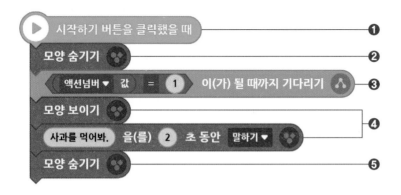

❶ 시작하기 버튼을 클릭했을 때 블록으로 시작합니다.

❷ 왕비 오브젝트의 모양을 숨겨 시작 시 보이지 않게 합니다.

❸ '액션넘버' 변수 값이 1이 될 때까지 기다립니다.

❹ 모양이 보이고, "사과를 먹어봐."라고 2초 동안 말합니다.

❺ 다시 모양을 숨깁니다.

 : 왕자 오브젝트

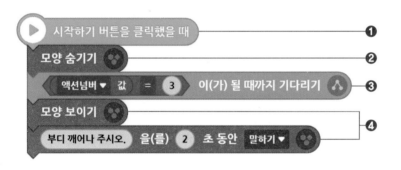

❶ 시작하기 버튼을 클릭했을 때 블록으로 시작합니다.

❷ '왕자' 오브젝트 모양을 숨겨 시작 시 보이지 않게 합니다.

❸ '액션넘버' 값이 3이 될 때까지 기다립니다.

❹ 모양이 보이고, "부디 깨어나 주시오."라고 2초 동안 말합니다.

08 ★학습 개념 순차, 조건 반복, 신호, 논리 연산, 관계 연산, 좌표, 무작위 수
★성취 기준 3.2.3 다중 선택, 다중 반복 구조를 사용하여 프로그램을 작성할 수 있다.

 : 학생 오브젝트

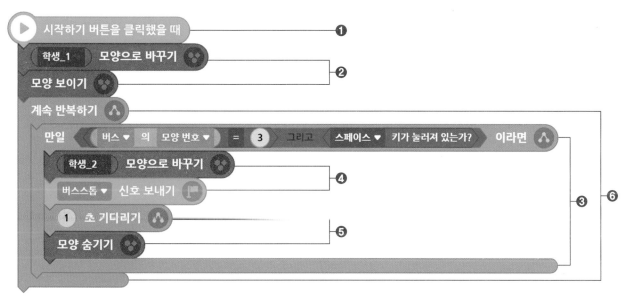

❶ 시작하기 버튼을 클릭했을 때 블록으로 시작합니다.

❷ 시작 시 '학생_1' 모양으로 보이도록 합니다.

❸ 버스의 모양 번호가 3이고, 스페이스 키가 눌러져 있다면 안에 연결된 블록을 실행합니다.

❹ '학생_2' 모양으로 바꾸고, '버스스톱' 신호보냅니다.

❺ 1초 기다린 후 모양을 숨깁니다.

❻ 계속 반복하여 ❸을 실행합니다.

tip

[속성] 탭에서 [신호]–[신호 추가하기]를 눌러, '버스스톱' 신호를 만듭니다.

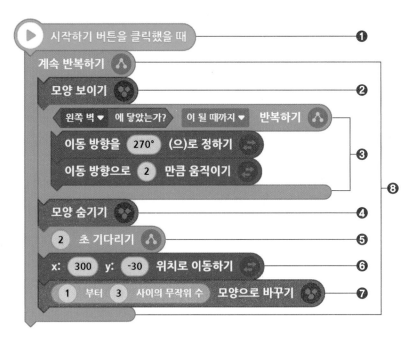

❶ (시작하기 버튼을 클릭했을 때) 블록으로 시작합니다.

❷ 버스 오브젝트의 모양이 보이도록 합니다.

❸ 왼쪽 벽에 닿을 때까지 반복하여 버스가 이동 방향을 270°로 정하고 이동 방향으로 2만큼씩 움직입니다.

❹ 벽에 닿은 후엔 버스의 모양을 숨깁니다.

❺ 2초를 기다리고 다음에 연결된 블록을 실행합니다.

❻ x좌표 300, y좌표 −30 위치로 버스를 이동합니다. 버스가 보이지 않는 상태에서, 화면의 오른쪽 바깥 위치로 이동합니다.

❼ '버스' 모양을 1~3 사이의 무작위 수의 모양으로 바꿉니다.

❽ 계속 반복하여 ❷~❼을 실행합니다.

❶ '버스스톱' 신호를 받았을 때, 아래에 연결된 블록을 실행합니다.

❷ '자신의 다른' 코드 멈추기를 합니다. 즉, 버스 오브젝트의 다른 코드인 버스가 화면 오른쪽에서 나타나 왼쪽으로 계속 이동하는 코드를 멈추게 하는 것입니다.

❸ 2초 기다린 후(버스가 멈춰서 학생을 태운 후), 3초 동안 x좌표 −300, y좌표 −30 위치로 이동합니다.

❹ 화면을 벗어나면 사라지도록 모양을 숨깁니다.

09

★학습 개념 온도 센서, 부저
★성취 기준 4.1.2 실생활의 문제를 논리적 모델링을 할 수 있다.

―

풀이

정답 ① 온도, ② 이하

해설 이 문제는 온도 센서를 장착한 스마트한 신발을 강아지에게 신겨 산책을 나가는 내용입니다. 이 신발은 춥다고 말을 하지 못하는 강아지가 산책 중 추위에 힘들어 하지 않도록 한 강아지용 신발입니다. 온도 센서가 장착되어, 강아지 발의 체온을 체크하여 일정 온도 이하가 되면 부저의 알람을 울리게 만들면 됩니다.

10

★학습 개념 빛 센서, LED
★성취 기준 4.1.2 실생활의 문제를 논리적 모델링을 할 수 있다.

―

풀이

정답 ① 빛 ② 강

해설 빛 센서 값이 '강'일 때는 대낮이므로, LED를 켤 필요가 없습니다. 그러므로 출력을 0으로 하면 꺼집니다. 또한, 어스름한 빛인 저녁에는 빛 센서 값이 '중'이므로, LED 출력을 세게 5로 하여 환하게 빛나게 합니다. 그러나 깜깜한 밤에 사람들도 활동이 줄고, 잠자는 사람들도 있는 한밤중에는 빛 공해를 줄이기 위한 은은하고 약한 불을 켜기 위해 LED 출력을 줄여 3정도로 낮춰 줍니다.

5 : 최신 기출 유형 문제 5회 풀이

문제 → **문제 풀이**

01

★학습 개념 자료정리

★성취 기준 1.2.2 다양한 방법으로 자료를 정리하여 표현할 수 있다.

풀이

정답 ① (다) ② (마)

해설 수로 나타낸 표만으로 파악하기 힘든 정보들도 그래프로 표시하면 한눈에 파악이 용이하여 의미 있는 정보을 분석하기에 효율적입니다. 이 문제와 같이 시간의 흐름에 따라 수치가 바뀌는 것을 확인할 때는 꺾은 선 그래프를 사용하면 좋습니다. 상하이 인구수는 2005년이 아닌 2015년에 2천 3백만 명을 넘어섰습니다. 중국 정부는 2천 500만 내외로 상하이 인구수를 관리하려 하고 있다 합니다. 또한, 1995년 이후 2015년까지 서울의 인구수는 그래프상에서 조금씩 늘고 있는 것이 아니라, 조금씩 줄고 있습니다.

문제 → **문제 풀이**

02

★학습 개념 디지털 표현, 정보의 유형

★성취 기준 1.1.3 다양한 유형의 정보를 디지털로 표현할 수 있다.

풀이

정답 ① (라), ② (가)

해설 우리 귀에 들리는 소리는 음파로서 연속된 것입니다. 음파를 일정 시간 간격으로 잘라서 컴퓨터가 표현할 수 있는 이진수 값인 디지털 정보로 바꾸어야 하는데, 시간 간격을 잘게 쪼갠 정도가 클수록(샘플레이트 값이 클수록), 그리고 표현하는 비트 수가 많을수록(비트레이트 값이 클수록) 정확하고 자연스러운 소리를 표현할 수 있습니다. 즉, 문제의 보기에서 음질이 가장 좋은 것은 두 값이 가장 큰 (라)이고, 가장 안 좋은 것은 두 값이 다른 것들에 비해 작은 (가)입니다.

03

★학습 개념 횟수 반복 알고리즘
★성취 기준 2.2.2 알고리즘의 제어 구조를 이해할 수 있다.

풀이

정답 ① (다), ② (마), ③ (라), ④ (가), ⑤ (나)

해설 ①우선 가위 바위 보를 하여 이긴 사람을 정합니다. ②이긴 사람은 그네를 타고, 진 사람은 밀기 시작합니다. 그후, 반복되어 실행해야 할 부분 '계속 민다'를 ③'10번 밀었는가?'라고 횟수를 확인하며 그네를 ④계속 밀도록 순서도를 작성하면 됩니다. 10번을 다 밀고 나면 ⑤그네 밀기가 완료되고 순서도가 끝납니다.

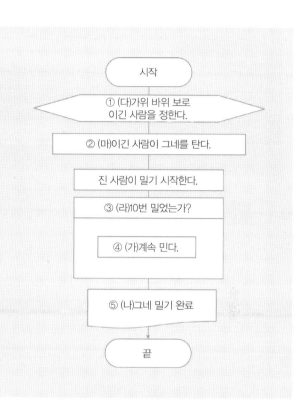

시작

① (다)가위 바위 보로 이긴 사람을 정한다.

② (마)이긴 사람이 그네를 탄다.

진 사람이 밀기 시작한다.

③ (라)10번 밀었는가?

④ (가)계속 민다.

⑤ (나)그네 밀기 완료

끝

정답 파일 PART08₩기출유형문제 5회(정답)

04

★학습 개념 순차, 반복, 관계 연산, 묻고 기다리기
★성취 기준 3.1.4 변수와 연산자를 이해하고 사용할 수 있다.

동영상 강의

🖐 : 손 오브젝트

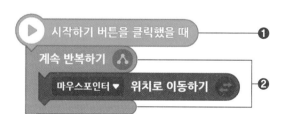

❶ 시작하기 버튼을 클릭했을 때

계속 반복하기

마우스포인터 ▼ 위치로 이동하기 ❷

❶ [▶ 시작하기 버튼을 클릭했을 때] 블록으로 시작합니다.

❷ '손' 오브젝트가 계속 반복하여 '마우스포인터' 위치를 따라 다니게 합니다.

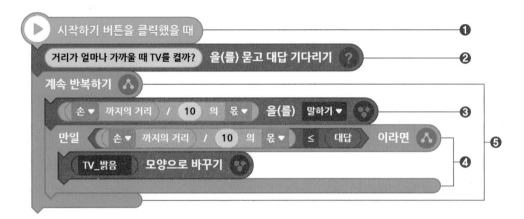

❶ 🔵 시작하기 버튼을 클릭했을 때 블록으로 시작합니다.

❷ "거리가 얼마나 가까울 때 TV를 켤까?"를 묻고 대답을 기다립니다. 실행시킬 때 화면 아래쪽에 대답 입력 창이 나타나면 숫자를 적어 넣습니다.

❸ '손' 오브젝트까지의 거리를 10으로 나누기한 몫의 값을 계속 말하게 합니다.(10으로 나눈 몫으로 거리값을 말하게 하는 이유는 숫자를 간단하게 보여주기 위해서 입니다.)

❹ '대답' 값 이하의 거리가 되면, 'TV_밝음' 모양으로 바꿔 TV가 켜진 상태를 보여줍니다.

❺ 계속 반복하여 ❸~❹를 실행합니다.

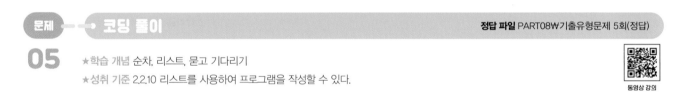

정답 파일 PART08₩기출유형문제 5회(정답)

05 ★학습 개념 순차, 리스트, 묻고 기다리기
★성취 기준 2.2.10 리스트를 사용하여 프로그램을 작성할 수 있다.

동영상 강의

➕ : 더하기 오브젝트

❶ 🔵 시작하기 버튼을 클릭했을 때 블록으로 시작합니다.

❷ 실행하면, 화면에 보이는 '대답' 값을 숨깁니다.

❶ '더하기' 오브젝트를 클릭했을 때 아래에 연결된 블록들을 실행합니다.

❷ "어떤 스케줄을 추가할까요?"라고 묻고 대답을 기다립니다.

❸ 입력한 '대답' 값을 '할일목록' 리스트에 추가합니다.

시험에서 리스트가 만들어진 상태로 문제 파일이 제공된 경우가 아니라면, [속성] 탭에서 [리스트]–[리스트 추가하기]를 선택하여 리스트를 직접 만들어 사용하도록 합니다.

✓ : 결정 버튼 오브젝트

❶ '결정 버튼' 오브젝트를 클릭했을 때 아래에 연결된 블록을 실행합니다.

❷ "어떤 목록을 뺄까요?(숫자입력)"라고 묻고 대답을 기다립니다.

❸ 입력한 '대답' 번째 항목을 '할일목록' 리스트의 순서에서 삭제합니다.

문제 ● **코딩 풀이**

정답 파일 PART00W기출유형문제 5회(정답)

06

★학습 개념 순차, 조건 반복, 조건 선택, 변수, 관계 연산, 복제, 묻고 기다리기
★성취 기준 3.2.7 신호와 복제의 차이를 알고 프로그램을 작성할 수 있다.

동영상 강의

😀 : 아이 오브젝트

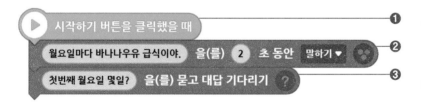

❶ 블록으로 시작합니다.

❷ "월요일마다 바나나우유 급식이야." 라고 2초 동안 말합니다.

❸ "첫번째 월요일 몇일?"이라고 묻고 대답을 기다립니다.

🥛 : 우유확인 오브젝트

❶ 블록으로 시작합니다.

❷ 우유확인 오브젝트가 x좌표 −202, y좌표 46에 위치합니다.

❶ 스페이스 키를 눌렀을 때 아래에 연결된 블록들을 실행합니다.

❷ 자신의 복제본을 만듭니다.

❸ x좌표를 45만큼 바꿔 오른쪽으로 조금 이동하도록 합니다.

❹ '날짜' 변수를 1만큼 더합니다.

❺ 만일 '날짜' 변수 값이 10이면, x좌표 −200, y좌표 −20으로 이동하여 달력의 두 번째 줄 제일 왼쪽 끝으로 이동하도록 합니다.

❻ 만일 '날짜' 변수 값이 20이면, x좌표 −200, y좌표 −80으로 이동하여 달력의 세 번째 줄 제일 왼쪽 끝 위치로 이동하도록 합니다.

❼ '날짜' 변수 값이 30이 될 때까지, 계속 반복하여 ❷~❻을 실행합니다.

❽ 우유확인 오브젝트 원본을 숨깁니다.(모양을 숨기는 이유는 우유 확인 오브젝트를 30개까지 복사한 후 원본이 하나 더 보이는 것을 보이지 않게 하기 위해서입니다.)

❶ 복제본이 처음 생성되었을 때 아래에 연결된 블록들을 실행합니다.

❷ '날짜' 값을 7로 나눈 나머지가 '대답' 값과 같다면 '바나나우유' 모양으로 바꿉니다.

────────────────── **why**

해당 '날짜'의 변수 값을 가진 복제본이 생성되었을 때 그 '날짜' 값에 대해 연산한 판단 값으로 명령을 실행합니다. '대답' 값과 같은 연산 값이 나오면 그 날짜를 월요일이라고 판단하는 것입니다.

즉, (날짜값 값 / 7 의 나머지) = 대답 가 참이라면, '바나나우유' 모양으로 바꾸기 합니다.

07 ★학습 개념 순차, 반복, 종료 처리, 변수, 조건 선택
★선취 기준 3.1.4 변수와 연산자를 이해하고 사용할 수 있다.

동영상 강의

 : 사자 오브젝트

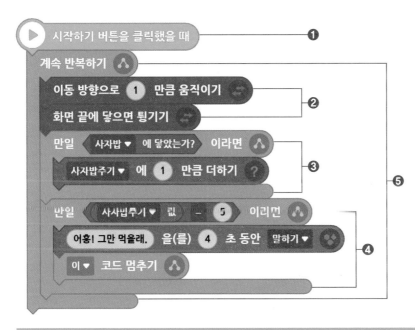

❶ `시작하기 버튼을 클릭했을 때` 블록으로 시작합니다.

❷ 이동 방향으로 1만큼씩 움직이다가, 화면 끝에 닿으면 튕깁니다.

❸ 사자밥에 닿으면 '사자밥주기' 변수에 1만큼 더합니다.

❹ '사자밥주기' 변수 값이 5와 같으면, "어흥! 그만 먹을래."라고 4초 동안 말하고, 이 코드를 멈춥니다.

❺ 계속 반복하여 ❷~❹를 실행합니다.

──────────── **tip**

[속성] 탭에서 [변수]–[변수 추가하기]를 선택하여, '사자밥주기' 변수를 만듭니다.

 : 사자밥 오브젝트

❶ `시작하기 버튼을 클릭했을 때` 블록으로 시작합니다.

❷ 사자밥을 '고기' 모양으로 바꿉니다.(사자밥의 모양 세 가지 중 '고기' 모양으로 보입니다.)

❸ 계속 반복하여 '사자' 쪽을 바라봅니다.

❶ 스페이스 키를 눌렀을 때 아래에 연결된 블록을 실행합니다.

❷ 사자밥 오브젝트를 다음 모양으로 바꿉니다.

❸ 자신의 복제본을 만듭니다.

❶ 복제본이 처음 생성되었을 때 아래에 연결된 블록을 실행합니다.

❷ 복제본이 맨 앞으로 보이도록 합니다.

❸ 사자 오브젝트에 닿을 때까지 이동 방향으로 5만큼씩 계속 움직이도록 합니다.

❹ 사자 오브젝트에 닿으면 이 복제본을 삭제합니다.

문제 ┄┄ **코딩 풀이**

정답 파일 PART08\기출유형문제 5회(정답)

08 ★학습 개념 순차, 변수, 무작위 수, 산술 연산, 관계 연산, 묻고 기다리기
★성취 기준 3.2.5 변수와 상수를 이해하고, 이를 이용하여 입출력 프로그램을 작성할 수 있다.

동영상 강의

 : 선생님 오브젝트

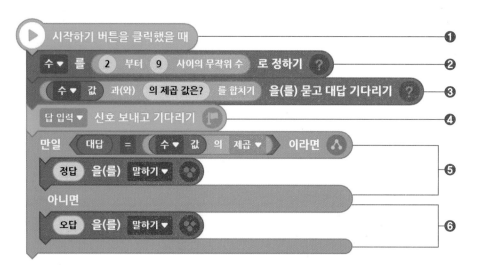

❶ [시작하기 버튼을 클릭했을 때] 블록으로 시작합니다.

❷ '수' 변수를 '2부터 9사이의 무작위 수'로 정합니다.

❸ '수'의 제곱 값을 묻고 대답을 기다립니다. 실행시켰을 때 화면 아래쪽에 대답을 입력할 수 있는 창이 나타납니다.

❹ '답 입력' 신호를 보내고 기다립니다.

❺ 대답이 질문한 '수' 값의 제곱 값과 같다면, "정답"이라고 말합니다.

❻ 아니면 "오답"이라고 말합니다.

[속성] 탭에서 [신호]–[신호 추가하기]를 선택하여, '답 입력' 신호를 만듭니다.

 블록을 사용하면, 신호를 받은 오브젝트가 블록 아래에 연결된 블록들의 실행을 끝내야, 신호를 보냈던 오브젝트에서는 그 이후의 블록을 실행하게 됩니다. 즉, 신호를 받은 '엔트리봇'이 대답을 2초 동안 말하는 것을 기다렸다가, '선생님'이 정답인지 오답인지 말하게 되는 것입니다.

계산 블록 중 수학식을 구할 수 있는 블록

[계산( )] 카테고리의 `10 의 제곱▼` 블록을 사용하면, 제곱 외에도 절댓값이나 반올림값 등 수학식에 관련된 식을 편리하게 사용할 수 있습니다. 이 블록에 직접 수를 적어넣어 값을 구할 수도 있지만, 변수 값을 끼워 넣어 변수가 바뀔 때마다 그 값에 대한 답을 구할 수도 있습니다. 예를 들어 `수▼ 값 의 제곱▼` 처럼 블록을 결합하여 사용함으로써, 선생님이 질문하는 수가 무엇이 되든 그 수에 대한 제곱값을 구할 수 있게 되는 것입니다.

: 엔트리봇 오브젝트

❶ '답 입력' 신호를 받았을 때 아래에 연결된 블록을 실행합니다.

❷ 화면 아랫 부분에 나타난 입력창에 사용자가 입력한 '대답' 값을 엔트리봇이 2초 동안 말합니다.

09

★학습 개념 소리 센서, 모터
★성취 기준 4.1.4 모델링을 기반으로 시뮬레이션할 수 있다.

풀이

정답 ① (가), ② c

해설 소리를 감지하는 것은 소리 센서입니다. 소리 센서에서 소리 값을 감지하여, 공을 쏟아내는 기계의 문을 열고 닫게 모터를 사용하여 만들 수 있습니다. 그러므로 소리 센서–모터를 고르면 됩니다. 또한, 값을 감지하는 센서와 동작하는 부품인 엑추에이터의 개념 및 그 종류를 이해하고 사용할 수 있는지 알아보는 문제입니다.

10

★학습 개념 거리 센서, 스피커
★성취 기준 4.2.4 센서를 기반으로 HW의 상황을 인지할 수 있다.

풀이

정답 ① (다), ② 이상

해설 거리 센서로 사탕 자동판매기 앞에 사람이 있는지를 확인합니다. 1미터 미만으로 거리 센서 값이 감지되면, 음악 소리와 함께 "맛있는 사탕 드세요."라고 말을 합니다. 거리 센서가 계속 감지하여 값이 50 cm 미만으로 3초 이상 유지되면 사람이 사탕 자동판매기 앞에서 사탕을 사먹어 볼까라고 생각하고 있다고 볼 수 있으므로, 사탕 종류에 대한 안내 말을 내보냅니다. 그러다가 사람이 그 앞을 떠나 거리 센서가 감지한 값이 1 미터 이상 멀어졌다고 판단되면, 음악 소리를 멈춥니다.

Chapter

6 : 최신 기출 유형 문제 6회 풀이

문제 → **문제 풀이**

01

★학습 개념 자료와 정보
★성취 기준 1.1.1 자료와 정보의 개념을 이해하고 표현할 수 있다.

—

풀이

정답 ① T, ② V
해설 1010100을 찍어서 엄마는 T를 표현했고, 1010110을 찍어서 아들은 V를 표현했습니다. 한 발로만 찍으면 1, 두발
모두 찍으면 0을 나타내며 아스키코드표에서 해당 이진수를 찾아 그 이진수가 표현하는 알파벳을 확인하면 됩니다.
엄마와 아들이 찾은 글자 둘을 합치니 TV라는 단어가 만들어졌습니다.

문제 → **문제 풀이**

02

★학습 개념 컴퓨팅 사고력, 문제 분석, 반복 패턴, 문제 해결 방법
★성취 기준 1.2.1 주어진 문제를 이해하고 분석할 수 있다.

—

풀이

정답 ① 3, ② 다이아몬드
해설 조건에 맞게 미션을 완료한 사람은 민형, 동혁, 기웅 3명입니다. 나머지 2명이 공통되게 얻지 못한 점수 항목은
다이아몬드로 지호, 우빈 둘 다 0입니다. 지호는 조건의 (나) 항목에 의하여 다이아몬드가 0인데, 황금 수는 통과했지
만, 체력이 부족해 탈락했고, 우빈은 (다) 항목에 의하여 다이아몬드가 0이고 황금 수가 부족하여, 체력이 90으로 많아
도 탈락했습니다. 그러므로 탈락한 지호와 우빈의 공통점은 다이아몬드 수 부족입니다.

03

★학습 개념 순차알고리즘
★성취 기준 2.1.2 알고리즘을 설계할 수 있다.

풀이

정답 ① (다), ② (사), ③ (마), ④ (바), ⑤ (나)

해설 순서대로 일을 처리하는 것을 나타내는 알고리즘입니다. 먼저 ①재료들을 다 준비한 후, ②그릇에 밀가루와 설탕, 소금, 이스트를 넣습니다. 그릇에 담은 재료들에 우유와 계란을 넣고 반죽해 줍니다. 반죽에 녹인 버터를 넣고 섞어 줍니다. 이렇게 완성된 반죽 덩어리를 일정 기간 ③발효 시킵니다. 그 후 미리 온도를 맞춰 놓은 ④오븐에 넣고 식빵을 굽습니다. 다 구워지면 ⑤식빵이 완성됩니다. 가장 간단한 알고리즘이기도 하지만, 순서중 어느 하나라도 잘못되면 완성된 결과를 얻을 수 없기 때문에, 주의를 기울여야 하는 알고리즘이기도 합니다.

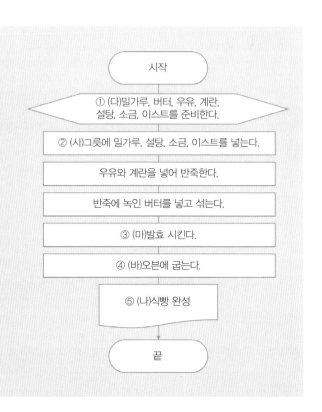

정답 파일 PART08₩기출유형문제 6회(정답)

04

★학습 개념 순차, 횟수 반복, 신호 보내기
★성취 기준 3.2.6 좌표를 이해하고, 활용하여 프로그램을 작성할 수 있다.

 : 야옹이 주인 오브젝트

▶ 시작하기 버튼을 클릭했을 때 ━━━━━━━━━ ❶
우리 야옹이 불좀 켜 볼까? 을(를) ② 초 동안 말하기▼ ━━━ ❷

❶ ▶ 시작하기 버튼을 클릭했을 때 블록으로 시작합니다.

❷ "우리 야옹이 불좀 켜 볼까?"라고 2초 동안 말합니다.

 : 야옹이 오브젝트

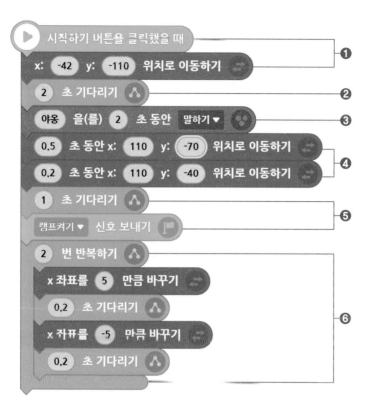

❶ 시작하기 버튼을 클릭하면 야옹이 오브젝트가 x좌표, -42, y좌표 -110의 위치로 이동합니다.

❷ 야옹이 주인이 말하는 2초 동안 기다립니다.

❸ "야옹"이라고 2초 동안 말합니다.

❹ 0.5초 동안 x좌표 110, y좌표 -70 위치로 이동(소파 앞쪽으로 이동)하고, 0.2초 동안 x좌표 110, y좌표 -40으로 이동(소파 위 램프쪽으로 이동)합니다.

❺ 1초 기다린 후, '램프켜기'신호를 보냅니다.

❻ '고양이' 오브젝트가 좌우로 조금씩 2번 움직입니다.(램프를 살짝 미는 동작)

tip

[속성] 탭에서 [신호]-[신호 추가하기]를 선택하여, '램프켜기' 신호를 만듭니다.

: 램프 오브젝트

❶ 시작하기 버튼을 클릭했을 때 블록으로 시작합니다.

❷ 램프의 모양을 '램프_꺼짐'으로 바꿉니다.

❶ '램프' 오브젝트는 '램프켜기' 신호를 받았을 때 아래 연결된 블록들을 실행합니다.

❷ '고양이'가 살짝 미는 동작을 할 때 동시에 조금씩 좌우로 흔들리는 모습을 표현한 것입니다.

❸ 흔들리고 난 뒤, '램프_켜짐'으로 모양을 바꿉니다.

05
★학습 개념 순차, 복제, 무작위 수, 신호
★성취 기준 3.2.2 순차, 반복 구조를 주어진 상황에 맞게 사용할 수 있다.

동영상 강의

: 빗방울 오브젝트

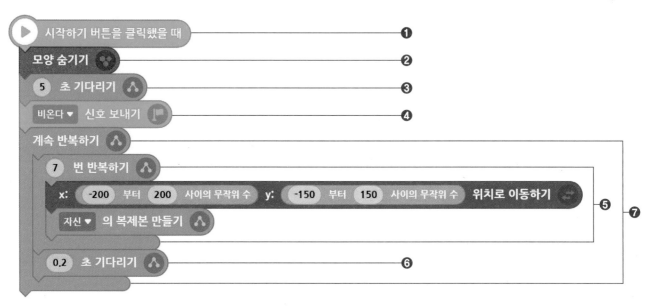

❶ 시작하기 버튼을 클릭했을 때 블록으로 시작합니다.

❷ 모양을 숨깁니다.

❸ 5초 기다립니다.

❹ '비온다' 신호를 보냅니다.

❺ x좌표는 −200~200 사이의 무작위 수, y좌표는 100 위치로 이동하여, 자신의 복제본을 만듭니다. 이렇게 좌표를 7번 반복해 바꾸며 자신의 복제본을 만듭니다.(빗방울 이미지 하나로 여러개의 빗방울이 동시에 내리는 효과입니다.)

❻ 0.2초 기다립니다.

❼ 계속 반복하여 ❺, ❻을 실행합니다. 즉, 0.2초 간격으로 빗방울을 7개씩 복제합니다.

━━━ tip

[속성] 탭에서 [신호]–[신호 추가하기]를 선택하여, '비온다' 신호를 만듭니다.

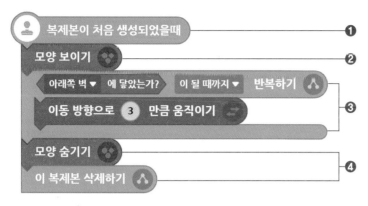

❶ 복제본이 처음 생성되었을 때 아래 연결된 블록들을 실행합니다.

❷ 모양을 보이게 합니다.

❸ 아래쪽 벽에 닿을 때까지 이동 방향으로 계속하여 3만큼씩 빗방울이 움직입니다.(비가 내리는 모습을 나타냅니다.)

❹ 아래쪽 벽에 닿으면 빗방울이 보이지 않도록 하고 복제본을 삭제합니다.

 : 당나귀 오브젝트

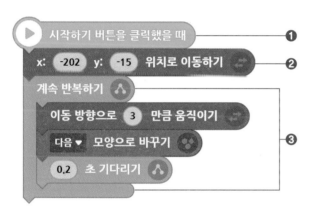

❶ 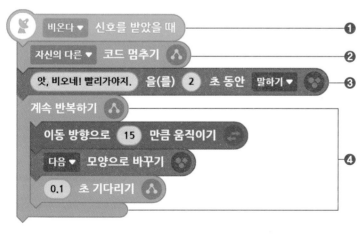 시작하기 버튼을 클릭했을 때 블록으로 시작합니다.

❷ 당나귀의 시작 위치를 x좌표 −202, y좌표 −15로 정합니다.

❸ '당나귀' 오브젝트가 모양을 0.2초 간격으로 바꾸면서, 이동 방향으로 계속하여 3만큼 움직입니다.

❶ '비온다' 신호를 받았을 때 아래 연결된 블록들을 실행합니다.

❷ '자신의 다른' 코드를 멈춥니다. 0.2초 간격으로 모양을 바꾸며 3만큼 움직이는 자신의 다른 코드를 멈추게 하는 것입니다.

❸ "앗, 비오네! 빨리 가야지."를 2초 동안 말합니다.

❹ 0.1초 간격으로 이동 방향으로 15만큼 움직이며, 다음 모양으로 바꿉니다. 처음 시작할 때보다 빨리 이동하는 당나귀 모습을 볼 수 있습니다.

06 ★학습 개념 순차, 횟수 반복, 조건
★성취 기준 3.2.4 다양한 조건을 고려하여 다른 동작을 하는 프로그램을 만들 수 있다.

동영상 강의

: 백조 오브젝트

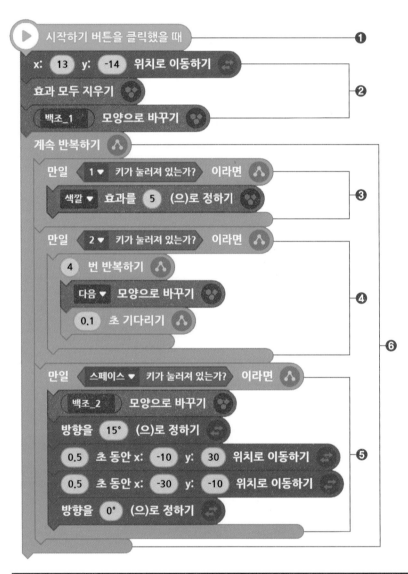

❶ 〔▶ 시작하기 버튼을 클릭했을 때〕 블록으로 시작합니다.

❷ x좌표 13, y좌표 −14에 위치하며, 효과를 모두 지우기 합니다. 그리고 백조 오브젝트의 모양을 '백조_1'로 바꿉니다.

❸ 키보드 1번 키를 누르면, 색깔효과를 5로 정합니다.(백조의 색이 바뀝니다.)

❹ 키보드 2번 키를 누르면, 0.1초 간격으로 다음 모양으로 바꾸기를 4회 반복합니다.(백조가 날개를 푸드덕 거리는 모습을 합니다.)

❺ 키보드 스페이스 키를 누르면 '백조_2' 모양으로 바꿉니다. 그리고 방향을 틀어 좌표를 바꾸며 살짝 날아 올랐다가 내려옵니다.

❻ 계속 반복하여 ❸~❺를 실행합니다.

— why

여러 키보드 입력 값들 중 어느 것이 입력되는지 계속 관찰하여, 참이 되는 경우에 해당 명령을 실행합니다. 계속 반복하기를 하지 않으면, 계속해서 특정 조건 상황이 참이 되는지 감지를 할 수 없으므로 계속 반복하기 블록과 함께 사용해야 합니다.

동영상 강의

07 ★학습 개념 순차, 조건, 묻고 기다리기, 관계연산, 리스트
★성취 기준 3.2.10 리스트를 사용하여 프로그램을 작성할 수 있다.

 : 선비 오브젝트

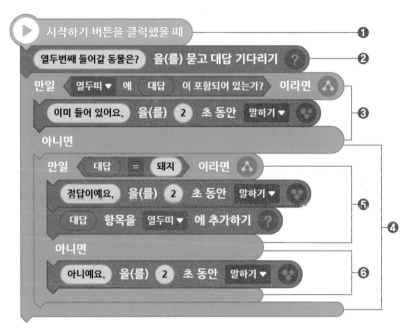

❶ ▶ 시작하기 버튼을 클릭했을 때 블록으로 시작합니다.

❷ "열두번째 들어갈 동물은?"이라고 묻고 대답을 기다리며, 화면 아래에 대답을 입력할 수 있는 입력 창이 나타납니다.

❸ 만일 입력한 '대답'이 이미 입력되어 있는 11개의 리스트 항목들 중에 포함되어 있으면, "이미 들어 있어요." 라고 2초 동안 말합니다.

❹ 만일 입력한 '대답'이 이미 입력되어 있는 11개의 리스트 항목들 중에 포함되어 있지 않으면, ❺, ❻을 실행합니다.

❺ '대답'을 '돼지'라고 입력했으면, "정답이예요."라고 2초 동안 말합니다. 입력한 '대답' 값인 '돼지'를 '열두띠' 리스트 목록에 추가합니다.

❻ '대답'을 '돼지'라고 입력한 것이 아니면, "아니예요"라고 2초 동안 말합니다.

━━━━━━━━━━━━━━━━━━━━━━━━━━━━━━━━━━━━ tip

시험에서 리스트가 만들어지지 않은 상태로 문제 파일이 제공된 경우라면, [속성] 탭에서 [리스트]–[리스트 추가하기]를 선택하여 리스트를 직접 만들어 사용하도록 합니다.

정답 파일 PART08₩기출유형문제 6회(정답)

★학습 개념 순차, 횟수 반복, 산술 연산, 변수, 조건 선택, 묻고 기다리기
★성취 기준 3.1.4 변수와 연산자를 이해하고 사용할 수 있다.

: 엔트리봇 오브젝트

❶ `시작하기 버튼을 클릭했을 때` 블록으로 시작합니다.

❷ '수' 변수를 '1에서 99사이의 무작위 수'로 정합니다.

❸ 정해진 '수'가 짝수일지 홀수일지를 묻고 기다립니다.(예 78 짝수일까요? 홀수일까요?)

❹ 만일 '수'를 2로 나눈 나머지가 0이면, '답' 변수를 '짝수'로 정합니다.

❺ 만일 '수'를 2로 나눈 나머지가 0이 아니면, '답' 변수를 '홀수'로 정합니다.

❻ 짝수인지 홀수인지 대답한 값이 '답' 변수 값과 같다면, '정답' 변수 개수에 1만큼 더합니다. 그리고 "정답이예요."라고 2초 동안 말합니다.

❼ 대답 값이 '답' 변수와 같지 않다면, "틀린 답이예요."라고 2초 동안 말합니다.

❽ ❷~❼을 5번 반복하여 질문하고 정답 개수를 체크하여 '정답' 변수에 추가합니다.

❾ 정답을 맞춘 개수를 4초 동안 말합니다.

‖ **PART 08 · 최신 기출 유형 문제 풀이**

09

★학습 개념 빛 센서, 모터

★성취 기준 4.1.1 모델링을 기반으로 시뮬레이션 할 수 있다.

풀이

정답 ① (나), ② 풀어서

해설 밝은지 어두운지를 감지하는 것은 빛 센서입니다. 어두울 때는 모터를 돌려 가운데로 모여진 선이 당겨지면 꽃잎에 연결된 선이 함께 당겨져서 꽃잎을 오므리게 되고, 밝을 때는 빛 센서가 빛을 감지하여 모터를 반대로 돌려 선을 풀게 되고 꽃잎에 연결된 선도 느슨해지면서 꽃이 피는 것처럼 보이게 됩니다.

10

★학습 개념 버튼, LED

★성취 기준 4.2.2 각 센서별 특징을 이해할 수 있다.

풀이

정답 ① 1, ② 0

해설 버튼은 디지털 센서에 속합니다. 디지털 신호에서 1은 전기가 통하는 것을, 0은 전기가 통하지 않는 것을 나타냅니다.

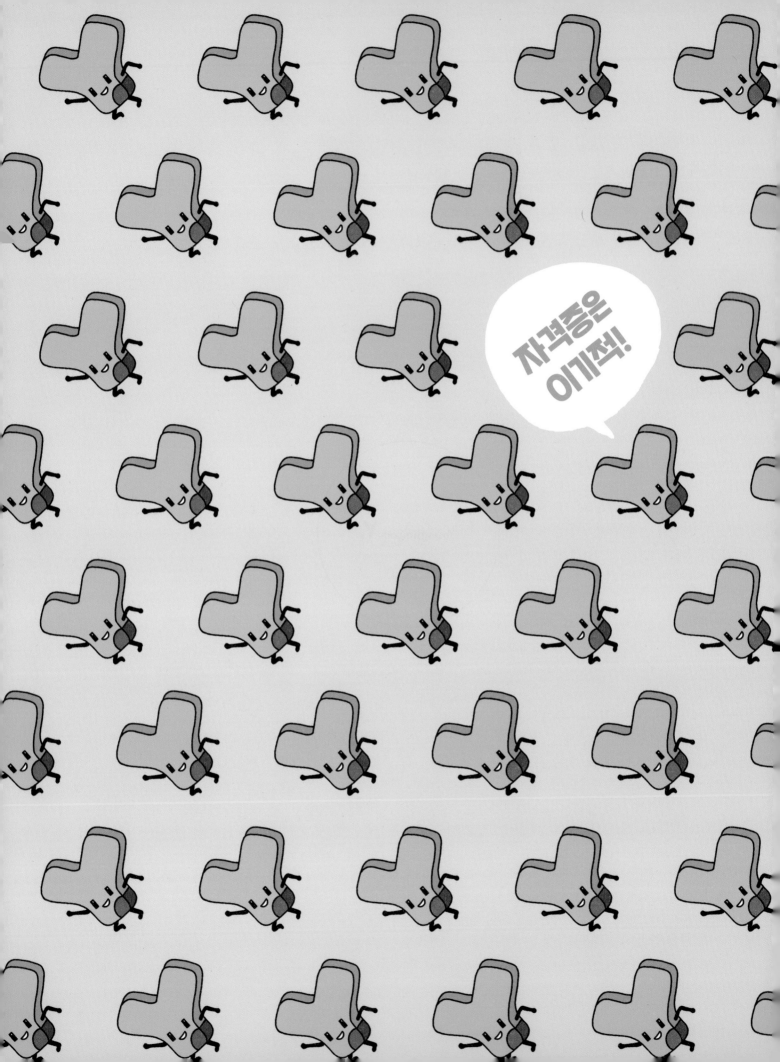

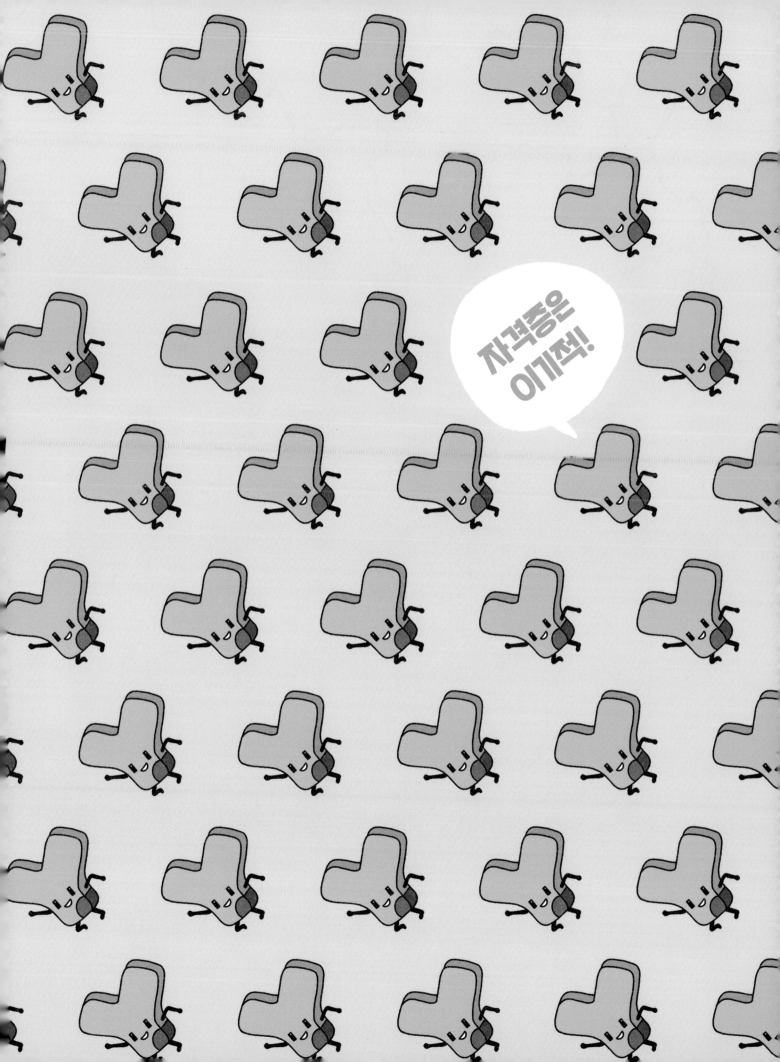

포항시
Pohang-si

울릉도
Ulleungdo

독도
Dokdo

독도는 자랑스런 우리땅!

동해
EAST SEA OF KOREA